義大利全國地圖
N
列支敦士登
Liechtenstein
瑞士
Switzerland
科摩
Como
見P.270
米蘭 Milano
帕維亞
Pavia
見P.196
威尼斯
Venezia
義大利
Italia
法國
France
利古里亞海
Ligurian Sea
見P.136
佛羅倫斯
Firenze
比薩
Pisa
法屬科西嘉島
Corsica
見P.28
羅馬
Roma
歐斯提亞古城
Ostia Antica
薩丁尼亞島
Sardegna
蒂倫諾海
Tyrrhenian Sea
地中海
Mediterranean Sea

奧地利
Austria
匈牙利
Hungary
斯洛伐尼亞
Slovenia
克羅埃西亞
Croatia
南斯拉夫
Yugoslavia
波士尼亞
Bosnia and Herzegovina
亞得里亞海
Adriatic Sea
阿爾巴尼亞
Albania
提沃利Tivoli
愛奧尼亞海
Ionian Sea
西西里島
Sicilia

個人旅行主張

有人在旅行中享受人生，
有人在進修中順便旅行。
有人隻身前往去認識更多的朋友，
有人跟團出國然後脫隊尋找個人的路線。
有人堅持不重複去玩過的地點，
有人每次出國都去同一個地方。
有人出發前計畫周詳，
有人是去了再說。
這就是面貌多樣的個人旅行。

不論你的選擇是什麼，
一本豐富而實用的旅遊隨身書，
可以讓你的夢想實現，
讓你的度假或出走留下飽滿的回憶。

有行動力的旅行，從太雅出版社開始。

個人旅行 95

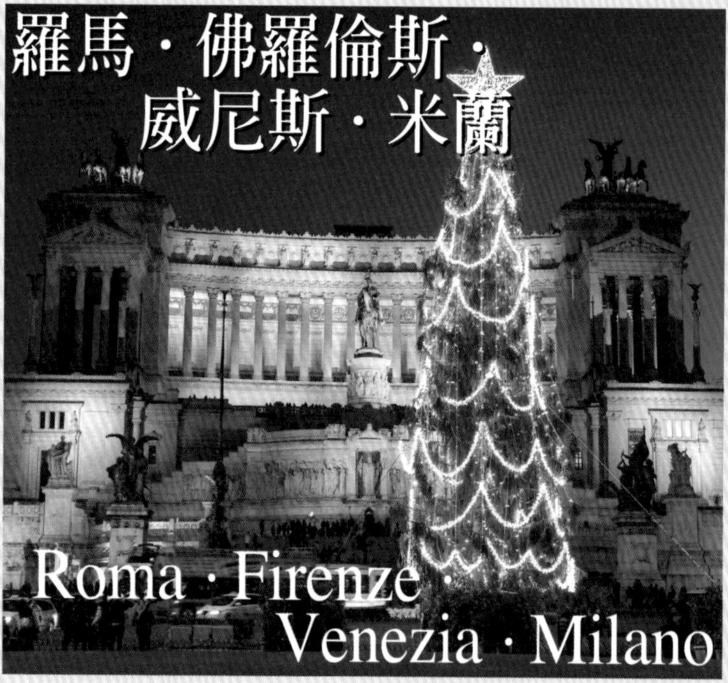

羅馬・佛羅倫斯・威尼斯・米蘭

Roma · Firenze · Venezia · Milano

作者 ◎ 潘錫鳳・陳喬文・黃雅詩

個人旅行 95

羅馬·佛羅倫斯·威尼斯·米蘭

目錄

136　佛羅倫斯

■196 威尼斯

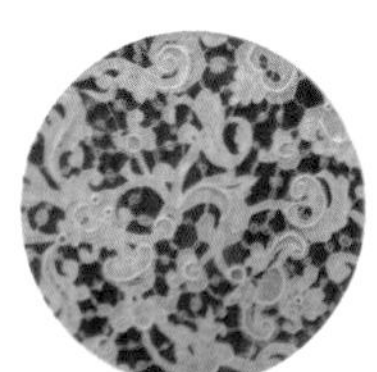

■270 米蘭

全書地圖目錄

來自編輯室

作者序

感謝讀者對這本書的認同，個人旅行系列的《羅馬．佛羅倫斯．威尼斯．米蘭》要出第四版了！

回想當初和義大利好友喬文與雅詩通力合作，以我們在當地長時間的生活，期許自己能寫出一本兼具深度與廣度的義大利主要4座城市旅遊書，雖然過程極具辛苦和瑣碎，但是一想到可以提供國內的朋友到義大利旅遊時，能像「在地人」一樣玩得道地和盡興，又感覺一切似乎都值得了。

這本書除了深入規畫精采的行程，設身處地為你解決到義大利旅遊可能發生的各問題，而且在某些推薦上，有我們當地人的堅持，希望讓你在完備的旅遊導覽與實用的資訊建議下，能輕鬆閒適的遊義大利，Andiamo in Italia！

潘錫鳳

這本旅遊書即將再次修訂出版，想必書中介紹的景點和實用的食衣住行資訊得到讀者的青睞與肯定，由衷感激！

佛羅倫斯這座城市實在太美了，是生命中不容錯過的浪漫旅程。到佛羅倫斯旅遊不要趕，值得用心慢慢參觀，細細體會這座扣人心弦、令人讚嘆的藝術之都。近年來，佛羅倫斯的博物館改變很多，除了聞名於世的烏菲茲美術博物館擴館更新外，主教堂博物館的重新裝修也完成，成為極具國際水準的新博物館，非常值得參觀。

再次感謝在撰寫過程中，一直為本書提供更新更多專業資訊的建築師兼導遊 Chiara Darli女士，也感謝家人好友們給我不斷的支持鼓勵，更希望能將多年在地的生活體驗與專業，傳達給喜愛佛羅倫斯之美的朋友們。

陳喬文

接獲本書發行第四版的消息時，我也不知不覺已旅居義大利6年了。感謝錫鳳姐的引薦，以及太雅出版社的合作機會，讓我能透過文字和威尼斯結緣，也把這世界最美麗的水都，介紹給更多中文讀者認識。

在撰寫編修本書過程，受到許多人的幫助，包括我的公公、業餘攝影家黃英明，幫忙拍了許多美照。也謝謝工作繁忙的外子俊榮，經常抽空陪我走訪威尼斯，還得掏腰包贊助食宿。

而寶貝兒子御宸，在每次隨行旅程中，不只是我疲憊時的心靈雞湯，也是工作上的小幫手，常用他獨特的視角，提出有趣問題，或發掘巷弄間的各種小驚喜。

獨行或結伴，我每訪威尼斯，不同心境下都有不同感受。也希望讀者走過書中羅列的景點古蹟時，都能留下自己專屬的感動與回憶。

黃雅詩

關於作者

潘錫鳳

具有雜誌社主編、出版公司主編和總編輯身分的潘錫鳳，靠著多年編輯上的經驗，寫起文章來也豐富多彩，曾在《TO GO》、《MOOK》、《TVBS週刊》等發表多篇與義大利相關的文章。此外著有《開始到梵蒂岡，朝聖So Easy》、《開始在瑞典自助旅行So Easy》、(羅馬、梵蒂岡深度之旅)(太雅出版)、《義大利－羅馬》(墨刻出版)、《影響世界的人—拿破崙》(聯經出版)、《國際禮儀》(啓英文化)等書。

陳喬文

一位住在藝術之都佛羅倫斯長達二十多年的台灣女性。她欣賞義大利人浪漫的生活品味，也深深體會到，義大利人在生活中，處處留駐著古典藝術的氣質。基於對文學與藝術的興趣，在佛羅倫斯市立大學文哲系進修，並通過佛羅倫斯導遊甄選考試合格。

目前從事旅遊，並在藝術學校研讀設計。

黃雅詩

台大政治系、政治研究所畢業，曾任多年聯合報政治記者，目前隨先生旅居義大利，從事翻譯、寫作，並擔任中央社海外記者、廣播節目主講人。在其部落格「Novia's Land」中部分的文章，於2007年集結為散文集《雅言詩語》出版。

編輯室提醒

出發前，請記得利用書上提供的Data再一次確認

每一個城市都是有生命的，會隨著時間不斷成長，「改變」於是成為不可避免的常態，雖然本書的作者與編輯已經盡力，讓書中呈現最新最完整的資訊，但是，我們仍要提醒本書的讀者，必要的時候，請多利用書中的電話，再次確認相關訊息。

資訊不代表對服務品質的背書

本書作者所提供的飯店、餐廳、商店等等資訊，是作者個人經歷或採訪獲得的資訊，本書作者盡力介紹有特色與價值的旅遊資訊，但是過去有讀者因為店家或機構服務態度不佳，而產生對作者的誤解。敝社申明，「服務」是一種「人為」，作者無法為所有服務生或任何機構的職員背書他們的品行，甚或是費用與服務內容也會隨時間調動，所以，因時因地因人，可能會與作者的體會不同，這也是旅行的特質。

新版與舊版

太雅旅遊書中銷售穩定的書籍，會不斷再版，並利用再版時做修訂工作。通常修訂時，還會新增餐廳、店家，重新製作專題，所以舊版的經典之作，可能會縮小版面，或是僅以情報簡短附錄。不論我們作何改變，一定考量讀者的利益。

票價震盪現象

越受歡迎的觀光城市，參觀門票和交通票券的價格，越容易調漲，但是調幅不大(例如倫敦)，若出現跟書中的價格有微小差距，請以平常心接受。

謝謝眾多讀者的來信

過去太雅旅遊書，透過非常多讀者的來信，得知更多的資訊，甚至幫忙修訂，非常感謝你們幫忙的熱心與愛好旅遊的熱情。歡迎讀者將你所知道的變動後訊息，善用我們提供的「線上讀者情報上傳表單」或是直接寫信來taiya@morningstar.com.tw，讓華文旅遊者在世界成為彼此的幫助。

太雅旅行作家俱樂部

如何使用本書

本書精采單元有：風情掠影、行程規畫、分區導覽、郊區小旅行、逛街購物、特色餐飲、住宿情報、旅遊黃頁簿，迅速領略義大利特色與文化。而各分區導覽中，除了必遊的熱門景點、美食餐廳與購物地圖，也提供玩家交流，將作者私人心得完全公開，此外，郊區小旅行更讓你跳脫城市氛圍，體會不一樣的小鎮情懷。而實用的住宿情報，與貼心的旅遊黃頁簿，則讓行前準備與在地遊玩休憩計畫更臻完善。

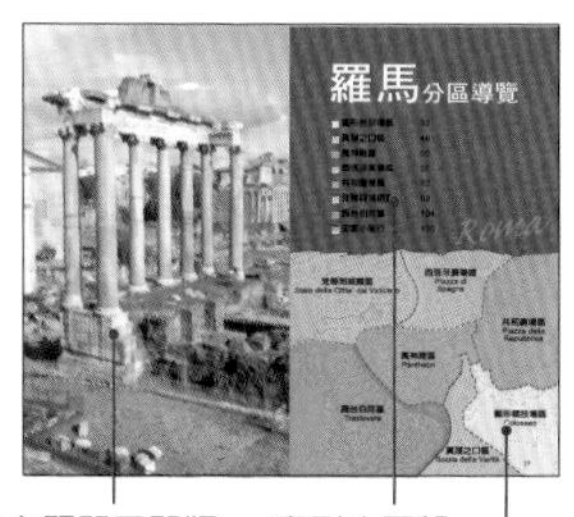

各主題單元開版　索引小目錄　分區簡圖

分區導覽介紹　熱門景點　分區地圖

逛街購物介紹　玩家交流

特色餐飲介紹

住宿情報資訊

郊區旅行，玩得更深入　知識充電站

內文資訊符號

- 價格．費用
- 網址
- 地圖位置
- 地址
- 電子信箱
- 前往方法
- 電話
- 傳真
- 注意事項
- 營業．開放時間
- 休息．公休日

地圖資訊符號

- 餐廳
- 巴士．巴士站
- 旅客諮詢處
- 旅館住宿
- 機場
- 橋
- 購物商店．百貨公司
- 遊輪．碼頭
- 旅遊景點
- 電車．地鐵．捷運

四大城市風情掠影

今日的義大利，雖然南北經濟和生活形態差異甚大，然而這個多樣且迷人的國家，憑著祖先傳承給後代的藝術遺產和智慧啓發，依然能將每個城市發展出獨特的風采。

義大利是獨一無二的，輝煌的歷史與建築、富有情感的藝術想像，甚至新奇的生活嘗鮮……現在先讓我們初體驗她四大城市的印象特寫，為即將展開的一場旅遊狂想暖暖身子吧！

藝術古蹟重鎮巡禮

羅馬

一提起歷史悠久的古羅馬帝國發祥地「羅馬」，不但是世界著名的歷史文化古城，更是承載著無數夢想與奇蹟的義大利首都。

羅馬除了舉世聞名的羅馬競技場、西班牙廣場、萬神殿等壯觀遺跡，更是有世界最小國家之稱的教廷(Santa Sede，亦譯為「聖座」)所在地梵蒂岡城國(Stato della Citta` del Vaticano)，她不但是全球天主教徒的心靈庇佑國度，更擁有最壯麗的「聖彼得大教堂」，以及薈萃大量大師藝術作品的博物館。

雖然這個義大利首善之都在許多方面為人所詬病——混亂的交通、擾人的噪音，以及旅人最怕的扒手橫行（見P.316「治安狀況」）；但是，無論是藝術瑰寶的保存，或是見證風起雲湧時代的古蹟遺址，相信世界上沒有哪個城市可以和羅馬相比擬，也許，這就是她最誘人的地方。

高品質手工皮革工藝揭密

佛羅倫斯

佛羅倫斯在建築、雕塑、繪畫，甚至文學、音樂、科學、美食皆為全球帶來了深遠的影響。由於受到文藝復興人文及美學的影響，也涉及當代時尚設計及高級手工藝的領域。傳統手工藝中，最蓬勃發展的無疑是皮革工藝，是全球訂單最多的城市之一，亦是國際名牌經典線的皮革製品中心。這裡誕生了許多技術精湛的皮革工藝大師，他們致力於研究和創新，成為這座城市人文歷史的一部分。

以年過80歲的義大利國寶級大師Luigi為例，他堅持製作高品質的皮革製品，從不和低價位妥協，曾為歐洲皇室及國際名品服務。他有「藝術之手」的美譽，憑藉才華和熱誠，將固有的傳統手藝融入新技術，並不斷創新、改進。他雙手精心製作出來的作品，每件皆是臻於完美的藝術品。

老師傅說，打造一個高品質的皮革製品，不僅要注重細節、縫線精準、選擇柔軟有圓度又有一定厚度的優質皮革，內裡也同樣要求高品質的材料，配件會選用黃銅鍍金屬。他的金言是：「做任何事情只要用愛與熱忱，一定會有意想不到的收穫和成果，就如同我的皮包製品是一樣的道理。」

重現彩繪玻璃精品
威尼斯

談到威尼斯的工藝品，通常第一個聯想到的即是玻璃。早從13世紀開始，威尼斯離島姆拉諾(Murano)的玻璃工藝品，就已揚名歐洲，也讓Murano一詞，成為玻璃藝術的代名詞，每年都有世界各地的收藏家專程飛來此地，穿梭在水巷中的工廠店鋪，尋訪最新最好的作品。

而為何玻璃工藝會在威尼斯的一個離島崛起？其中充滿了歷史與地理的偶然。助力之一是，13世紀和15世紀，拜占庭帝國的首都君士坦丁堡，兩度遭到十字軍和鄂圖曼帝國軍隊攻陷，讓大量頂尖玻璃師傅，逃亡到威尼斯。另一方面，威尼斯政府擔心玻璃工廠的高溫，燒毀本島的木製建築，在13世紀末，鼓勵玻璃工廠遷移到離島，遂讓姆拉諾島成為工藝者最大集居地。

也正因為姆拉諾玻璃聞名世界，玻璃師傅在過去，享有相當高的社會地位，他們的女兒經常可以嫁入豪門，為了保存威尼斯玻璃工藝的光榮，他們甚至被視為公共資產，不能隨便遷居出國。

如今當然已有不少玻璃工藝家移民全世界，不過仍有一些頂尖的玻璃品牌，堅持在姆拉諾島上最古老的工廠，製作產品。其中像是創立於1295年的知名品牌Barovier & Toso，更名列全世界最古老的百家公司之一。

若想更瞭解姆拉諾島玻璃的歷史，不妨走訪一趟島上的玻璃博物館，島上隨處可見的玻璃工廠，也多有提供付費或免費的參觀行程。小至項鍊耳環，大至公共裝置，從各種作品都可以一窺工藝家的巧思，多彩多樣，充滿想像，威尼斯玻璃如夢境般綺麗卻易碎，或許正是它最迷人之處！

揉合古典浪漫與現代時尚

米蘭

米蘭，給予人的第一印象總是和時尚的國際流行尖端劃上等號。沒錯，米蘭的確是個引領時尚的流行國度，更是愛好精品遊客的購物天堂，尤其以時尚金四角區的各名牌旗艦店，更是令人不自覺沉浸在血拼的樂趣裡。

不過，身為義大利第二大城市的米蘭，除了是一座生氣蓬勃的商業城之外，其實在其底子裡仍保有傳統的古典浪漫，將宏偉的藝術文化瑰寶，毫不著痕跡地融入繁忙的大都會，彼此相互輝映，完美詮釋古典和現代的品味，帶領你同時能享受藝術與時尚的豐盛饗宴……

行程規畫

行家推薦義大利遊程

想要一次逛完豐富多采又各具特色的義大利四大城市，非得事先規畫好飛機時間與旅館住宿等問題不可，而且每個城市都要留下充裕時間，基本上10天的時間絕對少不了。想要一次遊遍四大城市，事前一定要做足功課，而除了四大城市之外，如能規畫約14天的行程，還可拜訪附近知名的小城，增添旅途上的精采度。

Schedule 1
10天暢遊四大城

Day 1 台北—羅馬
抵達羅馬，先前往飯店放行李，展開市區觀光：許願池、萬神殿、拿佛那廣場等免門票景點

Day 2 羅馬
參觀梵蒂岡博物館、聖彼得大教堂、圓形競技場

Day 3 羅馬—佛羅倫斯
聖母百花大教堂、天堂之門、統治廣場、但丁之家

Day 4 佛羅倫斯
參觀烏菲茲美術館，市區購物

Day 5 佛羅倫斯—威尼斯
前往飯店，雷雅多橋、魚市場、市區觀光購物

Day 6 威尼斯
參觀聖馬可教堂、總督宮、嘆息橋、學院美術館

Day 7 威尼斯
離島觀光，麗都島、布拉諾島、姆拉諾島

Day 8 威尼斯—米蘭
參觀米蘭大教堂、市區購物

Day 9 米蘭—羅馬
前往西班牙廣場、人民廣場，採購歸國禮物、紀念品

Day 10 羅馬—台北
返回溫馨的家

趣味大發現

義大利人的肢體語言

義大利人講話的肢體語言特別多，所以有人開玩笑說，只要把義大利人的手綁起來，他就不會說話了！下列幾種很有意思的手勢表達，是一般義大利人習慣用的「通關密語」。(感謝Caterina Bonavena示範。)

↑手掌張開平放且左右搖晃，嘴巴說：「Cosi～Cosi～」意思是：還好啦！

↑手置於下巴往前推，有「那是你家的事與我無關！」或「才不甩你！」的意思。

Schedule  14天優遊義大利

Day 1 台北─羅馬
抵達羅馬，先前往飯店放行李，展開市區觀光。建議行程：前往許願池、萬神殿、拿佛那廣場等免門票景點

Day 2 羅馬
參觀梵蒂岡博物館、聖彼得大教堂、圓形競技場

Day 3 羅馬─比薩─佛羅倫斯
參觀比薩斜塔

Day 4 佛羅倫斯
聖母百花大教堂、天堂之門、統治廣場、但丁之家

Day 5 佛羅倫斯
參觀烏菲茲美術館，市區或outlet購物

Day 6 佛羅倫斯─威尼斯
前往飯店，雷雅多橋、魚市場、市區觀光購物

Day 7 威尼斯
參觀聖馬可教堂、總督宮、嘆息橋、學院美術館

Day 8 威尼斯
離島觀光，麗都島、布拉諾島、姆拉諾島

Day 9 威尼斯─米蘭
參觀米蘭大教堂、市區購物

Day 10 米蘭─科摩湖
科摩市的主教座堂

Day 11 米蘭─帕維亞─羅馬
雀爾都沙修道院、威斯康提城堡

Day 12 羅馬
前往西班牙廣場、人民廣場，採購歸國禮物、紀念品

Day 13 羅馬─提沃利
前往羅馬郊區艾斯特別墅(千泉宮)或outlet購物

Day 14 羅馬─台北
返回溫馨的家

↑食指指著酒窩位置並說「Buono!」表示好吃。

↑兩手交叉，置於下方那隻手左右擺動，那是表示「我該走了！」

↑3指或5根手指捏在一起前後搖晃，口中唸著：「Che fai!」或「Che Vuoi!」意思是「你在幹嘛？」

↑手掌心朝下在腰間左右擺一擺，表示「我肚子餓了」。

四大城市分區導覽

羅馬分區導覽

Roma

西班牙廣場區
Piazza di Spagna
梵蒂岡城國區
ato della Cittia` del Vaticano
共和廣場區
Piazza della Repubblica
萬神殿區
Pantheon
跨台伯河區
Trastevere
圓形競技場區
Colosseo
真理之口區
Bocca della Verità

羅馬
風情萬種的永恆之城

「羅馬」這座璀璨的世界之都，藏有無數的千年古蹟、歷史建築和藝術寶庫。到羅馬旅遊，要怎麼挖掘她曾經走過的輝煌足跡？羅馬不是一天造成的、條條道路通羅馬……這些人們加諸在她身上的讚美，你如何看待？

於是，有人用「羅馬一生也看不完」來為她做了最貼切的註解。

歷史沿革

羅馬建城的歷史，可以溯及西元前753年，也就是說，在距今2,700多年前，這裡即開始有人群聚棲息。根據現今考古學家的研究，羅馬城發源於7座小山丘上，而且後來因相鄰的村落逐漸聚集擴大，使當時這七座部落還發展成「七丘聯盟」的政治組織。雖然至今這七座小山丘已趨於平坦，但是羅馬依然有「七丘之城」的別稱。

西元前509年，羅馬市民推翻外來的艾特魯斯哥人(Etrusco)的王權統治，建立了以執政官掌控的共和時期，而且也開始對外擴張勢力。到了西元前27年，元老院授予奧古斯都的神聖封號，令他成為首位羅馬皇帝，於是羅馬便正式走入帝國時期。

即使到了現代，人們對圓形競技場的浩大工程仍感佩服。

全城就是歷史博物館

今日的羅馬不僅是在西元1870年成為義大利統一後的首都，而且也因她之前一步步走過共和、帝國、早期基督教，甚至到15世紀藝術發展到巔峰的文藝復興時期。在這歷史的長河裡，羅馬都不曾缺席，所以才能留下這麼豐富傲人的文物古蹟——會堂、凱旋門、競技場、教堂、神殿、浴場等四處林立，也讓她的後代子孫得以靠著祖先遺產向世界炫耀羅馬的魅力。

走在羅馬城，古蹟文物俯拾可得。

知識充電站

母狼餵乳傳說

根據歷史學家李維(Titus Livius)有關羅馬起源的神話記載，戰神馬爾泰(Marte)因違反規定與女祭司(原為國王的女兒，被篡位的叔父阿穆流斯(Amulius)任職女祭司，讓她不得結婚以滅其種族)私下同居且生了雙胞胎兒子——羅慕路斯(Romulus)和雷穆斯(Remus)，激怒當時篡位的叔父，於是將這對雙胞胎兄弟放在竹籃中丟入台伯河溺死。豈料這對雙胞胎命大，竹籃被勾在一棵無花果樹上，而哭聲也驚動一隻母狼，母狼不但沒吃掉這對孿生兄弟，反而把他們救起來以自己的奶哺育，直到後來被一位牧羊人發現帶回家撫養長大。

羅馬街道經常可以看到「母狼哺育雙胞胎兄弟」的雕像。

兩兄弟也因緣際會遇見原是國王卻被放逐的外祖父努米托(Numitor)，且後來合力推翻殺死篡位的叔父，恢復外祖父的王位。外祖父於是在西元前753年把兩兄弟獲救的地方分贈給他們建立新城，羅慕路斯隨即在4月21日以自己名字為新城命名，但因雷穆斯對城市的劃分有意見而越界，卻也因此被羅慕路斯殺死，於是羅慕路斯變成了羅馬城的創始人兼首位國王，且每年的這一天便成了羅馬建城紀念日。

由於「母狼餵乳」的神話傳說頗富曲折和戲劇性，也因此常被雕刻家拿來當題材，經常可以在羅馬大街小巷看到相關作品，而且日後「母狼哺育雙胞胎兄弟」便成了羅馬城的象徵。

羅馬市民最哈的足球隊隊服也有母狼餵乳標記。

羅馬

圓形競技場區

Colosseo

這裡是古羅馬的政治、經濟和文化樞紐，也是現今羅馬人最引以為傲的精華地標。雖然這些建築物經過千年的歷史考驗，有些早已殘破甚至湮滅；但是我們不能否認，站在這裡，依然能感受到昔日羅馬帝國氣勢磅

礴的雄偉壯觀！

由於這一區的人氣景點密集，沿路爬上爬下，非常需要一雙舒適的鞋子和腳力，而且時間也要抓得緊，尤其是冬天日落得早，售票口多在日落前1個小時就關閉(約15:30左右)。

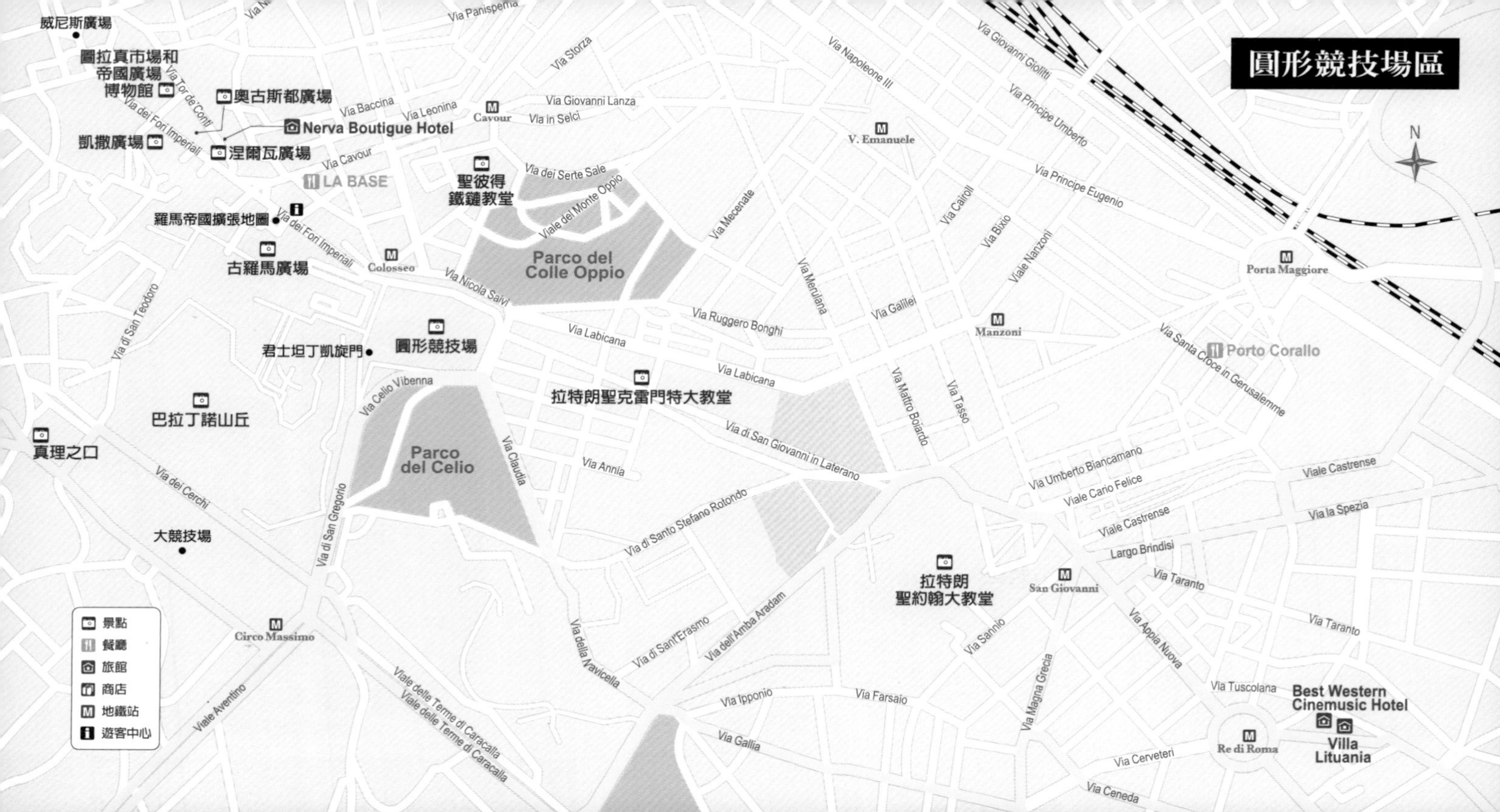

圓形競技場區
N
威尼斯廣場
圖拉真市場和帝國廣場博物館
奧古斯都廣場
Nerva Boutique Hotel
凱撒廣場
涅爾瓦廣場
LA BASE
聖彼得鐵鏈教堂
羅馬帝國擴張地圖
古羅馬廣場
Colosseo
Cavour
V. Emanuele
Parco del Colle Oppio
圓形競技場
君士坦丁凱旋門
巴拉丁諾山丘
真理之口
Parco del Celio
拉特朗聖克雷門特大教堂
大競技場
Circo Massimo
拉特朗聖約翰大教堂
San Giovanni
Manzoni
Porta Maggiore
Porto Corallo
Re di Roma
Best Western Cinemusic Hotel
Villa Lituania
Via Panisperna
Via Storza
Via Baccina
Via Leonina
Via Giovanni Lanza
Via in Selci
Via Tor de' Conti
Via dei Fori Imperiali
Via Cavour
Via dei Serte Sale
Viale del Monte Oppio
Via Nicola Salvi
Via Mecenate
Via Merulana
Via Napoleone III
Via Giovanni Giolitti
Via Principe Umberto
Via Principe Eugenio
Via Cairoli
Via Bixio
Viale Manzoni
Via Galilei
Via Ruggero Bonghi
Via Labicana
Via Mattro Boiardo
Via Tasso
Via Santa Croce in Gerusalemme
Via di San Teodoro
Via Celio Vibenna
Via Claudia
Via Annia
Via di San Giovanni in Laterano
Via dei Cerchi
Via di San Gregorio
Via di Santo Stefano Rotondo
Via Umberto Biancamano
Viale Cario Felice
Viale Castrense
Via la Spezia
Largo Brindisi
Via Taranto
Via Appia Nuova
Via Sannio
Via Magna Grecia
Via Tuscolana
Via Farsaio
Via Ipponio
Via Gallia
Via Cerveteri
Via Ceneda
Via della Navicella
Via di Sant'Erasmo
Via dell'Amba Aradam
Viale delle Terme di Caracalla
Viale Aventino
景點
餐廳
旅館
商店
地鐵站
遊客中心

熱門景點

圓形競技場

Colosseo

- Piazza del Colosseo
- (06)3996-7700
- 地鐵B線到Colosseo站出口過馬路(未來地鐵C線完工的交會點)，或搭電車3、8號，公車51、75、85、87、117、118號公車到Colosseo站；夜間公車n2號(～05：15)。(參考網站www.atac.roma.it，手機版www.muovi.roma.it，可切換英文版)
- 大體上，羅馬的露天博物館多依季節日落時間而更動：

2/16～3/15	08:30～17:00
3/16～3月最後週六	08:30～17:30
3月最後週日～8/31	08:30～19:15
9/1～9/30	08:30～19:00
10/1～10月最後週六	08:30～18:30
10月最後週日～2/15	08:30～16:30

- 休 1/1、5/1、12/25
- $ 1.€12(此為聯票，包含參觀巴拉丁諾山丘和古羅馬廣場，有效期2天)、18～25歲歐盟居民€7.5、未滿18歲免費，這是參觀第一、二層的一般門票；可租70分鐘中文語音導覽€5.5、50分鐘影音導覽€6
  2.另有跟解說員參觀平台、地下層和第三層導覽行程(Underground and third ring tours)，須上網或打電話預訂，預約時可選擇參加義、英或西語導覽；已買Roma Pass，只需付€11(含預約費€2)，12歲以下免費(仍須付預約費€2)；沒有Roma Pass則須付€23(Tour€11+門票€12)。最好提前30分鐘抵達，並到票務處將訂購的電子票換門票，再到所屬語言導覽區集合
- http www.the-colosseum.net/around/visit.htm，訂票www.coopculture.it/en/ticket_office.cfm → colosseum(預約費€2)
- 1.假日人多，排隊安全檢查、買票很耗時，除了網路預訂，也能事前在遊客中心購買羅馬通行卡Roma Pass(見旅遊黃頁簿P.309)，有專用通道；2.每個月的第一個週日免費；3.進入需安檢，禁攜罐裝飲料、手提袋、背包和行李
- MAP P.33

由數字感受「巨大」

這座羅馬最巍峨的地標，是西元72年維斯巴西安諾(Vespasiano)皇帝動用一萬多名由耶路撒冷征服來的奴隸施工，直到西元80年繼位的提圖(Tito)才完工。無論是鬥士殘忍的生死互搏，或是人獸、猛獸之間的廝殺格鬥，其目的不外乎是爲了激發人民的好武鬥性，以繼續擴張帝國版圖。

Colosseo這個字的原意是「巨像」，也許是取自原先這裡有座巨大的尼祿(Nerone)皇帝雕像。不過，我們由

圓形競技場其實是現代體育場最早的樣本。

下列數據也可以感受它的宏偉。這座橢圓形的競技場，長短直徑分別是188和156公尺，外牆分4層，高約50公尺，圓周長達527公尺，共分80個入口拱門，最多可以容納5～7萬(包括最高樓層的站票)多人。平時場內多為露天，若天雨或酷熱，則會拉上巨型遮陽篷。

君士坦丁凱旋門是羅馬現存三座凱旋門中最晚建造的一座。

拇指決定生死

由皇帝主持的格鬥競賽雖是免費提供民眾觀看，但是進場路線和看台區是嚴守階級劃分，必須遵守入場券上的編號入座。在80個入口拱門中，2處短半徑(南北向)入口是專供皇親貴族和元老高官進出，長半徑(東西向)的2個入口則是鬥士和運走人獸屍體專用，其餘76扇拱門則供一般民眾使用。基本上，看台區是樓層越高則階級越低。

當格鬥(鬥士多為奴隸、戰俘和罪犯)的一方敗陣傷重，這時皇帝擁有生殺之權。若拇指朝上表示可以撿回一條命，若拇指向下則不留活口，非常殘忍！

現存古羅馬最大的一座凱旋門

這座名為君士坦丁凱旋門(Arco di Costantino)的拱門，是西元315年為了慶祝君士坦丁大帝3年前在密爾維歐橋(Ponte Milvio)擊敗馬森齊歐(Massenzio)大軍而興建的。拱門上的雕刻裝飾多取自其他早期如圖拉真(Traiano)、哈德連(Adriano)等皇帝的建築物，這也是帝國時期最後的偉大紀念建築之一。

旅行小抄

夜遊羅馬

羅馬許多名勝的日夜景致大異其趣，為了讓民眾參觀，有時夏季會不定期舉辦「仲夏之夜」(如圓形競技場的La luna sul Colosseo，聖天使古堡的Notti d'Estate A Castel Sant'Angelo)。由於並非常態活動，請事先上網確認：

圓形競技場www.il-colosseo.it/estate-romana.php

訂票網址www.coopculture.it/en/ticket_office.cfm

聖天使古堡(見P.102)

為了安全起見，義大利政府在主要景點派有軍警駐點。

外牆缺角是在文藝復興時期被大量盜採去建造宮殿、教堂和橋梁。

外牆由底層往上分別是「多立克式」、「愛奧尼克式」和「科林斯式」3種柱形支撐。

以石灰為建材，表面有可能因移除原來的鐵托座而顯得坑坑洞洞的。

外觀

內景

內牆由磚頭和混凝土砌成。

階梯式的座位區隔不同的社會階層。

內部寬敞的走廊方便疏散群眾。

舞台下面是錯綜複雜的走道、升降梯和獸籠密室。

知識充電站

羅馬建築的3大柱形

從西元1世紀的帝國時期起，羅馬人開始模仿古希臘的建築風格，其中「柱形」在建築設計上，主要發展出簡單橫紋柱頭的多立克(Dorico)、雙渦形柱頭的愛奧尼克(Ionico)和飾有地中海植物茛苕葉形的科林斯(Corinzio)等3種樣式，這也是現今仍看得到許多過去羅馬建築遺留下來的古典柱形裝飾。

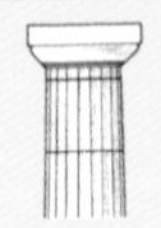
多立克
(Dorico)

愛奧尼克
(Ionico)

科林斯
(Corinzio)

這些殘留下來的科林斯石柱，似乎在向人們印證它們曾走過的輝煌歲月。

旅行小抄

參觀免費的熱門景點

義大利政府在每月的第一個週日開放國立博物館和美術館免費參觀，可以善加利用；雖然是免費，卻仍要排隊領票入場。在羅馬有下列主要景點：

1. 圓形競技場、古羅馬廣場、巴拉丁諾山丘(Colosseo / Foro Romano / Palatino)，見P.34～41
2. 國立威尼斯宮博物館(Museo Nazionale del Palazzo di Venezia)，見P.51
3. 卡拉卡拉浴場(Terme di Caracalla)，見P.58
4. 4座國立羅馬博物館(Museo nazionale Romano)，見P.64
5. 史帕達美術館(Galleria Spada)，見P.65
6. 朱利亞別墅－國立艾特魯斯哥博物館(Museo nazionale Etrusco di Villa Giulia)，見P.79
7. 波各澤美術館(GalleriaBor-ghese)，需提前預訂，預訂費€2，預訂電話(06)8413-979，見P.80
8. 巴貝里尼宮－國立古代美術館(Palazzo Barberini－Gallerianazionale d'Arte Antica)，見P.88
9. 聖天使堡國家博物館(Museo nazionaledi Castel Sant' Angelo)，見P.102
10. 科西尼宮－國立古代美術館(Palazzo Corsini－Galleria nazionale d'Arte Antica)，見P.109
11. 歐斯提亞古城(Scavi di Ostia Antica)，見P.131
12. 艾斯特別墅(Villa d'Este)，見P.133
13. 哈德連別墅(Villa Adriana) ，見P.134

巴拉丁諾山丘

Colle Palatino

- ✉ Via di San Gregorio 30
- ☎ 與圓形競技場同
- ➡ 地鐵B線到Colosseo站出口過馬路，往左沿著競技場外圍走到凱旋門再左轉；或搭電車3號到Parco Celio站；也可搭公車75、81、118、673號公車到San Gregorio站，入口就在旁邊
- 🕒 休 $ http 與圓形競技場同
- !? 奧古斯都之家(Casa di Augusto)和李維亞之家(Casa di Livia)為屋大維在西元前23年下令興建的私人住所，有2千多年的歷史，可先上網www.coopculture.it/en/heritage.cfm?id=18預約，每天12:45隨導覽入內(提前15分鐘在提圖凱旋門l'arco di Tito集合)，每次參觀人數次限20人
- MAP P.33

這座運動場屬於皇宮的一部分。

景色優美的庭園是16世紀法內澤(Alessandro Farnese)樞機主教斥資興建的。

從君士坦丁凱旋門正前方的Via di San Gregorio馬路直走約5分鐘，即到達這座古羅馬發源地的山丘，也是傳說中「母狼餵乳」的地方。

從西元1世紀的首位羅馬皇帝奧古斯都在此居住開始，往後的皇帝即在此大量建造宮殿、神廟和運動場，其中以圖密善皇帝(Domiziano)所建的奧古斯都宮和佛拉維亞宮(Domus Flavia)最受矚目，如今「宮殿」這個字Palace(英文)、Palazzo(義語)，都是來自Palatino的字源。

直到16世紀，這裡仍吸引貴族興建庭園別墅，一旁結實纍纍的柑橘果園和幽靜的景致，是觀光客休憩的好去處。

古羅馬廣場
Foro Romano

- Largo della Salara Vecchia 5～6
- 與圓形競技場同
- 地鐵B線到Colosseo站出口過馬路右轉步行約3分鐘，或搭75、85、87、117號公車到Colosseo站再往右步行約3分，即可到達
- 休 $ http 與圓形競技場同
- 此區是占地廣闊的露天廣場且少有遮蔭的地方，參觀最好自備墨鏡或帽子遮陽
- MAP P.33

參觀古羅馬廣場廢墟，需要發揮豐富的想像力，才能把眼前這些錯綜複雜的斷垣殘壁一一復原重建成過去的神廟、宮殿和集會堂。建議先從巴拉丁諾山丘的觀景平台往下俯瞰，對整個廣場有了梗概的認識後，再下階梯到廣場邊按圖索驥核對書上的說明，邊追溯想像近2千年前古羅馬居民在這市中心的公共活動。

走，現在就讓我們暫時回到過去，體驗當時的輝煌足跡。

歷史見證巡禮

❶ 農神廟 Tempio di Saturno

屹立8根圓柱的農神廟，可溯自西元前5世紀。據說在農神的統治下，社會富庶，很受低階層人民的愛戴。一旁的3根圓柱，是以興建圓形競技場的皇帝維斯巴西安諾為名的神廟。

❷ 朱利亞大會堂 Basilica Giulia

占地甚廣的朱利亞會堂曾經是帝國時期的中央法院，是凱撒在西元前54年下令興建，直到他的養子奧古斯都執政才完成。

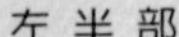

左半部

ROMA

❸ 聖路 Via Sacra

這條貫穿整座廣場最重要的路，是古羅馬在重要活動遊行必經之路，更是通往卡比托山丘(Colle Capitolino，今羅馬市政府位址)的朱比特神廟(Tempio di Giove)酬神的主要道路。

❹ 卡斯托與波路伽神廟 Tempio di Castore e Polluce

3根有凹槽柱身和科林斯柱頭的神廟，也稱為狄奧斯庫里神廟(Tempio dei Dioscuri)。這應是西元前484年因天神朱彼特(即希臘神話裡的宙斯)雙胞胎兒子幫羅馬人抵抗外來侵略而興建奉祀的。

❺ 凱撒神廟 Tempio del Divo Giulio

西元前42年奧古斯都為悼念凱撒在2年前遇刺身亡所造的神廟，而此地也正是曾經遠征高盧的將領凱撒，遺體火葬的地方，但如今只剩下一片紅磚牆基址廢墟和後來加蓋的屋頂。

❻ 灶神聖火神廟 Tempio di Vesta

守護「火神」是羅馬古老的祭拜儀式之一，象徵羅馬城生生不息，這項重任主要由精挑細選的6位女祭司執行。目前所看到的神廟曾在1930年局部整修過。

中間

右半部

❼ 灶神貞女之家 Casa delle Vestali

一旦成為灶神貞女的祭司，就必須住進附屬於神廟的灶神貞女之家，以就近看管旁邊的「灶神貞女神廟」。現存遺址仍可看到幾間房間、中央庭院和一排貞女雕像。

❽ 提圖凱旋門 Arco di Tito

西元81年圖密善皇帝(Domiziano)為了紀念兄長提圖在10多年前隨父王征服耶路撒冷而興建的，拱門內側兩幅浮雕即敘述當年提圖皇帝站在馬車上，帶領軍隊和戰利品凱旋歸來。

❾ 維納斯和羅馬神廟 Tempio di Venere e Roma

西元135年哈德連皇帝建造這座供奉本城神祇羅馬和愛神維納斯，裡面雖未開放遊客參觀，不過由圓形競技場上層可一覽全景無遺。

❿ 馬森齊歐大會堂 Basilica di Massenzio

由於馬森齊歐皇帝敗給君士坦丁被廢除王位，這座會堂是由君士坦丁繼續興建完成，所以也稱為君士坦丁大會堂。原先立有君士坦丁巨像，現已移至市府旁的保守宮展示(見P.53)。

⓫ 羅莫洛神廟 Tempio di Romolo

這座仍保留4世紀青銅門的圓頂神廟，是馬森齊歐皇帝為了紀念早夭的兒子羅莫洛所興建的；到了6世紀，被後方Santi Cosma e Damiano教堂合併，裡面有不少宗教題材的壁畫。

⓬ 安東尼與法烏絲提納神廟 Tempio di Antonino e Faustina

這座2世紀的神廟，是羅馬五賢君之一的安東尼為了紀念亡妻法烏絲提納興建的，後來皇帝過世也被奉祀在此。到了17世紀，傳說聖人羅倫佐(S. Lorenzo)在此被處死而改成教堂。

⑬ 艾米利亞大會堂 Basilica Aemilia

建於西元前2世紀的古羅馬商業交易中心，是一座長方形列柱的大集會廳，卻在西元410年遭外族西哥德人入侵羅馬城時摧毀殆盡。

⑭ 元老院Curia

古羅馬主要的議會組織，曾經多次修建。目前所看到由磚頭砌成的簡樸外觀，是在1930年時，以3世紀戴克里先皇帝修建過後的樣式為基礎，加以復原的建築。

⑮ 塞維洛凱旋門 Arco di Settimio Severo

西元203年，塞維洛皇帝為慶祝兩個兒子遠征波斯安息帝國凱旋歸來而建，現在我們所看到拱門上描繪遠征凱旋的英姿浮雕多已被侵蝕了。

⑯ 喙形演講台Rostri

凱撒在西元44年去世前所建造，是當時雄辯家向群眾發表激昂演說的講台，因講台飾有從敵船擄獲的鳥喙形船頭，所以名為「喙形演講台」，目前仍能看出整個基地遺跡的輪廓。

趣味大發現

和古羅馬戰士合照，一定要事先問好價錢

曾經在觀光景點出現不少穿著紅戰袍、手拿短刀的古羅馬戰士，招手邀遊客合影。瞧，這位老兄戴上戰士的頭盔，拿著戰士的短刀，還作勢要把戰士「殺頭」的合影很有趣。

不過，最好在拍照前問好價錢，身上也備著小鈔，以免對方賴帳不找零，若因此壞了遊興就划不來了！羅馬市政府於2017年7月頒布新法令，「禁止穿古裝扮演歷史角色提供他人拍照，尤其在古蹟附近；此種行為無論是否涉及營利，將被以『違反公共秩序』罰款€400。」或許往後裝扮古戰士的街頭藝人會減少，不過誰知道還會出現什麼應變方式呢？

↗這對一胖一瘦的古今裝扮模樣，令人忍不住發噱。

帝國廣場
Fori Imperiali

- 凱撒廣場、奧古斯都廣場、涅爾瓦廣場這3座露天廣場位於圓形競技場和威尼斯廣場之間的Via dei Fori Imperiali上
- (06)0608接受預約進入參觀，不過建議直接沿著帝國大道兩旁參觀，反而能看清楚整座廣場
- 地鐵B線到Colosseo站出口右轉往威尼斯廣場方向步行約5分鐘，或搭51、85、87、118號公車到Fori Imperiali站
- 從帝國大道旁參觀沒有時間限制
- 貫穿帝國廣場的帝國大道週日禁止車輛通行，開放行人徒步區
- MAP P.33

當古羅馬廣場發展過密而無法再增加新建築時，凱撒和後來的幾位皇帝由此再延伸出幾座廣場，分別座落在帝國廣場大道(Via dei Fori Imperiali)的兩旁，所以統稱「帝國廣場」。目前挖掘出來的有凱撒廣場、奧古斯都廣場、涅爾瓦廣場和圖拉眞市場及帝國廣場博物館等，還有許多未出土的遺跡尚埋在1932年墨索里尼開闢的帝國大道底下。

帝國大道路標。

歷史見證巡禮

❶ 凱撒廣場 Foro di Cesare

帝國廣場的首座廣場由凱撒大帝斥資興建。從帝國大道旁望向這座廣場，可清楚辨識西元前46年所建造維納斯神廟(Tempio Venere Genitrice)的平台和3根科林斯式的圓柱。這裡曾經也有成排的商店，不過在西元1世紀被焚燬，後雖經重建卻也抵不過歲月的摧殘，如今也只見滿地的散石和殘柱。

這3根科林斯式圓柱原附屬於維納斯神廟。

❷ 奧古斯都廣場 Foro di Augusto

位在凱撒廣場對街的奧古斯都廣場，是西元前42年為了慶祝奧古斯都戰勝刺殺凱撒的布魯托(Bruto)和卡西歐(Cassio)而建造，目前最醒目當屬供奉復仇戰神(Marte Ultore)的神廟平台、圓柱和斷裂的台階。

廣場上的神廟基座只剩下幾根高低不齊的圓柱。

❸ 涅爾瓦廣場 Foro di Nerva

位在奧古斯都廣場右邊的涅爾瓦廣場，是涅爾瓦皇帝於西元97年在位時落成。廣場邊緣殘存一座婦女的主保神密涅娃(Minerva)神廟，壁上還看得到女神和描繪婦女學習縫紉編織等家務的浮雕。這座廣場右邊原本還有一座維斯巴西安諾(Vespasiano)在西元70年建造的和平廣場(Foro della Pace)和宮殿，只不過現已幾乎全埋在帝國大道底下了。

由涅爾瓦廣場望向奧古斯都廣場全景。

知識充電站

羅馬帝國的擴張地圖

從帝國大道往圓形競技場地鐵站的途中，亦即在古羅馬廣場的馬森齊歐大會堂外牆上，有一面整齊排列4張羅馬帝國擴張的地圖。由左至右分別是西元前753年羅莫洛建羅馬城的小白點開始→向外擴張的共和時期(約在西元前2世紀)→奧古斯都死時的帝國時期→西元2世紀圖拉真統治的帝國時期，版圖橫跨歐亞非，是羅馬帝國版圖的全盛期。

由這4張擴張地圖可以看出古羅馬帝國統治世界的企圖心。

旅行小抄

免費休息站：遊客中心

在羅馬帝國擴張地圖對街的Fori Imperiali遊客中心，裡面設有旅遊諮詢站、小型展覽室和書店，每天09:30～19:00免費進入，是遊客歇腳的好去處，別忘了善加利用。

市政府設立遊客中心的告示牌。

遊客中心提供免費的旅遊諮詢和網路。

圖拉眞市場和帝國廣場博物館

Mercati di Traiano e Museo dei Fori Imperiali

- Via IV Novembre94
- (06)0608
- H、64、70、170號公車到Nazionale(Quirinale)站下車，再步行過圓環，約需2分鐘
- 09:30～19:30(售票至18:30)；12月24、31日09:30～14:00(售票至13:00)
- 休 1/1、5/1、12/25
- $ €11.5
- http www.mercatiditraiano.it、訂票ticket.museiincomuneroma.it/?lang=en
- MAP P.33

戰功彪炳的圖拉眞皇帝在古羅馬帝國版圖擴張達到頂峰後，也想大興集會廣場和市場，於是請大馬士革的建築師阿波羅多祿(Apollodoro di Damasco)設計建造。廣場的一排排圓柱廢墟中，高30公尺的圖拉眞圓柱最爲突出，柱身精細刻畫圖拉眞在西元2世紀初的兩次戰勝Dacia(達契亞，今羅馬尼亞)情景，栩栩如生的浮雕人物多達2,500人以上，畫面上還雕出城牆、橋梁、船隻等背景，就像一幅生動的旋轉畫。

後方的市場比廣場還早興建，呈圓弧形的3層樓裡有多達150間店鋪、辦公室和食堂，每一家店面都是方形造型，舉凡日常生活必需品，像蔬果、海鮮、香料等都買得到，簡直是現代Sopping Mall的雛形。

↑西元113年圖拉真皇帝親自主持圓柱的落成典禮。

←圓柱上的旋轉畫浮雕，人物刻畫細微生動。

圖拉真市場在當時是熱鬧的市民購物中心。

右腋下夾著「十誡」的摩西充滿宗教力量。

聖彼得鐵鏈教堂

Basilica di San Pietro in Vincoli

- Piazza San Pietro in Vincoli 4a
- (06)9784-4950、9784-4952
- 地鐵B線到Cavour或Colosseo站再步行4～6分鐘，或搭75、117號公車到Cavour-Annibald站再走2分鐘
- 4～9月08:00～12:30、15:00～19:00，10～2月08:00～12:30、15:00～18:00
- MAP P.33

這座在5世紀興建的教堂，因珍藏曾綑綁過聖彼得的鐵鏈而得名。據傳，這條從耶路撒冷帶回的鐵鏈和聖彼得在羅馬被囚禁的鐵鏈最後竟神奇般的串成一條，現今保存在主祭壇下方的聖物箱裡。

然而教堂最負盛名的，卻是米開朗基羅在右殿爲教宗儒略二世(Giulio II)陵寢所雕刻的《摩西》像。這座雕像無論是手臂上的脈絡、捲曲飄然的鬍鬚或面帶憤怒的神情，都刻得十分傳神，是米開朗基羅的代表作之一。

↘這條鐵鏈因曾綁過聖彼得而顯得珍貴。

旅行小抄

投錢亮燈

想看清楚摩西像栩栩如生的神情，你可以在右角落附設的投幣機器投入€1，現場就會亮燈1分鐘讓你欣賞和拍照；當然，若是運氣好也會碰到其他遊客投幣點燈，那時你就得趁機把握時間。目前，在羅馬一些教堂都有類似的裝置。

拉特朗聖克雷門特大教堂

Basilica di San Clemente al Laterano

- Via Labicana 95
- (06)7740-021
- 地鐵B線到Colosseo站出口左轉沿著Via Labicana直走約9分鐘到Piazza San Clemente；也可搭117、85號公車到Via di San Giovanni in Laterano站再步行約5分鐘，或3、8電車，51、85、87號公車到Labicana站再步行2分鐘
- 週一～六09:00～12:30(最晚入場12:00)，15:00～18:00(最晚入場17:30)；週日、假日12:15～18:00(最後入場17:30)
- 地面層教堂免費，地下一、二層€10，26歲以下持有國際學生證、未滿16歲€5(未滿16歲由父母陪伴則免費)
- www.basilicasanclemente.com
- 禁止拍照和錄影
- MAP P.33

在羅馬，甚至全義大利，很難找到在一座教堂的3個樓層分別代表不同時期的宗教遺址，這正是拉特朗聖克雷門特大教堂最特殊的地方。

教堂前的迴廊圓柱和地面層的內殿都是中世紀(1108～1130年)的建築，其中祭壇上環形的動物鑲嵌畫、祭壇前專屬聖詠團座位，以及入口左邊的聖凱德琳小堂(Cappella di Santa Caterina)壁畫都非常別緻，也是此層參觀的重點。

面對內殿的右手邊即是進入參觀地下教堂和神廟的入口。在此處購票後，依指標走階梯到下層，這裡不但光線微弱陰暗，要小心走，且因地下潮濕，隱隱散發一股霉味。這是1857年由愛爾蘭道明會的穆洛利(Mullooly)神父開挖埋在地底下的4世紀教堂，走道兩旁放置了一些石棺和石匾，牆上也有11世紀的壁畫。

循著路線再往下一層走到2世紀敬奉波斯神祇密特拉(Mitra)的廟宇，現在只剩幾間空房和一座刻有密特拉神正屠殺牛隻的浮雕祭壇。特別的是，此層你可以聽到淙淙流水聲和看到清澈的泉水，這是早在羅馬帝國就已開鑿完備以供應公共建築，如浴場、噴泉的下水道設施，以確保人民用水不虞匱乏。

目前這座教堂仍由愛爾蘭道明會管理。

教堂前迴廊圓柱已有800多年的歷史。

拉特朗聖約翰大教堂

Arcibasilica Papale San Giovanni in Laterano

- Piazza San Giovanni in Laterano
- (06)6988-6433
- 地鐵A線到San Giovanni 站出口步行4分鐘；或電車3號，公車16、81、85、87、186、360、650、714、850號到Piazza San Giovanni站
- 07:00～18:30(冬天～18:00)、 修院迴廊09:00～18:00、博物館10:00～17:30
- 教堂免費，修院迴廊€5、博物館€4
- www.vatican.va  P.33

教堂正面有一排耶穌和宗徒的雕像。

這座羅馬的主教座堂是首位基督徒皇帝君士坦丁於西元314年興建，雖經歷年火災和地震而多次修建，不過仍保留原來長方形會堂的外觀。在14世紀初，教宗克萊孟五世(Clemente V)被迫將教廷遷至法國亞維農(Avignone)前，這裡一直是教廷的重心。

已經有1,600多年歷史的八角形洗禮堂。

教堂內部除了右側廊第一根柱子上的一幅應是喬托(Giotto)描繪首次「禧年」情景的溼壁畫外，左側有一座13世紀的修院迴廊，迴廊四周點綴鑲嵌的螺旋石柱非常典雅。

教堂外面近埃及方尖碑旁的八角形洗禮堂，其歷史可追溯到4世紀，是往後基督世界洗禮堂的典型樣式；在洗禮堂前的廣場，還矗立一座羅馬最古老的方尖碑。

祭台前的哥德式祭壇華蓋上有14世紀的溼壁畫。

眞理之口區

Bocca della Verità

這一區幾乎是繞著古羅馬市中心的外圍，從帝國、文藝復興到近代建築並陳的威尼斯廣場，再到因電影《羅馬假期》、《賓漢》而聲名大噪的真理之口和大競技場，最後憑弔古羅馬人喜愛的休閒活動區——卡拉卡拉公共浴場遺跡，想像古羅馬市民如何在這座如現代三溫暖兼體能活動中心健身和交誼，你就不得不佩服羅馬老祖先在建築和開鑿水道這方面的高度智慧。

君士坦丁巨石雕像。

不分男女老少，總是不忘把手伸進去自我消遣一番。

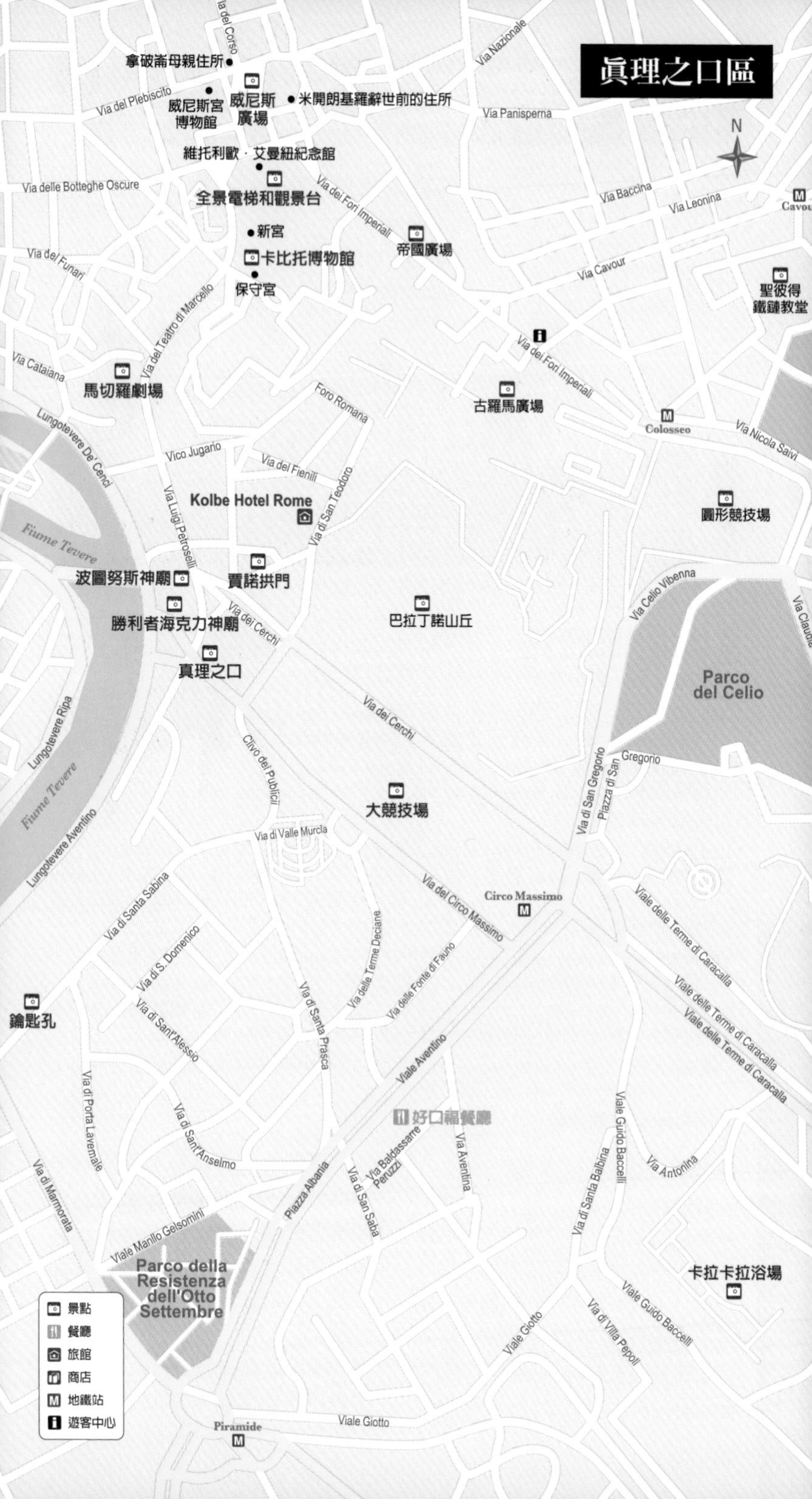

眞理之口區
N
拿破崙母親住所
威尼斯宮博物館
威尼斯廣場
米開朗基羅辭世前的住所
維托利歐・艾曼紐紀念館
全景電梯和觀景台
新宮
卡比托博物館
保守宮
帝國廣場
聖彼得鐵鏈教堂
古羅馬廣場
Colosseo
圓形競技場
馬切羅劇場
Kolbe Hotel Rome
波圖努斯神廟
賈諾拱門
勝利者海克力神廟
真理之口
巴拉丁諾山丘
Parco del Celio
大競技場
Circo Massimo
鑰匙孔
好口福餐廳
卡拉卡拉浴場
Parco della Resistenza dell'Otto Settembre
Piramide
Cavour
Fiume Tevere
Via del Corso
Via Nazionale
Via del Plebiscito
Via Panisperna
Via delle Botteghe Oscure
Via dei Fori Imperiali
Via Baccina
Via Leonina
Via del Funari
Via Cavour
Via del Teatro di Marcello
Via Cataiana
Foro Romano
Lungotevere De' Cenci
Vico Jugario
Via del Fienili
Via Luigi Petroselli
Via di San Teodoro
Via Nicola Salvi
Via Celio Vibenna
Via Claudia
Via dei Cerchi
Lungotevere Ripa
Clivo dei Publicii
Via di San Gregorio
Piazza di San Gregorio
Lungotevere Aventino
Via di Valle Murcia
Via di Santa Sabina
Via del Circo Massimo
Viale delle Terme di Caracalla
Via di S. Domenico
Via delle Terme Deciane
Via delle Fonte di Fauno
Via di Sant'Alessio
Via di Santa Prasca
Viale Aventino
Via di Porta Lavernale
Via di Sant'Anselmo
Viale Guido Baccelli
Via Antonina
Via di Marmorata
Piazza Albania
Via di San Saba
Via Baldassarre Peruzzi
Via Aventina
Via di Santa Balbina
Viale Manlio Gelsomini
Viale Giotto
Via di Villa Pepoli
景點
餐廳
旅館
商店
地鐵站
遊客中心

熱門景點

白色大理石的維托利歐．艾曼紐二世紀念堂和四周文藝復興赭色建築不甚協調。

威尼斯廣場
Piazza Venezia

→維托利歐．艾曼紐二世的騎馬銅像耗掉50噸的銅礦。

- 維托利歐·艾曼紐二世紀念堂(Monumento nazionale a Vittorio Emanuele II)Piazza Venezia；復興運動中央博物館(Museo Centrale del Risorgimento)Complesso del Vittoriano；威尼斯宮博物館(Museo Nazionale del Palazzo di Venezia)Via del Plebiscito 118
- 復興運動中央博物館(06)6793-598；威尼斯宮博物館(06)6999-4388，訂票(06)6780-131
- 搭H、40、51(假日)、60、63、64、80、83、85、95、117、118、160、170、628號公車到Piazza Venezia站，或30(平日)、46、62、70、81、87、130(假日)、190(平日)、492、628、916號公車到Plebiscito站
- 紀念堂09:30～18:30；復興運動中央博物館09:30～18:30(售票至17:45)；威尼斯宮博物館週二～日08:30～19:30(售票至18:30)，週一、1/1、12/25休館
- 紀念堂免費；復興運動中央博物館€5(特展加價，不能使用Roma Pass，不接受信用卡)；威尼斯宮博物館€5，歐盟公民18～25歲優待票€2.5，未滿18歲免費，每個月第一個週日免費
- 復興運動中央博物館www.risorgimento.it；威尼斯宮博物館www.museopalazzovenezia.beniculturali.it，訂票www.tosc.it/(預約費€1)
- 開放時間會隨季節調整　MAP P.49

忠烈祠彰顯過往榮耀

此廣場可以說是羅馬市區運輸最繁忙的樞紐，來自四面八方的車輛顯得有點亂。不過因廣場四周以前都是王公貴族的豪宅，還有一座爲了彰顯1870年義大利統一後的首任國王維托利歐·艾曼紐二世(V. Emanuele II，即立於紀念堂中央的騎馬銅像)，從1885年請建築師Giuseppe Sacconi設計，到1911年開幕啓用，但是整個工程要到1935年才完工。

這座以白色大理石打造的半圓形紀念堂，正面立著16根圓柱，兩邊方堡頂上各雕著勝利天使站在4匹馬拉著的兩輪戰車上，非常壯

威尼斯宮是文藝復興早期的城市建築代表之一。

觀。現在紀念堂內有免費的展覽區，堂前聖壇長期點燃著火炬以紀念爲國捐軀的無名烈士，自然也成了國家的忠烈祠。

墨索里尼在此演說

面對紀念堂右邊文藝復興樣式的威尼斯宮(Palazzo di Venezia)，是威尼斯樞機主教巴伯(Pietro Barbo，後被選爲教宗保祿二世)在15世紀所建。第二次大戰期間，這裡也曾是權傾一時的墨索里尼辦公室，他經常在窗口向群眾發表煽動性的演說，而今大廈則成爲展覽初期文藝復興藝術的「國立威尼斯宮博物館」(Museo Nazionale del Palazzo di Venezia)。

名人故居徒留憑弔惆悵

值得一提的是，廣場5號的綠色木柵陽台，曾是拿破崙失敗時，他的母親到羅馬的避難住所；藝術大師米開朗基羅也住過廣場24號，並在此與世長辭，不過遺體運回他的家鄉佛羅倫斯，所居住的房子目前也不存在了，只剩下牆上註明大師曾在此過世的標誌。

拿破崙母親曾住過的綠色陽台。

牆上寫著藝術大師米開朗基羅在此過世，位置不太顯眼。

旅行小抄

全景電梯和觀景台(Ascensori panoramici e Terrazza)

維托利歐·艾曼紐二世紀念堂後方設有觀景台，可由面對紀念堂右邊的天壇聖母教堂石階上去到頂再左轉。這層免費的觀景台角落設有咖啡館，你可以在這裡享用香醇的咖啡稍作休息後，再四處俯瞰和拍攝周遭古羅馬遺跡。若還覺得不過癮，旁邊另有全景電梯到堂頂，可觀看四馬雙輪車雕像和360度遠眺羅馬全景，但是這必須付費。

- 全景電梯(06)6783-587　休 1/1、12/25
- 全景電梯09:30～19:30(售票至18:45)、觀景台09:30～19:30
- $ 全景電梯€7，優待票(10～18、65歲以上)€3.50，9歲以下免費
- http www.turismoroma.it/cosa-fare/le-terrazze-del-vittoriano　MAP P.49

在觀景台喝咖啡是一種享受。

卡比托博物館

Musei Capitolini

- Piazza del Campidoglio 1
- (06)0608(每天09:00～21:00)
- 同威尼斯廣場(見P.50)
- 09:30～19:30(售票至18:30)；12/24、12/31：09:30～14:00(售票至13:00)
- 休 1/1、5/1、12/25
- €11.5(特展加價)，6歲以下免費，語音導覽€5
- www.museicapitolini.org訂票ticket.museiincomuneroma.it/musei-capitolini/?lang=en
- 參觀卡比托博物館一定要先從面對市政府右側的保守宮買票進入，然後經由地下道通往新宮繼續參觀，最後由新宮出口；館內可以拍照，但禁用閃光燈
- MAP P.49

守護羅馬古今政務

羅馬七丘之中最小的卡比托山丘(Colle Capitolino)，從12世紀開始即爲元老院(Senato相當現在的參議院)所在地，如今則爲羅馬市政府辦公室。16世紀爲了迎接神聖羅馬帝國的查理五世來訪，當時教宗保祿三世委請米開朗基羅設計廣場，雖然米氏來不及看到整個工程完成，不過廣場大體上還是遵照米氏的構想建造。

到廣場必須先爬一段坡度平緩的階梯，梯頂左右兩側各有象徵羅馬守護神的孿生兄弟雕像，而階梯左側則是通往建於13世紀天壇聖母大教堂(Basilica di Santa Maria in Aracoeli)的122級陡坡階梯。廣場地面的幾何圖形和建築物的正面，均出自米開朗基羅之手。廣場上是五賢君之一的馬可·奧雷利歐(Marco Aurelio)騎馬青銅像複製品，西元2世紀的眞品已移至保守宮內，是古羅馬時期唯一留存至今的銅像，非常難得。

→階梯頂端的狄奧斯庫里(Diòscuri)雙子雕像。

↓市政府前的廣場是出自米開朗基羅的構想。

目前除了羅馬市政府所在地的元老宮(Palazzo Senatorio)內部不開放參觀外，左右兩側的保守宮和新宮合稱為「卡比托博物館」，是世界首座對外開放的博物館，分別收藏豐富的雕刻和繪畫。

保守宮庭院有君士坦丁頭、手和腳的巨石雕像。

保守宮
(Palazzo dei Conservatori)

一進入這座博物館，庭院展示的4世紀君士坦丁大帝殘石巨像十分顯眼，仔細看這些雕像仍十分逼真，就連巨腳的血管都刻畫出來。庭院左邊設有寄物保管和書店可以多加利用。

由於參觀這兩棟博物館，一定要從保守宮的地下道通往新宮的固定路線(新宮只有出口)，為了參觀整座博物館的順序，在此建議先從寄物處的左邊上樓參觀，之後再下樓通往地道。

樓上1樓主要展示雕像，著名的有《拔刺男孩》(Spinario)，西元前1世紀的青銅像表現出一名男孩正在拔腳上的刺，表情十分可愛。隔壁室是象徵羅馬的《卡比托母狼》青銅像(Lupa Capitolina)，為西元前5世紀艾特魯斯哥(Etrusco)人的作品，下方吃奶的孿生兄弟羅慕路斯和雷穆斯應該是15世紀再加上去的。再往裡面走，馬可．奧雷利歐皇帝騎馬青銅像真品和朱比特神廟遺跡，不要錯過。

威風凜凜的馬可．奧雷利歐皇帝騎馬青銅像真品。

↑《拔刺男孩》銅雕是保守宮的鎮館作品。

背對馬可．奧雷利歐皇帝騎馬青銅的右前方出口，可以通往另一側2樓陳列15～16世紀的繪畫藝廊，收藏卡拉瓦喬和提香等人的畫作。

↑卡拉瓦喬在1595年的寫實畫作《好運》(La Buona Ventura)。

3樓會舉辦不定期的特展，旁邊也設咖啡館、洗手間供遊客休憩，記得到戶外的觀景台，由這裡可以眺望馬切羅劇場全景和博物館內的庭院，景色相當宜人。

參觀完下樓到地面樓，在書店對面的樓梯通往地下通道，通道半途右邊有階梯上元老宮後方廊道，這也是俯瞰整個古羅馬廣場全景的絕佳點，旁邊還立著看板解說，非常清楚。

新宮(Palazzo Nuovo)

依照指標走過展示石棺浮雕的彎曲地下道抵達新宮，上了地面樓的庭院，有一尊據說是象徵台伯河的海神臥像。沿著樓梯上1樓，著名雕像《垂死的高盧人》(Galate Morente)是羅馬人仿自西元前3世紀的希臘原作，表情十分悲傷痛苦。

《垂死的高盧人》在悲痛表情中又隱隱透露人性堅強的一面。

依序的展示廳重要的有：2世紀仿希臘複製品的《紅色農牧之神》(Fauno rosso)雕像；接下來大廳中央的《睡眠中的人獸像》也是複製品中的佳作。隔壁的「哲人廳」收藏羅馬仿製希臘哲學家、詩人，如荷馬(Omero)和蘇格拉底(Socrate)半身像。緊接著是歷代帝王胸像的「帝王廳」，像奧古斯都、卡拉卡拉皇帝都名列其中。

在結束下樓前，有尊原為古希臘鐵餅選手複製雕像《擲鐵餅選手》(Discobolo)，被18世紀法國雕刻家莫諾(Monnot)加上其他部分，改塑成為一名受傷的戰士。

17世紀中葉完工的「新宮」(上)和對面的「保守宮」(下)有平衡對稱的效果。

18世紀收藏的希臘詩人和哲學家的胸像陳列在「哲人廳」。

知識充電站

具有特殊意義的字母

羅馬七丘中最小的卡比托山(Colle Capitolino)在西元前500多年，曾有一座供奉具有保護城市力量的天神朱比特神廟(Tempio di Giove Ottimo Massimo)，天神朱比特代表羅馬神話的衆神之王，當時許多國家重大的宗教儀式都在這裡舉行，所以這座山和神廟則象徵羅馬擁有「世界之首」的權威，也因此「首都」的英文「Capital」是源自此地名「Capitolino」。此外，經常被紋飾在公共建築的羅馬城徽中常出現四個字母SPQR，這是由拉丁文Senatus (元老院)Populusque(人民)Romanus(羅馬)縮寫而來，也就是說以「元老院與羅馬人民」來代表羅馬市政府。

保守宮仍留有朱比特神廟遺跡。

經常在羅馬公共建築出現的SPQR，是羅馬市政府的代表符號。

羅馬怎麼玩

玩家交流

拜訪世界之都「羅馬」，建議你至少要停留3～5天。除了參觀著名景點外，安排幾條適合徒步旅遊的路線，甚至讓自己置身在曲折蜿蜒的斑駁小巷弄，不要急，就像當地人總是掛在嘴邊說的：「Piano Piano(慢慢來)～」放慢腳步品嘗現今羅馬人在傳統中隱隱透露的生活氣氛——鬆散、無序和喧鬧的不規則處事態度。

氣定神閒到Bar喝一杯濃郁咖啡、擠進客滿的披薩店買一片散發乳酪香的瑪格麗特披薩、無所事事地坐在廣場階梯上看人來人往，或遊街逛名品店的大肆採購，無論懷著什麼心情或目的來這裡，只要你大膽敲開「羅馬」這扇門，相信門內蘊含的風華肯定不會讓你失望。

真的，羅馬這座古城就是有這份能耐吸引你，甚至征服你！

坐在階梯看街頭藝人表演也很棒。

馬切羅劇場

Teatro di Marcello

- 📧 Via del Teatro di Marcello和Via del Portico d'Ottavia交叉口
- ➡ 搭C3(假日)、30(平日)、44、51(假日)、63、81、83、85、87、118、130(假日)、160、170、628、715、716、780、781(平日)號公車到Teatro Marcello-Ara Coelic站
- 🕒 目前並不對外開放，只能看外觀 MAP P.49

這座可以容納上萬人觀眾的羅馬帝國僅存古劇場，是奧古斯都皇帝在西元前13年竣工，特別以早逝的外甥(也是女婿)馬切羅命名紀念；目前只有夏季在此舉行音樂會，並不開放參觀。

當初劇場旁邊還有一座在西元前431年即興建的阿波羅神廟(Tempio di Apollo Sosiano)，自古這裡經常舉行祭祀慶典，向這尊象徵健康之神的希臘阿波羅神祇許願，以制止一些瘟疫的蔓延。不過，現在神廟只剩下孤伶伶的3根科林斯式圓柱矗立在一旁。

沿著劇場和神廟圓柱遺址中間的下坡道走約2分鐘，這裡還有一座奧古斯都爲馬切羅的媽媽(即奧古斯都的姐姐)興建的歐達薇雅門廊(Portico d'Ottavia)。因緊鄰台伯河的關係，到了西元8世紀，這裡又成爲新建「在魚市的聖天使教堂」(Chiesa di Sant'Angelo in Pescheria)的前廊，四周是熱鬧的魚市場，也是至今仍保留中世紀街道的古老猶太人區起點。

原路折回馬切羅劇場，在對街左前方仍屹立一座陡峭的塔培亞岩(Rupe Tarpea)，這是古羅馬時期將叛國或死刑犯從這處懸崖推下處死的地方。

圓形競技場的外型是仿效馬切羅劇場建造的。

眞理之口

Bocca della Verità

- Piazza della Bocca della Verità 18
- (06)6787-759
- 搭C3(假日)、44、83、170、716、781(平日)號公車到Bocca della Verità站
- 夏季09:30～18:00(17:50前入場)；冬季09:30～17:30(16:50前入場)
- 和「眞理之口」拍照前，需投€2至捐獻箱
- P.49

相傳在西元1世紀的古代海神面孔浮雕「眞理之口」，原爲水道孔蓋的大理石圓盤，約於17世紀被發現在「科斯梅汀聖母教堂」(Basilica di Santa Maria in Cosmedin)門廊外牆。從中世紀以來就盛傳，若說謊的人將手伸進口中，會立刻被咬住。後來又經過電影《羅馬假期》的宣傳，現在名氣已超越教堂本身，遊客經常大排長龍等著把手伸進去，想試一試自己的膽量。

原為水道孔蓋的「真理之口」，因賦予有趣的傳說而變得有名氣。

6世紀興建的拜占庭式樣的科斯梅汀聖母教堂，仍保留古樸風貌。

教堂前廣場有兩座羅馬共和時期(約西元前2世紀)的小神廟，圓形的是由20根科林斯式圓柱圍成的勝利者海克力神廟(Tempio di Ercole Vincitore)，當時可能供奉天神朱比特之子大力士海克力，但是因和古羅馬廣場的灶神聖火神廟(Tempio di Vesta)相似，所以也被稱爲火神廟；而立著典雅的愛奧尼克式圓柱的長方形波圖努斯神廟(Tempio di Portunus)，也稱爲命運男神廟(Tempio della Fortuna Virile)，是少有結合希臘和羅馬式的建築。這兩座神廟在中世紀都曾被改爲教堂。

在古羅馬時期，這裡曾是買賣牛隻的交易場所，所以也被稱爲牛隻廣場(Foro Boario)。而聳立在廣場邊緣的4世紀賈諾拱門(Arco di Giano)，在四面交錯的大理石拱門內，提供當時做生意或休息乘涼的最佳場所。

這座建於中世紀希臘人群聚的教堂，在12世紀又加上美麗的鐘樓。

趣味大發現

鑰匙孔(Il Buco della Serratura)

從真理之口往大競技場(Circo Massimo)方向的對街小山丘上，有一個很特別的「鑰匙孔」，由這個小小的鑰匙孔望過去，竟然不偏不移地看到聖彼得大教堂圓頂，再加上門內「馬爾他騎士團別墅」庭院兩旁蓊鬱樹木拱門的襯托下，就像幅美麗的風景畫，非常別緻。

✉ Piazza dei Cavalieri di Malta,3
➡ 搭C3(假日)、51、81、85(假日)、87(假日)、118、160、628、715公車到Greca站，再沿旁邊叉路Via di S. Sabina街走約5分鐘
MAP P.49

由鑰匙孔可以看到聖彼得大教堂。

大排長龍的人群，都為了看孔裡的景色。

大競技場
Circo Massimo

✉ Via del Circo Massimo
➡ 地鐵B線到Circo Massimo站，或搭C3(假日)、51、81、85(假日)、87(假日)、118、160、628、673到Circo Massimo站
🕘 全日　MAP P.49

位在羅馬七丘中的巴拉丁諾(Palatino)和阿文提諾(Aventino)兩座小山之間谷地的大競技場，在西元前5～4世紀間已是雙輪馬車比賽的場地，長621公尺、寬118公尺的外形，看起來很像現代的田徑運動場。到了帝國時期，奧古斯都在巴拉丁諾山下建造皇帝觀看比賽的包廂，並在中央的分隔屏豎立一座埃及方尖碑(16世紀末移到人民廣場，見P.76)， 旁邊有7顆木蛋和7隻銅海豚來計算圈數，比賽者每跑完一圈就拿走一顆蛋或改變海豚的位置，相當有創意。

在奧古斯都之後的皇帝，如圖拉眞、卡拉卡拉、君士坦丁都繼續擴建，君士坦丁之子君士坦丁二世又增加一座更高的方尖碑(16世紀也移往拉特朗的聖約翰廣場)。據說當賽事盛況時，瘋狂加油喝采和賭博下注的觀眾曾高達15萬人，場面非常激烈，直到6世紀才漸漸荒廢。

大競技場現已成為民眾運動踏青的綠地。

卡拉卡拉浴場
Terme di Caracalla

- Viale delle Terme di Caracalla 52
- (06)5717-451，訂票(06)3996-7700
- 地鐵B線到Circo Massimo站，或搭118、628號公車到Terme di Caracalla站，過馬路步行約2分鐘
- 週二～日依季節日落時間而更動，售票至關閉前1小時

2/16～3/15	09:00～17:00
3/16～3月最後週六	09:00～17:30
3月最後週日～8/31	09:00～19:30
9/1～ 9/30	09:00～19:00
10/1～10月最後週六	09:00～18:30
10月最後週日～2/15	09:00～16:30
週一	09:00～14:00

- 休 5/1、12/25
- €8，未滿18歲免費(需驗證件)
- www.isromantique.it/categorie/terme-di-caracalla_7/&l=2&p=7&set=0；夏季歌劇表演www.operaroma.it/en/locations/caracalla-2/；訂票www.coopculture.it
- 
MAP P.49

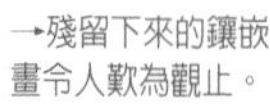
→殘留下來的鑲嵌畫令人歎為觀止。

卡拉卡拉浴場可以說是羅馬公共浴場的代名詞。

稱得上是古羅馬浴場保留最完整的卡拉卡拉浴場，是西元216年卡拉卡拉皇帝在位時開始啟用，直到6世紀水管被外來的哥德人破壞摧毀前，這座可以同時容納1,500人以上使用的浴場，是古羅馬人熱愛的運動兼交誼活動的場所。

整座浴場占地極廣，穹頂和迴廊裝飾得華麗精美，裡面除了熱、溫、冷三溫式的浴場外，還包括按摩室、蒸汽室、健身區、演講廳、圖書館、販賣部和運動

玩家交流

喝了再上

走在羅馬的大街小巷，你會發現路邊常有供人飲用的小池，這通常是引自山區的冷泉，只要從水龍頭出口輕輕一壓，泉水自然就從上方的小孔噴出，喝起來很方便(水若不能喝，上面會註明L'acqua non portabile)。

在羅馬，無論是廣場雕刻精美的噴泉，或是公共浴場的用水，甚至是路旁供人飲用的泉水，都需要靠從數十公里外郊區引水到城市的技術建設。根據記載，羅馬先後曾開鑿水道達14條之多，最早可溯及西元前300多年，實在不得不佩服古羅馬執政者對供應穩定水源的重視，也因有當時不惜斥資開闢完備的水道設施，如今才能讓整座城市享受源源不斷的泉水。

路邊隨時有山泉可喝，不論對當地居民或是遊客都十分方便，針對這一點，我真想為羅馬前輩的先知卓見，用力地鼓鼓掌。

附帶一提，現在有些熱門景點，甚至還設置免費的氣泡水(Frizzante)和一般水(Naturale)讓遊客選擇取用，設想十分周到。

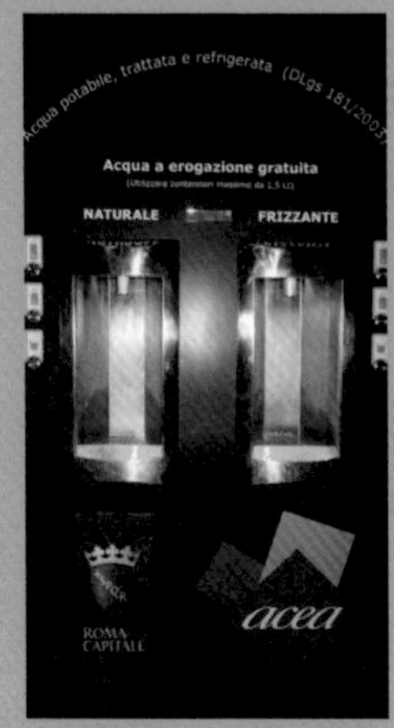

設在圓形競技場地鐵站出口的免費飲水機，還區分有否含氣泡。

遊客瓶裝路邊山泉，非常方便。

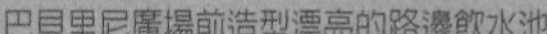

巴貝里尼廣場前造型漂亮的路邊飲水池。

場等設施，舉凡你能想得到的休閒娛樂活動，這裡一應俱全。

如今這裡壯觀的斷垣殘壁，是羅馬市7、8月夏季露天歌劇表演的熱門天然舞台布景。想像一下，坐在雄偉的古老建築前看著名的歌劇戲碼，再加上動人的劇情、氣勢磅礴的音樂和一輪明月高掛陪襯下，的確是一場非常特別的藝術饗宴。

現場附有復原圖幫你勾勒出1千多年前的公共浴場。

羅馬

萬神殿區

Pantheon

位於羅馬最精華路段的萬神殿區，包羅萬象的參觀景點一字排開。有藝術氣息濃厚的拿佛那廣場；若要來點兒樂子，逛到熱鬧露天傳統市集的花田廣場也不遠；即使是莊嚴肅穆的萬神殿，或是人氣很旺的許願池，都位於這個區域，值得你花多一點時間慢慢逛。

↑光是看看廣場上的鮮花都覺得精神百倍。

←萬神殿是羅馬帝國非常珍貴的建築遺產。

萬神殿區
N
Il Gelato di San Crispino
Via in Arcione
Via della Panetteria
Via del Lavatore
許願池
Largo Chigi
文藝復興百貨公司 (La Rinascente)
圓柱廣場 (Piazza Colonna)
Via degli Uffici del Vicario
Giolitti
Via delle Coppelle
Via delle Colonnelle
Il Papiro
Tazza d'Oro
Via degli Orfani
Via del Pantheon
Via del Pastini
Via delle Paste
Via del Salvatore
Via del Seminario
Via della Rotonda
萬神殿
Via del Caravita
Via di Santignazio
Via del Corso
Via delle Muratte
Via Marco Minghetti
Via dell'Archetto
Via iv Novembre
Via Nazionale
多利亞・潘菲里美術館
Piazza Sant'Eustachio
Sant'Eustachico
密涅娃神廟上的聖母教堂
Via del Teatro Valle
Via dei Cestari
Via del Gesù
威尼斯廣場
Via di Monte Brianzo
Via dell'Orso
Fiume Tevere
Lungotevere Tor di Nona
拿破崙紀念館
Via del Pianellan
Via della Scrofa
阿爾登普斯宮
(國立羅馬博物館)
Via del Coronari
Corso del Rinascimento
參議院
拿佛那廣場
Officna Profumo-Farmaceutica di Santa Maria Novella
巴斯魁諾雕像
Via di Monte Gordano
Via del Governo Vecchio
Corso Vittorio Emanuele
朱利亞街 (Via Giulia)
Corso Vittorio Emanuele
Via del Cappellan
Via di Monserrato
Via del Biscione
Boutique Hotel Campo de' Fiori
Aristocampo
Forno Campo de'Fiori 披薩店
花田廣場
朱利亞街 (Via Giulia)
法內澤宮
史巴達宮
Via del Monte della
Via Arenula
Via degli Astalli
耶穌會教堂
Via delle Botteghe Oscure
Piazza d'Aracoeli
Via dei Fori Imperiali
Via dei Funari
Via del Teatro Marcello
Via del Foro Piscario
Via Catalana
Lungotevere De' Cenci
Via delle Zoccolette
Lungotevere dei Vallati
Ponte Sisto
Lungotevere dei Tebaldi
Lungotevere della Farnesina
Fiume Tevere
景點
餐廳
旅館
商店
地鐵站
遊客中心

熱門景點

拿佛那廣場
Piazza Navona

- Piazza Navona
- 搭C3(假日)、30(平日)、70、81、87、130、492、628號公車到Senato或Rinascimento站，再走約1分鐘
- 廣場上賣畫的攤位很多，若想買畫，議價空間頗大 MAP P.61

貝尼尼的四河噴泉表現出他精湛的技藝。

羅馬最美的廣場

充滿巴洛克式建築風格的拿佛那廣場，無論白天或夜晚，都可以稱得上是羅馬最美的一座廣場。這座開放式的橢圓形競賽場，傳說是圖密善(Domiziano)皇帝下令建造的，並於西元86年舉行落成儀式。

到了17世紀巴洛克時期，此區漸漸形成權貴階層群聚的地方。當時的教宗依諾謙十世(Innocenzo X)宅邸也在廣場旁，他希望重新賦予這座廣場嶄新的風格，於是委任貝尼尼和博洛米尼(F. Borromini，1599～1667)等多位大師設計裝潢宮殿、教堂和噴泉，也就是現在廣場所呈現的大致風貌。

巴洛克風格的四河噴泉和教堂

廣場上有3座裝飾華麗的巴洛克式噴泉，以中央貝尼尼於1651年雕刻完成的四河噴泉(Fontana dei Quattro Fiumi)最醒目。貝尼尼以4位巨人雕像來表現當時所知世界四大洲中的4條河：歐洲的多瑙河(側面雙手微舉)、亞洲的恆河(手握船槳)、非洲的尼羅河(蒙頭掩面)和南美洲的普拉特河(單手高舉)；在河兩側的中間空隙，還安排一頭馬從河中躍起和一隻獅子自深山中竄出，表情生動活潑。在此群雕的正中央，高高豎立一座方尖碑，基座上裝飾著教宗依諾謙十世的牧徽。

噴泉對面的「競賽場的聖阿格妮絲教堂」(Sant'Agnese in Agone)，是教宗依諾謙十世在1652年委貝尼尼的競爭對手博洛米尼設計，以紀念4世紀在此殉教的聖女阿格妮絲。博洛米尼以擅長的曲線設計，來呈現建築體的空間動感，是座濃厚巴洛克風格的教堂。

傳說增添建築風情

坊間一直有這樣的傳言：四河噴泉裡象徵非洲尼羅河的蒙頭掩面巨人，是貝尼尼譏諷博洛米尼所設計的教堂慘不忍睹，還有南美洲普拉特河單手高舉的巨人，是貝氏暗指擔心對面的教堂會倒塌；而博洛米尼也不遑多讓地在教堂正面立一座聖阿格妮絲雕像，似乎向貝尼尼心裡喊話：「安啦，教堂保證很穩固！」不過這種「藝術家相輕」的傳說卻無具體的根據，因為噴泉在教堂動工前一年就已經完成了。

熱鬧繽紛的節慶季節

玩家交流

12～1月份是拿佛那廣場最繽紛的季節，也是孩子最愛來逛的地方。除了聖誕節到1月6日主顯節(Epifania，俗稱兒童節)五花八門的應景糖果攤位和遊樂場設施外，這裡還布置一座耶穌誕生的馬槽。

在義大利的主要節日，一般人都會吃些象徵性的糕點慶祝，如聖誕節吃不包料的Pandoro蛋糕或摻柑橘皮和葡萄乾的Panettone蛋糕；而復活節就以復活蛋和鴿形蛋糕的Colombo最普遍。不過，令我百般不解的是，兒童節的主角竟然是個「巫婆」，而且還給平常搗蛋的孩子吃一種黑黑醜醜的木炭糖(Carbone)！

坦白說，當廣場全部擺滿販賣的攤位，雖熱鬧喧嘩卻少了原來獨特的景觀氣氛，我個人覺得這時候的拿佛那廣場反而不美了！

熱鬧廣場人潮交織

另外在廣場的南北兩端各有一座噴泉，北邊的《海神噴泉》(Fontana del Nettuno)和南邊的《摩爾人噴泉》(Fontana del Moro)，兩座都是波爾塔(Giacomo Della Porta)在16世紀中葉設計完成。至於前者中間的海神和章魚搏鬥爲1878年Antonio della Bitta加上，而後者摩爾人大戰海豚雕像則是貝尼尼於1653年加上；不過眞品已於1874年移到波各澤美術館(Galleria Borghese，見P.80)，廣場爲複製品。

在這座美麗的廣場上，擺滿許多畫家現場作畫的攤位、街頭藝人熱情的表演(晚上尤其多)，以及坐在周圍露天餐廳和咖啡館享受悠閒的遊客，把廣場點綴得十分熱鬧，也因此從早到晚吸引絡繹不絕的人潮。

又稱「畫家廣場」的拿佛那廣場，擺滿賣畫、作畫的攤位。

趣味大發現

羅馬最會說話的雕像Pasquino

背對拿佛那廣場、在摩爾人噴泉的右前方巷子不遠，街角的巴斯魁諾廣場(Piazza di Pasquino)有一座不太起眼的「巴斯魁諾」雕像，可別小看他外觀斑剝得厲害，他可是市民批評時政的最佳傳聲筒。

在皇權統治時代的言論並不自由，一位在附近開店的市民巴斯魁諾(Pasquino)生性率直，他將對統治當局不滿的評論張貼在雕像下方，批評言論一傳十、十傳百，這座雕像也因此而聲名大噪，也引起其他市民的認同和效法呢！

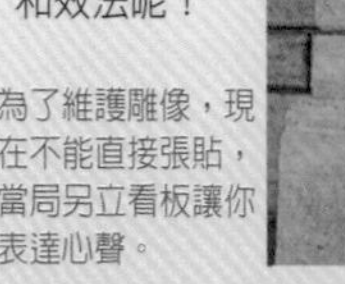

為了維護雕像，現在不能直接張貼，當局另立看板讓你表達心聲。

阿爾登普斯宮(國立羅馬博物館)

Palazzo Altemps (Museo Nazionale Romano)

《盧多維西的寶座》側面浮雕。

- Piazza di S.Apollinare 46
- (06)684-851、訂票(06)3996-7700 (週一～六 09:00～13.30、14.30～17:00)
- 搭30(平日)、70、81、87、130(假日)、492、628號公車到Zanardelli站
- 週二～日09:00～19:45(售票至19:00) 休 週一、1/1、12/25
- €10，優待票(18～24歲歐盟公民)€5，未滿18歲免費(12歲以下必須成人陪同)；英、義、法、德、西語音導覽€5；每個月的第一個週日免費
- archeoroma.beniculturali.it，訂票www.coopculture.it(預訂費€2)
- 1.若想在3天之內參觀其他3座國立羅馬博物館，可買聯票€12；2.需安檢，背包、提袋要放寄物櫃
- MAP P.61

羅馬一共有4座「國立羅馬博物館」，這是其中的一座分館，展示珍貴的古典雕刻。阿爾登普斯樞機主教在1568年買下這裡後，隔2年大肆翻修重建，也在宮內大量收藏古代雕刻來布置中庭和階梯走道，現在也都成了展覽的一部分。目前主要雕刻展示多在樓上第一層，尤其以西元前5世紀的希臘雕刻《盧多維西的寶座》(Trono Ludovisi)側面浮雕最享盛名。

這一層樓靠近壁爐廳(Salone del Camino)的外面涼廊，頂篷和牆壁彩繪得非常美麗，至今已經有400多年的歷史了。

以花葉彩繪頂篷和牆壁的涼廊有400多年歷史。

旅行小抄

4座國立羅馬博物館的聯票

在3天之內參觀下列4座博物館的聯票€12(若其中一座有特展，外加€3)，預約電話、開放時間、網址都相同。

1.Palazzo Massimo (馬西莫宮)

- Largo di Villa Peretti 1(特米尼車站附近，前往方式見P.83)

2.Terme di Diocleziano (戴克里先浴場)

- Via E. De Nicola 79(特米尼車站前的五百人廣場對街右側)

3.Palazzo Altemps(阿爾登普斯宮)

- Piazza di S.Apollinare 46(拿佛那廣場附近，即本頁前面介紹)

4.Crypta Balbi(巴爾比宮)

- Via delle Botteghe Oscure,31(阿根廷廣場Largo di Torre Argentina附近，可搭30、40、46、62、64、70、81、87、130、190、492、628、916號公車到Argentina站

- http www.museonazionaleromano.beniculturali.it；預約訂票www.coopculture.it，預約費€2
- 參觀單座博物館門票€10(若有特展則為€13)

戴克里先浴場的廣大庭院。

ROMA

花田廣場
Campo de' Fiori

Piazza Campo de' Fiori /Piazza Capo di Ferro 13(Galleria Spada史巴達宮附設美術館)

售票(06)6832-409、(06)6874-896(Galleria Spada)

搭46、62、64、916號公車到Corso Vittorio Emanuele (Navona)站，再步行2分鐘

週三～一08:30～19:30(售票至19:00，Galleria Spada)

休 週二、1/1、12/25(Galleria Spada)

€5，18～25歲歐盟公民優待票€2.5，未滿18歲免費(Galleria Spada)

galleriaspada.beniculturali.it(Galleria Spada)，訂票www.tosc.it(Galleria Spada，預約費€1)

 P.61

廣場四周的餐廳露天餐座總是客滿。

吵雜的花果市集很有生氣。

古風建築旁的趣味市集

除了週日外，這座廣場在中午13:00前擺滿鮮花蔬果和一些自製的食材，當然也夾雜一些臨時擺地攤賣仿冒品。事實上，在羅馬像這樣的市集甚至規模更大的並不少，但多設立在市區邊陲地段，很少能像花田廣場位在市中心的文藝復興建築和保留中世紀古風的猶太區旁。這座廣場上沒有教堂，只有中央立一座因思想不容於當時宗教的主張而被視爲異端邪說，1600年在此地被燒死的哲學家布魯諾雕像(G. Bruno)，與熱鬧的花市廣場形成很鮮明的對比，這也是在羅馬非常少見的。

著名的文藝復興建築

廣場附近到處是文藝復興時期的華廈，以16世紀樞機主教法內澤(A. Farnese，1534年被選爲教宗保祿三世)委任米開朗基羅等名家設計的法內澤宮最壯麗，目前是法國大使館。宮殿後面的「朱利亞街」(Via Giulia)可說是羅馬最浪漫優美的街道，還有一座當初米開朗基羅爲了連接法內澤宮和河對岸的法內澤別墅 (見跨台伯河區P.108)所造的拱道，卻因無法達成而作罷。這條路的兩旁盡是雅緻的文藝復興建築，很適合閒逛散步。

若還有時間，建議到離法內澤宮不遠的「史巴達宮」(Palazzo Spada)，除了建築物本身在17世紀經巴洛克大師貝尼尼和博洛米尼裝修過而有看頭外，裡面也有附設美術館，典藏不少17～18世紀的名家繪畫。

橫跨朱利亞街的法內澤拱道，是米開朗基羅異想天開的設計。

耶穌會教堂
Chiesa del Gesù

- Via degli Astalli,16 (Piazza del Gesù)
- (06)697-001
- 搭30(平日)、40、46、62、64、70、81、87、130(假日)、190(假日)、492、628號公車到Argentina站，再步行2分鐘
- 07:00～12:30，16:00～19:45
- www.chiesadelgesu.org
- P.61

15～16世紀崇尚古典樣式的文藝復興時代後，到了16世紀晚期，天主教教會因富裕奢華而備受批評，新教徒極力提倡宗教改革。天主教教會爲了比新教更具吸引力，紛紛建造注重華麗裝飾的巴洛克藝術建築，而這座耶穌會教堂即是典型反宗教改革的巴洛克式教堂。

這座羅馬首座耶穌會教堂，建於1568～1584年間，裡面的藝術設計，都是讚頌虔誠的天主教徒必勝新教或異教徒爲訴求主軸。教堂中殿的17世紀巴齊奇亞(il Baciccia)在天頂的巨型溼壁畫《耶穌聖名凱旋》(Trionfo del nome di Gesù)，即是以虛幻的華麗裝飾來表達「信徒上天國，異端下地獄」的信念。

教堂爲了讓信徒和遊客看清楚充滿幻象的天頂溼壁畫，特別在入口不遠放置一面特殊的鏡子，將天花板的美畫拉近，方便遊客仔細欣賞。

→《信仰戰勝異端》雕像表現出耶穌會的神學觀。

↓中殿天頂的巨型溼壁畫把人物跨越框，表現出令人讚歎的氣勢。

傳統市場找樂子

玩家交流

在羅馬有很多傳統市場，有的是室內的固定攤位，有的則擺攤在露天廣場或路邊的小空地。我滿喜歡逛傳統市場，倒不一定是為了想買什麼東西，最主要的是在這裡可以發現一些獨家釀造的寶貝，像橄欖油、葡萄酒、番茄乾或奇形怪狀的蔬果……有的還可以試吃，吃了喜歡再買；當然，若跟他們混熟了，還可以討價還價喔！

這一攤賣自家釀製的酒，前面擺的杯子可以試喝烈酒。

通常傳統市場旁都會有一些小館子和麵包店，店家利用從市場買來的新鮮食材變出好吃的菜肴或點心，這些店通常比較不重視外觀裝潢，但卻貨真價實，很得當地人的喜愛。

密涅娃神廟上的聖母教堂

Santa Maria sopra Minerva

- Piazza della Minerva 42
- (06)6992-0384
- 搭30(平日)、40、46、62、64、70、81、87、130(假日)、190(假日)、492、628號公車到Argentina站，再沿Via dei Cestari(專賣宗教禮品店)走3分鐘；也可從耶穌會教堂過馬路沿Via del Gesù走4分鐘
- 週一～五07:50～19:00；週六07:50～12:30，15:30～19:00；週日08:00～12:30，15:30～19:00
- www.santamariasopraminerva.it，申辦婚禮santamariasopraminerva@gmail.com
- P.61

這是羅馬非常罕見的哥德式教堂。

羅馬市區的許多教堂在16～17世紀多改建爲巴洛克風格，唯獨這座在中世紀建於密涅娃神廟廢墟上的聖母堂，仍保留原來簡樸的哥德式建築，非常難得。

廣場中央有一座貝尼尼展現創意的方尖碑豎立在小石象的雕塑。

教堂內呈簡單的拱頂建築，周圍的小祭堂也有許多15世紀宗教溼壁畫。而雕刻就屬米開朗基羅的《救世主》(Redentore)和貝尼尼的一些半身像和墓石最著名。

從教堂外的廣場就可看到萬神廟的後面，當然，廣場上那隻貝尼尼設計背著方尖碑的小石象，拉長鼻子的模樣可愛極了，值得多看一眼。現在教堂內還會不定期舉辦宗教音樂會，以及爲新人舉辦婚禮。

萬神殿
Pantheon

- Piazza della Rotonda　347-8205204
- 搭30(平日)、40、46、62、64、70、81、87、130(假日)、190(假日)、492、628、916號公車到Argentina站，再步行3分鐘；或搭C3(假日)、51、62、63、80、83、85、160、492號公車到Corso(ss. Apostoli)站，再步行3分鐘
- 週一～六09:00～19:15、週日09:00～17:45、假日09:00～12:45
- 休 1/1、5/1、12/25
- www.pantheonroma.com (提供包含中文在內的8種語言ios、Android應用程式)
- 目前免費參觀，但預計自2018年5月2日起開始收費；禁止講手機、飲食、坐地上、大聲喧嘩等
- MAP P.61

保存最完整的羅馬帝國古蹟

「Pantheon」是希臘文「所有神祇」的意思，由奧古斯都女婿兼大臣阿格立帕(Marco Agrippa)於西元前27～25年創建的長方形神殿，但後因一場大火燒毀；目前所看到的樣式，是哈德連皇帝在西元118～125年重建，但他仍將M. Agrippa之名留在神殿正面的山牆上，以示尊重最初建造者，這也是至今保存羅馬帝國時期最完整的建築。

天窗射入的圓形光圈，會隨著太陽的移動而變化。

高超獨特的建築藝術

神殿前廊矗立16根高14多公尺的科林斯式圓柱，內部則呈半球形的圓頂，所以圓頂的高度和直徑都是43.4公尺，比例完美協調。爲了承受這麼大的圓頂重量，除了以美觀的內凹藻井裝飾兼減輕重量外，圓頂的厚度，也由底層

↑→萬神殿原先是為了祭拜天地諸神所建的大殿，請注意三角山牆上仍保留首創者M. Agrippa之名。

的5.9公尺逐漸變薄到屋頂的1.5公尺，所以在這麼大的空間卻不需要一根柱子的支撐，這在近2千年前古羅馬建築師就有如此傑出的技術，實在令人佩服。

神殿四面無窗，唯一的光源來自屋頂的圓型天窗，天氣晴朗時，天窗射入圓形的光圈，非常迷人；若碰上下雨天，爲了防止內部地面積水，大理石地板也設計了洞口排水，設想非常周到。

↑入口10點鐘方向是藝術家拉斐爾長眠的地方，經常聚集很多遊客。

方尖碑和噴泉成為取景重點

神殿在7世紀初改爲教堂，如今教堂內四周的壁龕，是年輕早逝的藝術家拉斐爾和義大利統一後諸王的陵墓。

神殿外的廣場有一座方尖碑和噴泉，噴泉裡各式樣的海中動物和人類頭部雕像很特別，這裡也是遊客最喜歡休憩和拍攝取景的地方。

←↓噴泉裡的雕像(局部)。

許願池(特雷維噴泉)

Fontana di Trevi

- Piazza di Trevi
- 搭53、62、63、71、83、85、160、492號公車到Tritone(Fontana di Trevi)站下車，再步行約3分鐘
- www.sovraintendenzaroma.it
- 這裡扒手猖獗，雖然警察經常巡邏，不過還是要特別小心
- MAP P.61

這座高約25.9公尺、寬約19.8公尺的羅馬最大巴洛克式噴泉，是1762年羅馬建築師沙維(N. Salvi)的傑作，噴泉的名稱源自這裡是三叉路口(Tre vie)。

這裡最早可以溯及西元前19年由奧古斯都女婿阿格立帕(即之前提過萬神殿的首創者)修建的一條供浴場使用的水道，後來傳說一名少女將此泉水告訴路過此地口渴難耐的羅馬士兵，往後這條水道就以「少女水道」(Acquedotto Vergine)來稱呼，所以在噴泉中央的海洋之神(Oceano)雕像右上角浮雕，即是描述少女向士兵指出水源的情形，後來也因此又稱此噴泉爲「少女噴泉」。

人魚海神和海馬的雕刻局部。

整座噴泉雕刻以君士坦丁凱旋門的形狀爲背景，在中央的海神像下方，各有一尊駕馭海馬的人身魚尾海神。海神左右兩側的雕像分別代表「富庶」和「健康」，而在上方山形牆的4尊帶著禮物的少女雕像則象徵四季。

通常到許願池的遊客習慣背向水池，用右手拿著錢幣朝左肩丟入池中，如此將有機會重回羅馬，下回別忘了試試看喔！根據羅馬市政府統計，每天大約有2,000～3,000歐元的錢幣投進噴泉裡，一段時間打撈起來的錢幣，市政府會拿來做公益。

許願池經過電影的宣傳，是遊客必來的觀光勝地。

小型百貨公司

玩家交流

走在羅馬街道，你會發現市區怎麼沒有像台北101或Sogo這樣的大百貨公司？沒錯，不只是羅馬，在義大利的其他主要城市市區，都沒有大型的百貨公司，這可能是因為義大利的各名牌精品店都想保有自己獨特的風格，以致大型百貨公司在義大利市區很難成型。

不過，羅馬市區卻有兩家文藝復興小百貨公司(La Rinascente)，其中一家就位在這附近科索大道(Via del Corso)上的圓柱廣場(Piazza Colonna)對街，旁邊還有一座小型的Galleria Alberto Sordi廊道商場，裡面有連鎖書店、Bar和一些商店，提供大家一個乾淨的現代購物小天地。

小而美的廊道商場逛起來很舒適。

剛到羅馬或許不太習慣這樣一家一家專門店慢慢逛的購物方式，也可能會花你較多的時間；但從另一個角度來看，若能從中看到深具創意的設計或店家漂亮的櫥窗擺飾，不也是另一種逛街的樂趣嗎？

多利亞・潘菲里美術館

Galleria Doria Pamphilj

- Via di Corso 305　(06)6797-323
- 搭C3(假日)、51、62、63、80、83、85、160、492號公車到Corso(ss. Apostoli)站
- 09:00～19:00(18:00前入館)
- 休 1/1、復活節、12/25
- €12，優待票(6～26歲、歐盟公民65歲以上)€8 (已包含義、英、法語音導覽費用，購票時請告知要聽哪一種語言)
- www.doriapamphilj.it
- 1.拍照禁用閃光、三腳架和自拍器，照片不允許用於商業用途；2.因屬私人收藏，Roma Pass不適用
- MAP P.61

美術館入口。

美術館屬於羅馬中世紀潘菲里貴族的私人收藏，尤其自家族成員在1644年被選爲教宗依諾謙十世開始，典藏逐漸增多；隨後家族成員又與多利亞(Doria)貴族聯姻，使得收藏數量大幅增加。

目前館內收藏15～18世紀的繪畫達400多幅，其中較受矚目的有拉斐爾的《雙人畫像》(Doppio Ritratto)、卡拉瓦喬的《逃向埃及途中休息》(Riposo durante la fuga in Egitto)，以及館內最珍貴以單間獨立展示西班牙宮廷畫家維拉茲奎茲(Velázquez)畫的《依諾謙十世》(Innocenzo X，1650)肖像，據說當這幅畫完成時，教宗依諾謙十世本人看了直說：「畫得簡直太眞了！」

多利亞咖啡館。

館裡也設有書店，其中一個出口可通往一家「多利亞咖啡館」(Caffè Doria)，裡面的陳設典雅，是暫時歇腳的好去處。

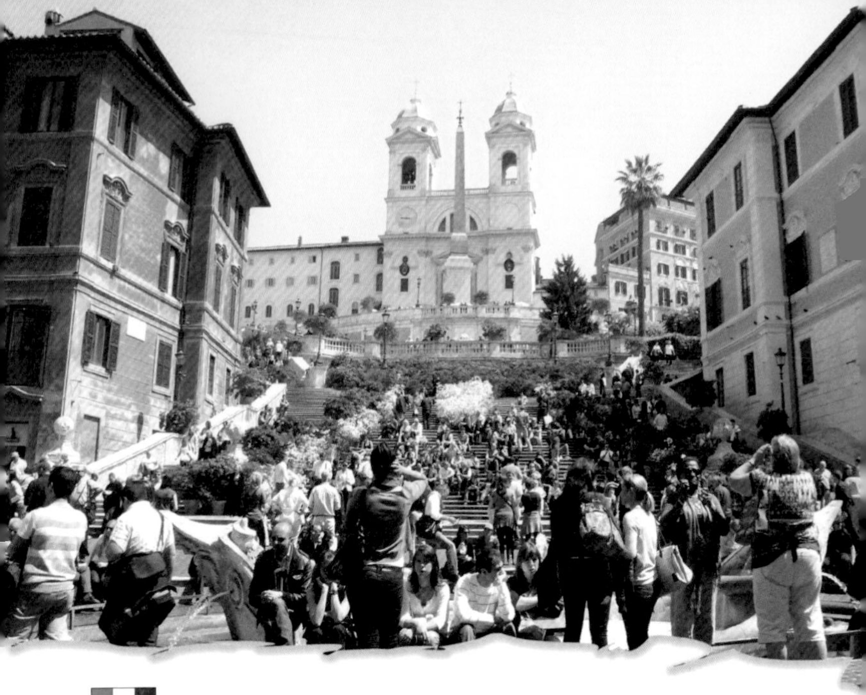

羅馬

西班牙廣場區

Piazza di Spagna

春暖花開時節是西班牙廣場區最美的季節，不但百花齊放的杜鵑花擺滿西班牙廣場上的階梯，位在北邊的波各澤別墅也展現一片新綠。這一區不但有美景可欣賞，典雅的百年咖啡館和茶館也是文人騷客最常駐留的地方；當然，一家接一家的精品店齊聚在這裡，更是追求時尚「血拼」的最佳朝聖地。

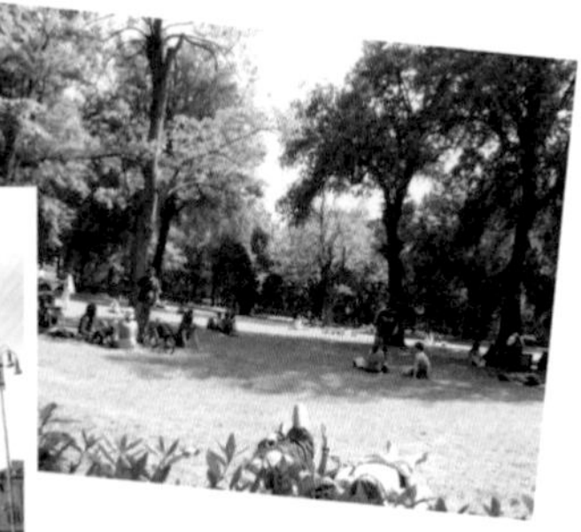

↑有羅馬「綠色心臟」之稱的波各澤別墅綠意盎然。

←人民廣場所占的腹地很廣，市政府經常在此舉辦活動。

ROMA

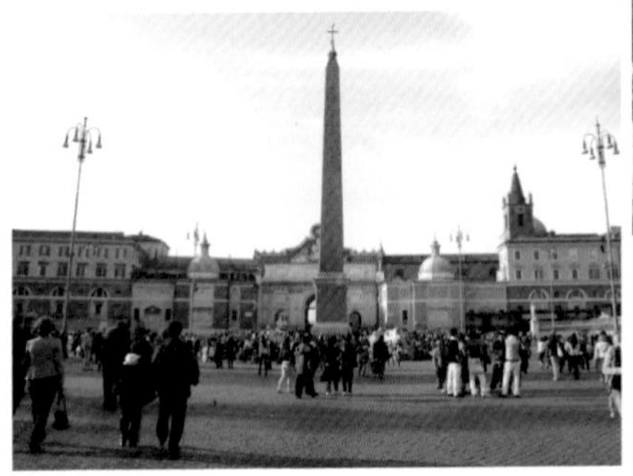

西班牙廣場區
波各濹美術館
朱利亞別墅
波各澤別墅
Villa Borghese
賓丘庭園
Giandini
del Pincio
人民聖母教堂
人民廣場
Borsalino
Flaminio
Il Margutta
古董藝品街
Via del Babuino名店街
Gina
Babington's
Tea Room
破船
噴泉
山上的聖三一教堂
濟慈-雪萊紀念館
西班牙廣場
聖母無染原罪圓柱
西班牙駐教廷大使館
Sermoneta
麥當勞
Hotel Pincio
濱清日本料理
Antico
Caffè Greco
Via Condotti名店街
Via Borgognona名店街
Via Frattina名店街
Via del Corso名店街
Via Bocca di Leone
名店街
和平祭壇博物館
Piazza di S.
Lorenzo in Lucina
Spagna
Barberini
Fiume Tevere
Viale Fiorello La Guardia
Viale Giorgo Washington
Viale del Muro Torto
Viale dell'Orologio
Viale dei Bamber
Viale degli Ippocastani
Viale delle Magnolie
Viale dei Pupazzi
Viale Museo Borghese
Viale San Paolo del Brasile
Viale Gabriele D'Annunzio
Viale dell'Uccelliera
Viale Pietro C
Via Pinciana
Corso d'Italia
Via Famìnia
Via Luisa di Savoia
Ponte Regina Margherita
Via Angelo Brunetti
Via del Corso
Via Laurina
Via di Gesù e Maria
Via Margutta
Via del Greci
Via della Frezza
Via di Ripetta
Lungotevere in Augusta
Via Vittoria
Via Belsiana
Via Mario de'Fiori
Via di San Sebasbanello
Via Tomacelli
Via dell'Arancio
Via Sistina
Via Gregoriana
Via dei
Via Capo le Case
Due Macelli
Via della Mercede
Via del Tritone
Via Barberini
Via di San Nicola da Tolentino
Via Molise
Via degli Artisti
Via Ludovisi
Via Cadore
Via Liguria
Via di Porta Pinciana
Via Lombardia
Via Emilia
Via Vittirio Veneto
Via Lazio
Via Sicilia
景點
餐廳
旅館
商店
地鐵站
遊客中心

西班牙廣場

Piazza di Spagna

- Piazza di Spagna
- 搭地鐵A線到Spagna站，再依出口指標約走2分鐘
- 階梯上禁止飲食和躺臥
- MAP P.73

西班牙宮成為地名的來源

廣場乃因這裡自17世紀建造的一棟西班牙宮(Palazzo Spagna)作爲西班牙駐教廷大使館而得名，目前仍可看到面對廣場階梯右邊大使館懸掛著西班牙國旗，前面還矗立一座高25公尺的聖母無染原罪圓柱(Colonna dell'Immacolata)，至今也有160年的歷史了。

廣場上的階梯，是法國人爲了連接廣場和也是法國人於15世紀末在階頂建的山上的聖三一教堂(Chiesa della S. Trinità dei Monti)，於是在1725年完成這座寬闊且坡度平緩的135級扇形階梯，無論什麼時候，階梯上總有一波波的人潮。

破船噴泉標記家徽淵源

階底有一座看似半沈在池中且四處漏水的破船噴泉(La Fontana della

←廣場名稱源自附近的西班牙駐教廷大使館。

春天的花節和夏天的服裝秀是西班牙廣場年度大事。

ROMA

旅行小抄

8家免費羅馬市立博物館

羅馬市政府提供8家市立博物館免費參觀。如何前往可參考網站www.atac.roma.it，手機版www.muovi.roma.it。附上博物館官網，可事先查詢。聯絡電話都是市政府(06)0608，週一和1/1、5/1、12/25休館。

1.巴拉克古代雕塑博物館 推薦
Museo di Scultura Antica Giovanni Barracco

這棟建於16世紀的美麗宮殿館藏頗豐富，從古埃及、希臘、艾特魯斯哥(Etrusco)、羅馬藝術雕塑，這是由貴族Giovanni Barracco收藏，於1904年贈羅馬市政府。

✉ Corso Vittorio Emanuele 166A，在花田廣場附近(見P.65)

http www.museobarracco.it

2.拿破崙博物館 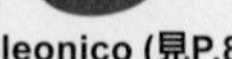

Museo Napoleonico (見P.81)

3.城牆博物館 Museo delle Mura(南邊城門Porta San Sebastiano)

http www.museodellemuraroma.it

4.馬克森提別墅Vill di Massenzio(阿庇亞古道Via Appia Antica)

http www.villadimassenzio.it

5.羅馬共和國博物館暨加里波底紀念館 Museo della Repubblica Romana e della memoria Garibaldina

http www.museodellarepubblicaromana.it

6.博物館卡羅比洛蒂 Museo Carlo Bilotti (在波各澤別墅Villa Borghese，見P.80)

http www.museocarlobilotti.it

7.博物館彼得卡諾尼卡 Museo Pietro Canonica(在波各澤別墅Villa Borghese，見P.80)

http www.museocanonica.it

8.帕齊農莊博物館Museo di Casal de' Pazzi

http www.museiincomuneroma.it/ne_fanno_parte/museo_di_casal_de_pazzi

Barcaccia)，應是1627年出自貝尼尼父親彼得(Pietro Bernini)之手。這座噴泉雖是羅馬巴洛克式噴泉裡最不華麗的，但船身也有雕飾委建者教宗烏爾巴諾八世的家族徽章，徽章上的3隻蜜蜂，正是這位出身巴貝里尼家族的標記。

歷史名家曾在此流連聚集

在古典中融合精緻巴洛克藝術的西班牙廣場，也同樣受外國文人和藝術家的青睞，似乎這裡的氣氛可以引發他們創作的靈感，像19世紀英國浪漫詩人濟慈(Keats)和雪萊(Sherey)、音樂家李斯特(Liszt)和華格納(Wagner)等都曾在附近居住過，廣場角落的26號還設置濟慈—雪萊紀念館(Keats-Shelley Memorial House)。另外在Via Condotti街上，一位希臘人在1760年開設的咖啡館，是18世紀文學、藝術家們最喜歡聚會的場所。

破船噴泉上的紋飾是巴貝里尼家族的徽章。

人民廣場
Piazza del Popolo

Piazza del Popolo

搭地鐵A線到Flaminio站，或搭61、89、160、490、495號公車到Flaminio站，過馬路就是廣場城門

MAP P.73

面對3條街交會的人民廣場深具對稱美感，在寬廣的橢圓形空間中央，豎立一座奧古斯都在西元前10年從埃及運回的方尖碑(見P.57大競技場)。由廣場望去，在市民最喜歡逛街的科索大道(Via del Corso)兩旁，有兩座幾乎一樣的雙子教堂，右邊是奇蹟聖母教堂(Chiesa di Santa Maria dei Miracoli)，左邊則是聖山聖母教堂(Basilica di Santa Maria in Monntesanto)，都是屬於17世紀的巴洛克式建築，旁邊兩座鐘樓則是18世紀再增建的。

↑人民廣場堪稱羅馬最具對稱美感的廣場。

這座廣場提供市民假日休閒的好去處，尤其沿著階梯或斜坡往上走到景色宜人的賓丘庭園(Giandini del Pincio)，特別是傍晚的景致特別迷人。深入庭園有一家高級餐廳Casina Valadier，坐在前院的露天餐座非常舒適，視野很棒，不過價格並不便宜；這裡還有一座天橋可以通往羅馬最大的公園——波各澤別墅。

趣味大發現

街頭表演

羅馬的人民廣場可以說是最富年輕氣息，很受當地年輕人的喜愛。這可能是因為位在附近的科索大道有很多青少男女喜歡逛的花俏服裝店，加上價錢又便宜，所以深深吸引這一族群。即使不買東西，光是結伴到廣場上看街頭藝人的表演也很過癮。

↑在羅馬各廣場都有街頭藝人的身影。

在羅馬的主要熱門景點都有街頭藝人落腳的身影，不過每座廣場因屬性的不同，聚集的客群也有分別，例如拿佛那廣場偏重藝術氣息，所以較受有能力消費的中上階層喜愛。而人民廣場因占地廣，許多戶外活動都以這裡為舉辦地點，參加的也都以青少年為主，自然而然這裡就經常群聚年輕朋友。

既然以年輕族群為訴求對象，在這裡表演的街頭藝人就必須具備兩把刷子、懂得耍一些噱頭，才有辦法吸引這些精力旺盛的大孩子目光，否則只有坐冷板凳的份兒了。

人民聖母教堂

Basilica di Santa Maria del Popolo

- Piazza del Popolo 12
- (06)3610-836
- 與人民廣場同，在過廣場城門的左邊
- 週一～四07:15～12:30，16:00～19:00；週五、六07:30～19:00；週日07:30～13:30，16:30～19:30
- www.santamariadelpopolo.it
- P.73

人民聖母教堂裡面珍藏許多藝術大師的作品。

緊鄰廣場城門邊的這座教堂，是教宗西斯都四世(Sisto IV)在1472年重建具文藝復興早期風格的教堂，後來又加入拉斐爾和貝尼尼等大師的設計，以及卡拉瓦喬(Caravaggio)的宗教畫作，是一座藝術珍藏規模很大的教堂，值得一看。

一進教堂左側第二間的基吉小堂(Cappella Chigi)，是16世紀西恩那(Siena)銀行家基吉(A. Chigi)請拉斐爾設計；拉斐爾遽逝後又由貝尼尼等藝術家接手，在祭壇旁加上一些雕像。在17世紀，小堂的地板加上「屈膝骷髏」的鑲嵌畫，這也正是著名驚悚小說和電影《天使與魔鬼》4件血案中首件命案發生的地點。

在教堂中央的主祭壇後邊，有兩扇羅馬最早的彩繪玻璃，而環形殿一系列美麗的宗教溼壁畫，是賓杜利基歐(Pinturicchio)在1509年前後的傑作。值得特別一提的是，在主祭壇左邊的伽拉西小堂(Cappella Cerasi)有2幅卡拉瓦喬運用繪畫技巧來強調動作張力的經典宗教畫作，右邊是《聖保羅皈依》(Conversione di Saulo，「Saulo」是聖保羅皈依前的名字掃羅)，左邊爲《聖彼得殉教》(Crocifissione di San Pietro)，平常堂前總是吸引很多遊客。

教堂正門出來右邊的「人民城門」(Porta del Popolo)，是教宗亞歷山大七世在17世紀委任貝尼尼設計裝飾，以迎接爲了信仰而放棄王冠的瑞典克里斯蒂納(Cristina)女王。

←卡拉瓦喬在1601年畫的《聖保羅皈依》，描繪被耶穌的一道強光射中從馬上跌落且瞬間失明的「掃羅」，其驚恐的神情躍然畫上。

↓受矚目的基吉小堂由拉斐爾等大師設計。

祭壇呈方形，四周圍著寫實浮雕的大理石。

和平祭壇博物館

Museo dell'Ara Pacis

- Lungotevere in Augusta(在Via Tomacelli轉角)
- (06)0608　休 1/1、5/1、12/25
- 地鐵A線到Spagna站再走10分鐘，或搭301、913號公車到Tomacelli站下車，朝一大片方形玻璃建築物走約2分鐘
- 09:30～19:30(售票至18:30)；12/24、12/31：09:30～14:00(售票至13:00)
- €10.5，優待票€8.5，語音導覽(義、英、法、德及西語)€6；新推出晚間開放的義、英、法、德及西語虛擬實境影音導覽(L' Ara com' era)€12，13～26歲、65歲以上、持Roma Pass或持參觀本博物館票根€10，未滿13歲無法使用，相關資訊請上官網搜尋L' Ara com' era
- www.arapacis.it，訂票ticket.museiincomuneroma.it(預訂費€1，可切換英文)
- MAP P.73

↑祭壇浮雕非常精美。

→奧古斯都的妻子李維亞也在行列中。

這座博物館內的祭壇源自西元前13年，元老院爲了慶祝奧古斯都戰勝高盧(現在的法國)和西班牙，爲古羅馬人經歷長期戰爭之後所帶來和平而建的祭壇，整個工程於4年後完工。

祭壇位在正中央，四周圍著大理石浮雕，其中南北兩面長牆浮雕描繪西元前13年7月4日戰勝的遊行隊伍，浮雕上的人像相當逼眞，有奧古斯都的第三任妻子李維亞(Livia)、女婿阿格立帕，甚至拉著媽媽裙襬的可愛小孫子魯丘歐(Lucio)。館方在後面還設一座祭壇小模型，旁邊把奧古斯都家族成員的名字一一列上，讓你清楚比對。另外在地下一樓設有洗手間，也經常舉辦特展，可以善加利用。

祭壇的後方有一座奧古斯都在西元前28年(結束共和稱帝的前一年)爲自己和後代子孫興建的圓形陵墓(Mausoleo di Augusto)，首位在此安息的皇室成員即是最受奧古斯都喜愛的外甥馬切羅(見P.55)。這裡曾經是羅馬最顯赫的墓地，如今卻已成蔓草叢生的一堆土塚。

朱利亞別墅—國立艾特魯斯哥博物館

Museo Nazionale Etrusco di Villa Giulia

- Piazza di Villa Giulia 9
- (06)3226-571
- 搭地鐵A線到Flaminio站，再轉搭19號電車到Museo Etrusco Villa Giulia站下車
- 週二～日08:30～19:30(售票至18:30)
- 休 週一、1/1、12/25
- $ €8，18～25歲歐盟公民優待票€4
- !? 每個月的第一個週日免費
- http www.villagiulia.beniculturali.it，訂票www.tosc.it/(預約費€1)
- MAP P.73

美麗溼壁畫的迴廊。

這座別墅原是16世紀包括米開朗基羅的幾位名家，特別爲教宗儒略三世(Giulio III)合力設計的休閒度假村，裡面的別墅、庭園、噴泉、迴廊都極爲出色，尤其庭園正中央的仙女祭庭(Nympheum)有古典風格的雕像和鑲嵌畫，整體感覺非常雅緻。

自1889年別墅成爲國家蒐藏羅馬史前的艾特魯斯哥博物館，這裡便是展示這個古老民族出土文物的大本營。除了一些陶製花瓶、青銅雕刻外，最受矚目的是一座西元前6世紀的夫妻相擁石棺(Sarcofago degli Sposi)，由此可證實艾特魯斯哥人在當時已有高度的文化發展。

↑仙女祭庭的造型古典。

↑西元前4世紀飾以漂亮圖案的青銅鏡子。

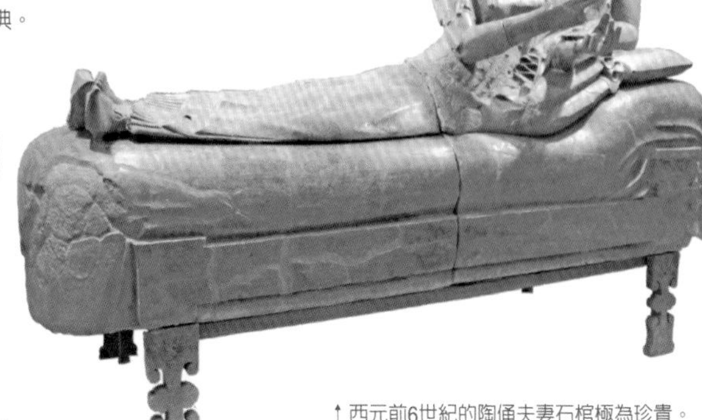
↑西元前6世紀的陶俑夫妻石棺極為珍貴。

波各澤美術館前很多等待參觀的遊客。

波各澤美術館
Galleria Borghese

- Piazzale del Museo Borghese 5
- (06)32810(持Roma Pass選此為免費博物館者，也以此電話預約，見P.309)；預約時間週一～五09:00～18:00，週六09:00～13:00。(06)8413-979(資訊查詢)
- FAX (06)3265-1329(團體預約)
- 別墅內有88、95、116、490、491、495號公車行經，若到波各澤美術館可以搭52、53、910號公車到Pincina(Museo Borghese)站最近
- 每天分5梯次，09:00～11:00～13:00～15:00～17:00～19:00，請提前半小時到櫃臺驗預購單並取入場券，每梯次參觀限2小時
- 休 週一、1/1、12/25
- $ €15、優待票(18～25歲歐盟公民)€8.5、未滿18歲免費(仍需付服務費€2)；語音導覽(英、義、法、西、德語)€5
- http 訂票www.tosc.it(每筆外加服務費€2)，資訊www.galleriaborghese.it
- 拍照禁閃光；所有背包一律放寄物處
- MAP P.73

有「羅馬綠色心臟」美稱

位在羅馬北郊的波各澤別墅占地非常廣，裡面不但有公車行駛，還包括動物園、博物館、劇場、人工湖、遊樂區……是1605年為教宗保祿五世的姪子波各澤(Scipione Borghese)樞機主教，委任貝尼尼父親彼得造園設計的。由於別墅占地的形狀很像一顆綠色的愛心，所以這裡的Logo也以一顆綠色愛心代表，眞是名副其實的「羅馬綠色心臟」。

美術館珍藏名家傑出作品

美術館是17世紀興建的巴洛克式建築，內部收藏的規模雖然不大，展覽只分置地面的1、2層樓，但館內珍藏幾位名家傑出的雕刻和繪畫，是非常難得的佳作。

1樓以雕刻爲主要展示品，最受矚目的是雕刻家卡諾瓦(A. Canova)所雕、拿破崙妹妹寶琳娜(Paolina)半裸雕像，雖是一尊頗受議論的

←藍天綠地的波各澤別墅，假日吸引人潮享受森林浴。

作品，但是大師將椅墊的皺褶、女性吹彈可破的肌膚則表現得可圈可點。隔壁室的大衛像，是貝尼尼以自己的臉爲樣本，刻出這尊大衛像。接著也是貝尼尼的名作《阿波羅和達芙妮》(Apollo e Dafne)，將爲擺脫阿波羅追逐的達芙妮慌張神情發揮得淋漓盡致。

接下來是帝王廳，被帝王胸像包圍在正中央位置的，是1622年貝尼尼名作《強擄普西比娜》(Il Ratto di Proserpina)，請注意冥王Pluto粗獷的肌肉與強擰在女人細嫩腿部肌膚的觸感，以及普西比娜無助奪眶而出的淚水，如此精湛的雕刻手法，實在令人激賞。

除了精采的雕刻外，1樓有卡拉瓦喬(Caravaggio)的多幅名畫，2樓拉斐爾的《卸下聖體》(La Deposizione)、《少婦抱獨角獸》(La Dama con Liocorno)和提香(Tiziano)運用特殊紅色表現的名作《聖愛與俗愛》(Amor Sacro e Amor Profano)，都是館內的珍品。

拉斐爾的宗教畫作《卸下聖體》。

《強擄普西比娜》是貝尼尼著名的雕塑。

旅行小抄

展示寶琳娜的右乳鑄模——拿破崙紀念館

✉ Piazzale di Ponte Umberto 1
☎ (06)0608
➡ 搭30(平日)、70、81、87、130(假日)、492、628號公車到Zanardelli站
🕒 週二～日10:00～18:00(入場至17:00)，12/24、12/31為10:00～14:00(入場至13:30)
休 週一、1/1、5/1、12/25　$ 免費
http www.museonapoleonico.it
!? 可拍照，禁閃光燈
MAP P.61

→↓館內展示寶琳娜的右乳鑄模。

在波各澤美術館展示的拿破崙親妹妹寶琳娜(Paolina)半裸雕像，因姿態撩人而受矚目；而在羅馬另一座拿破崙紀念館(Museo Napoleonico)的寶琳娜展示廳裡，除了寶琳娜生前的衣物用品外，還有雕刻家卡諾瓦為她製作的右乳鑄模，作為從事這項雕刻前的練習之用，很有意思。

拿破崙紀念館位在拿佛那廣場附近，規模不大，裡面還有陳列家族其他成員的畫像、宮廷禮服、居家擺飾等，是值得拿破崙迷前往參觀的地方。

羅馬

共和廣場區

Piazza della Repubblica

靠近特米尼中央火車站(Stazione Centrale Roma Termini)的共和廣場區，雖然沒有一般人熟悉的熱門景點，但是這一區卻是剛抵達羅馬時的第一個印象。事實上，這裡也有美麗的噴泉、宏偉的宮殿、典藏豐富的博物館、著名的教堂，以及一般平價商店。

走，現在就跟我一起去尋寶囉！

電影《羅馬假期》的宮殿就是以巴貝里尼宮為拍攝場景。

融合各式建築風格的聖母大教堂。

共和廣場區

長龍飯店
庇護城門
京華
美國大使館
聖母無染原罪教堂
骨骸堂
蜜蜂噴泉
Barberini
Ristorante Tullio
巴貝里尼廣場
勝利聖母教堂
眾天使聖母教堂
戴克里先浴場(國立羅馬博物館)
入口
Repubblica
共和廣場
四噴泉
巴貝里尼宮(國立古代美術館)
Mitsukoshi Roma
Hotel Diana Roma
五百人廣場
馬西莫宮(國立羅馬博物館)
Termini
Hotel Royal Santina
往郊區Castel Romano Outlet搭車處
羅馬歌劇院
Starhotels Metropole
Hotel Altavilla
特米尼中央火車站
Da Franco ar Vicoletto
奎利納雷宮(總統府)
周老爹
聖母大教堂
Cavour

景點　火車站
餐廳　地鐵站
旅館　遊客中心
商店

熱門景點

馬西莫宮(國立羅馬博物館)

Palazzo Massimo(Museo Nazionale Romano)

- Largo di Villa Peretti 67　預約(06)3996-7700、(06)480-201
- 搭A、B線地鐵到Termini站，或搭公車到特米尼火車站前的五百人廣場(Piazza dei Cinguecento)公車總站，背對火車站朝左邊馬路走約1分鐘
- 週二～日09:00～19:45(售票至19:00)；12/24和12/31為09:00～17:00(售票至16:00)　休 週一、1/1、12/25
- €10(若有額外展覽會加價)；語音導覽€5
- www.museonazionaleromano.beniculturali.it、訂票www.coopculture.it
- 另有聯票€12，在3天之內還可參觀其他3座國立羅馬博物館(見P.64)；可拍照，禁用閃光燈和三角架
- MAP P.83

馬西莫宮就位在特米尼火車站前廣場旁。

這裡原是羅馬帝國戴克里先皇帝在298年所蓋的大浴場局部，到了16世紀則成爲教宗西斯都五世的別墅，在1883～1889年又重建，用以保存自義大利統一後在羅馬挖掘出的古物，年代可溯及西元前5世紀～西元4世紀間的古典藝術。

展覽分布在4個樓層，地面樓主要是一些帝國時期的雕像，如奧古斯都大祭司像(Augusto Pontefice Massimo)及一些相關人物頭像；另外還典藏西元前5～2世紀的古希臘雕刻原作，包括可能是希臘王子亞特利二世(Attalo II)頭部和身體不成比例的王子銅雕，這也是現存稀有的古希臘銅雕原作；以及傳說中觸犯太陽神阿波羅母親的妮歐比(Niobide)，她的女兒背部被箭射中的《瀕死的妮歐比》(Niobide Morente)雕像等。

樓上1樓則以奧古斯都之後的雕像爲主，如展覽1室中興建圓形競技場的維斯巴西安諾皇帝頭像，和一些著名雕像的複製品，像6室的《擲鐵餅者》(Discobolo)和7室的《沈睡的賀馬佛迪特》(L'Ermafrodito Dormiente)都相當吸引人。

↑妮歐比女兒背部被箭射傷的古希臘雕刻非常傳神。

2樓則展示大量的精采壁畫和鑲嵌畫，很值得花多一點時間欣賞，這也是當地導遊非常推薦的館藏之一。

專屬展覽室裡的奧古斯都大祭司雕像。

3世紀的4位《駕戰車者》(Emblema di Baccano)鑲嵌畫。

美麗的鑲嵌畫。

西元1世紀奧古斯都妻子李維亞在羅馬北郊別墅(La villa di Livia a Prima Porta)的花園壁畫。

掃興的公車罷工和扒手集團

玩家交流

別看在特米尼火車站前，五百人廣場(*Piazza dei Cinquecento*)的公車總站平時忙碌的樣子，若是遇上交通運輸業工會為了某些訴求而發動罷工(*Sciopero*)時，這裡靜止的狀態可真令人欲哭無淚，這時只有寄望計程車或自己的兩條腿算是最可靠了。

除了公車罷工外，地鐵和公車上的扒手猖獗也是旅遊中讓人頭痛的事。在羅馬，除了人多的熱門景點外，地鐵A線(即紅線)從特米尼到西班牙廣場之間的月台和車廂，以及開往梵蒂岡的40和64號公車裡的扒竊情況最多，有時稍不留意，隨身的貴重行李或證件就神不知鬼不覺地被偷走，不但當時飽受驚嚇和財物的損失，事後還要花時間補辦證件也是很麻煩的事。

總之，以我個人旅行的小經驗，出門在外要有「三心」：凡事小心、也不要太熱心，一旦遇上不愉快的事要靜下心，把損害降到最低程度。

現在羅馬公車總站也加強警察巡邏，以維護旅客的安全。

共和廣場

Piazza della Repubblica

- Piazza della Repubblica
- 搭地鐵A線到Repubblica站，或由特米尼火車站前的公車總站往前走約3分鐘
- MAP P.83

位在原羅馬時期戴克里先浴場遺址的共和廣場呈半圓形，所以也被當地人稱為半圓廣場(Piazza Esedra)。廣場噴泉是19世紀末的近代作品，中央是海神像，周圍則為4尊仙女噴泉(Fontana delle Naiadi)，仙女雕像分別斜倚在4種水中生物上，其中海馬代表海洋、水蛇意指河流、天鵝象徵湖泊，而地下水則以蜥蜴為表徵，非常有意思！

↘噴泉上的裸體仙女銅雕體態優美。

據說過去戴克里先浴場可同時容納3,000人，是羅馬最大的一座浴場。

廣場半圓部分有介於國家大道兩側的雅緻弧形廊柱建築，目前多爲速食店、銀行、電影院等現代商業林立。而靠近戴克里先浴場這一邊則是1560年代米開朗基羅利用傾毀的浴場改建成天使與殉道者聖母大教堂(Basilica di St. Maria degli Angeli e dei Martiri)，不過18世紀又被范維德利(L. Vanvitelli)整建成現今所看到的教堂。

米開朗基羅曾參與設計的天使與殉道者聖母大教堂。

旅行小抄

羅馬市區車輛交通管制(Z. T. L.)

羅馬市政府為了有效管控市區交通流量，規定市民要有正當理由(如：在市區居住或上班者)，並繳以通行年費，擁有市政府核發的通行證，才能在市區自由開車通行；若沒通行證在市區控管時間內駛入禁區，被路口所架設監視器拍攝到者，將被開單罰款，不要心存僥倖，租車的遊客要特別注意。

控管時間：週一～五06:30～18:00

週六14:00～18:00

←車輛禁區告示。

↙監視器拍攝中，沒有通行證的車輛禁止進入。

↓監視器關閉，車輛可自由進出。

聖母大教堂

Basilica Papale Santa Maria Maggiore

- Piazza di Santa Maria Maggiore
- (06)6988-6800
- 搭地鐵A、B線到Termini火車站約步行7分鐘，或地鐵B線到Cavour站；也可搭16、70、71、75、105、360、649、714號公車到S. Maria Maggiore站
- 07:00～18:45
- 免費；教堂內設有義、英、德、法語導覽解說機器，需投幣€1
- www.vatican.va/various/basiliche/sm_maggiore/index_it.html
- MAP P.83

和4世紀中葉「夏天尋雪」奇蹟傳說有關的聖母大教堂，前後門各有一座廣場。正門廣場有一座高達15公尺的古老大理石圓柱，柱身嵌有特殊的縱槽，頂端立著聖母抱聖嬰的銅像，則是17世紀初所加建。而在寬闊的後門廣場，教宗西斯都五世(Sisto V)於1587年也立了一座埃及方尖碑做爲朝聖者的指標。

在羅馬長方形的教堂中，這座教堂成功地融合各式建築風格。如教堂的正面是18世紀的建築師富加(F. Fuga)採巴洛克式風格興建的，搭配14世紀所建的羅馬式鐘樓，雙圓頂則是巴洛克時期的產物。

一進入教堂，左右兩排40根圓柱把教堂分成3道走廊，中廊最大，文藝復興風格的鍍金藻井殿頂，據說是發現新大陸的哥倫布從美洲帶回來的黃金呈給西班牙國王費迪南，國王再獻給當時的教宗亞歷山大六世。

祭台上華麗的祭壇華蓋，也是富加設計完成的。而祭台下地窖的小祭台銀盒裡，則供奉耶穌誕生時的幾塊珍貴馬槽木板。前面跪著祈禱的雕像，就是以72種珍貴的雲石重整這裡的教宗庇護九世。

這裡的鑲嵌畫很多，其中在祭台後上方的半圓壁龕中，耶穌在天使和聖人之間爲《聖母加冕》(Incoronazione della Vergine)最顯目，這是13世紀的托里蒂(J. Torriti)傑作。正下方還有一幅由宗徒圍繞著的《聖母安眠》(Dormitio Virginis)，這些鑲嵌畫多與聖母有關。

左右兩排40根圓柱和亮麗的鍍金藻井。

趣味大發現

披上吧！

在炎熱的夏天，有些人喜歡穿無袖上衣或著短褲旅行，以圖清涼與輕便；不過請注意，若想參觀教堂可能會因此踢到鐵板。

有一次參觀聖母大教堂，發現有些穿著不合規定的遊客被擋在門前，看他們忙著以教堂提供的「紙衣」把不該暴露出來的手臂和大腿圍起來，連在一旁的朋友都忍不住笑了起來，這也讓我聯想起10年前帶朋友參觀聖彼得大教堂時，教堂旁邊竟然有人經營「出租牛仔褲」的小攤子，真是奇觀！

巴貝里尼宮(國立古代美術館)

Palazzo Barberini(Galleria Nazionale d'Arte Antica)

- Via delle Quattro Fontane 13
- (06)4814-591(資訊)，(06)32-810(票務)
- 搭地鐵A線到Barberini站，或搭公車53、61、62、85、492到Barberini站，再走4分鐘
- 週二～日08:30～19:00(售票至18:00)
- 休 週一、1/1、5/1、12/25
- €12、18～25歲歐盟公民€6，未滿18歲免費。這是聯票，10天內還可以參觀柯西尼美術館(P.109)
- www.galleriaborghese.it/barberini/it/default.htm、訂票www.tosc.it
- 1.拍照禁閃光燈、喝水、講手機；2.每個月第一個週日免費

電影《羅馬假期》以巴貝里尼宮為拍攝場景。

MAP P.83

由聖母大教堂往回走，穿過國家大道，沿著四泉路(Via delle Quattro Fontane)走約3分鐘，就到了有名的四噴泉(Le Quattro Fontane)。由兩男兩女神雕像組成的噴泉分別位在4個轉角路口，是16世紀教宗西斯都五世重整羅馬時的作品，而且從這裡可看到也是這位教宗興建的3座方尖碑，分別位於南面的聖母大教堂後廣場、北邊的山上聖三一教堂前(即西班牙階梯上方)和朝西的總統府前奎利那雷廣場(Piazza del Quirinale)，很佩服這位教宗的用心。

順著四泉路走不久，右側有一座鐵欄杆圍起來的鄉村別墅，這是出身巴貝里尼家族的教宗烏爾巴諾八世(Urbano VIII)在17世紀為其家族所建的宮殿，工程多出自馬德諾(C. Maderno)、貝尼尼和博洛米尼等3位當時的巴洛克藝術大師，這裡也是電影《羅馬假期》拍攝奧黛麗赫本所飾演的公主在皇宮時的場景。

←卡拉瓦喬的驚悚名作《朱迪達和歐樂弗尼》(局部)。

皇宮現在已經屬國立古代美術館，裡面珍藏13～16世紀的繪畫，著名的有霍爾班(Hans Holbein)的英王亨利八世盛裝迎娶肖像、卡拉瓦喬取自聖經故事的砍頭驚悚畫作《朱迪達和歐樂弗尼》(Giuditta e Oloferne)，以及傳說出自拉斐爾手筆的情婦肖像《佛納里娜》(La Fornarina是麵包師傅的女兒之意)。當然，由科托納(Cortona)在大廳頂篷的巨型溼壁畫非常壯觀，參觀時別忘了抬頭看建築物本身即具有的魅力。

→《佛納里娜》巨幅海報幾乎成了美術館的代言人。

奎利納雷宮(總統府)

Palazzo del Quirinale

- Piazza del Quirinale，報到驗證Salita di Montecavallo 15A
- (06)3996-7557
- 搭H、40、64、70、170號公車到Nazionale (Quirinale)站，再沿Via della Consulta走約4分鐘
- 每週二、三、五~日09:30~16:00(短程最後入場14:30、長程最後入場13:30)
- 休 週一、四，8月
- 短程80分鐘artistico-istituzionale(地面和主樓層)€1.5；長程2.5小時artistico-istituzionale e tematico(短程+花園+馬車博物館)€10，18~25歲、65歲以上€5，未滿18歲€1.5
- www.quirinale.it、訂票www.coopculture.it(可切換英文)
- 1.需5天前網路預訂且提前30分鐘抵達驗證件和預購單，若與預約資料不符合，無法進入；2.禁攜帶背包、手提袋、行李、玻璃或塑膠水瓶和雨傘等尖銳物品，並接受安檢；3.12歲以下必須成人陪同
- MAP P.83

皇宮位在羅馬七丘中最高的一座奎利納雷丘陵上，所以自16世紀就被教宗額我略十三世(Gregoriano XIII)當做避暑勝地。到了1870年義大利統一後，這裡被義大利政府收為國有，成為國王的皇宮，直到1946年義大利改制共和，這裡又成為義大利的總統府。

總統府廣場上的兩匹騰空躍起的駿馬和狄奧斯庫里(Dioscuri)雙子守護神雕像，是仿自西元前5世紀的希臘原作品，之前是君士坦丁浴場的裝飾物，到了1588年教宗西斯都五世將之遷移至此；而中間的方尖碑也是在1786年移自奧古斯都陵墓前。廣場每天下午3點(週日4點)約有15分鐘的衛兵操槍交班儀式，吸引不少遊客觀看拍照。

曾為教宗夏宮的奎利納雷宮現在是義大利總統府，圖中為遊客排隊等著進入參觀。

進入宮內參觀前，需經過一座長方形的大庭院，若正好碰到外國元首來訪，總統會陪同外賓在此檢閱儀隊。

宮內開放部分房間供遊客參觀，其中節日廳(Salone delle Feste)是總統主持國家重要慶典的場所，天花板上的巨大水晶吊燈非常耀眼。此外，像四周都是鏡子的鏡室(Sala degli Specchi)、大使室(Sala deghi Ambasciatori)擺飾半人高的中國花瓶等都各具特色。

宮內中庭廣大；中庭樓塔的總統府旗幟若沒升起，表示總統不在國內。

巴貝里尼廣場上貝尼尼表現生動的人魚噴泉。

巴貝里尼廣場和骨骸堂

Piazza Barberini e Cripta dei Frati Cappuccini

- Piazza Barberini/Via V. Veneto 27(骨骸堂)
- (06)8880-3695(骨骸堂)
- 搭地鐵A線到Barberini站，或搭公車53、61、62、85、492到Barberini站
- 09:00～19:00(售票～18:30)，11/2為09:00～15:00、12/24和12/31為09:00～14:30(骨骸堂)
- 休 1/1、復活節、12/25(骨骸堂)
- €8.5，18歲以下、65歲以上€5(骨骸堂)
- http 骨骸堂www.cappucciniviaveneto.it
- 1.骨骸堂禁拍照；2.若有幼童同行，不建議參觀；3.Roma Pass不適用

MAP P.83

→蜜蜂噴泉上的3隻蜜蜂各有泉水流出。

距離巴貝里尼宮不遠的巴貝里尼廣場(Piazza Barberini)，是在宮殿落成後的續建工程。廣場中央最醒目的人魚噴泉(Fontana del Tritone)也是貝尼尼的力作，巧妙地以海豚撐起海神信使人魚朝天吹著海螺，再從海螺噴出水柱流下來，整座雕刻的曲線表現非常優美。貝尼尼在大海貝下方刻上教宗三重冠冕、聖彼得的2把鑰匙和有3隻蜜蜂的巴貝里尼家族的徽章，都是有其特別的含意在內。

往國際名導費里尼《甜蜜的生活》取景的維內多街(Via V. Veneto)方向走，還有一座蜜蜂噴泉(Fontana delle Api)，這是貝尼尼在1644年獻給出身巴貝里尼家族的教宗烏爾巴諾八世，至今仍吸引許多遊客爭相拍照留念。

從蜜蜂噴泉爬坡走約1分鐘，同在維內多街上的聖母無染原罪教

從這座教堂右邊階梯上到第一層即是骨骸堂。

跟著貝尼尼大作解密的《天使與魔鬼》 玩家交流

羅馬一路走來是否有一種感覺，無論教堂的設計或廣場上噴泉的雕刻，巴洛克藝術巨匠「貝尼尼」的曝光率很高，假如再加上梵蒂岡的聖彼得大教堂和博物館，說真的，對整個大羅馬地區發展和外觀影響最大的人，除了貝尼尼外，應該不作第二人想。

義大利到了16世紀晚期，天主教教會因奢華而引發新教徒力倡宗教改革。傳統教會為了提高人們對教會的尊崇敬畏，紛紛建造注重華麗裝飾的巴洛克藝術建築來榮耀天主教教會。而當時貝尼尼這位建築師兼雕刻家，連續獲3任教宗的青睞，其藝術地位的尊貴由此可想而知。

就連名作家丹．布朗(Dan Brown)的暢銷小說和改編的電影《天使與魔鬼》，故事中懸疑命案的解密路線也是依著貝尼尼重要作品來鋪陳，從位於人民廣場旁的人民聖母教堂左側基吉小堂內的《阿巴庫與天使》雕塑，到共和廣場旁的勝利聖母教堂裡《聖特蕾莎的欣喜》雕像，接著到拿佛那廣場的《四河噴泉》，再到聖天使橋上的天使雕像，再轉到聖彼得大教堂的廣場設計和教堂內的雕刻作品……現在甚至有旅遊團是依著電影情節來規畫路線，讓這些「布朗迷」親睹電影場景和實景的差別，以及感受作者是如何精心布局命案的路線。

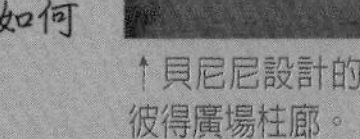

↑貝尼尼設計的聖彼得廣場柱廊。

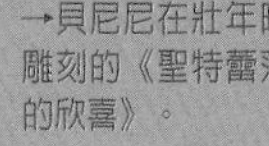

→貝尼尼在壯年時雕刻的《聖特蕾莎的欣喜》。

勝利聖母教堂(Chiesa di Santa Maria della Vittoria)

✉ Via XX Settembre 17　☎ (06)4274-0571

➡ 地鐵A線到Repubblica站再走約3分鐘

🕒 每週一～六08:30～12:00，15:30～18:00；週日及節日15:30～18:00(早上有彌撒)

http www.chiesasantamariavittoriaroma.it

!? 除「勝利聖母教堂」外，其他在書上都有專文解說　MAP P.83

堂(Chiesa di Santa Maria Immacolata a via Veneto)，在教堂附設博物館和地下一座骨骸堂(Il Museo e la Cripta dei Frati Cappuccini，Frati Cappuccini意指方濟會修士，因他們所穿的會服是卡布奇諾咖啡的顏色)，裡面以1528～1870年方濟會修士亡故的骨骸堆砌成各種圖形，有一小祭室全由骷髏頭排列的3面牆，也有以人骨組合成燈飾、聖心和十字架，在一間小祭室的銘文寫著：「我們曾經和你們一樣，而以後你們也會如我們一般。」(Quello che voi siete noi eravamo, Quello che noi siamo voi sarete.)真是一語道盡人類的生與死。

維內多街兩旁盡是高級旅館和露天咖啡座。

梵蒂岡城國區

Stato della Città del Vaticano

曾為教宗蔽護所的聖天使古堡。

位於台伯河左岸的梵蒂岡城國雖是世界最小的國家，卻是全球天主教徒的心靈庇佑國度，不但擁有最壯麗的「聖彼得大教堂」，還有珍藏大量歷史文物瑰寶的梵蒂岡博物館，裡面含括埃及、希臘、羅馬帝國、中世紀、文藝復興和現代宗教等數十萬件藝術品，光是展示路線就長達7公里以上，典藏之豐富令人歎為觀止。

至於位在梵蒂岡城國旁的聖天使古堡(Castel Sant'Angelo)，在歷史所扮演的角色，由最早的皇帝陵墓，後來又成了堡壘、監獄，一度還為教宗的避難所，目前則是國家博物館，堡頂城垛也是登高攬勝的絕佳地點。

典藏浩瀚藝術的梵蒂岡博物館。

梵蒂岡城國區

Via di San Tommaso d'Aquino
Via Trionfale
Via della Giuliana
Viale Angelico
Lepanto
Via Bernardino Telesio
Via Giovanni Bettolo
Viale delle Milizie
Via Barletta
Via Tommaso Campanella
Ottaviano
Viale Giulio Cesare
Via degli Scipioni
Circonvallazione Trionfale
Via Andrea Doria
Via Ostia
Via Otranto
Via Ruggero di Lauria
Via Mocenigo
Via Tunisi
Via Giordano Bruno
Via Leone IV
Via degli Scipioni
Via Fabio Massimo
Via Paolo Emilio
Via Sila
Via Candia
Via Vespasiano
Via Ottaviano
Via dei Gracchi
Cipro-Musei Vaticani
Via Sebastiano Veniero
Via Cola di Rienzo
Viale Vaticano
Old Bridge
Via Cipro
Via della Meloria
Via Ruggero Fiore
Via Angelo Emo
Piazza Risorgimento
Viale dei Bastioni di Michelangelo
Via Terenzio
Via Boezio
Via Virgilio
Porto
Via Crescenzio
Viale Vaticano
Viale del Giarono Quadrato
Stradone del Giardini
Via Stefano Porcari
Borgo Angelico
Domus Carmelitana
Via Alberico II
Piazza Adriana
Alice
Via di Porta Angelica
Via delle Grazie
梵蒂岡博物館
Borgo Vittorio
Via del Mascherino
Borgo Pio
國立聖天使堡博物館
Via dei Corridori
中華民國駐教廷大使館
Piazza Pia
Viale Centro del Bosco
Via del Governatorato
Via del Fondamento
聖彼得大教堂
Domus Aurelia
Piazza Pio
Via della Conciliazione
Casa Bonus Pastor
Via Tunica
Borgo Santo Spirito
Fiume Tevere
Viale Vaticano
Via Paolo VI
Via di St. Maria Mediatrice
A.Roma Lifestyle Hotel 羅馬大飯店
Via Aurelia
Via di Porta Cavalleggeri

景點
餐廳
旅館
商店
地鐵站

熱門景點

聖彼得大教堂
Basilica di San Pietro in Vaticano

- Piazza San Pietro
- (06)6988-3731
- 地鐵A線Ottaviano-S.Pietro-Musei Vaticani下車後約走10分鐘，也可搭公車23、34、40、62、982號到Conciliazione或Traspontina站，再走約5分鐘
- 10～3月07:00～18:30，4～9月07:00～19:00(8/15休)；聖彼得寶庫10～3月09:00～17:15，4～9月09:00～18:15
- 免費，中文語音導覽€5＋證件；聖彼得寶庫€6，已含英、義、法、德、西等語音導覽
- www.vatican.va/various/basiliche/san_pietro/index_it.htm
- 參觀教堂禁穿無袖、短褲、短裙
- MAP P.93

歷經20位教宗的歷史過往

天主教教宗最早的固定住所，必須溯及羅馬君士坦丁大帝(約西元313年)把岳父拉特朗(Laterano)的別墅轉贈給當時的教宗希威斯特一世(Silvestro I)，也就是現在「拉特朗聖約翰大教堂」，從此開啓了全世界天主教主教座堂之始。

讓人心生景仰的聖彼得大教堂。

不過，教宗雖然住在拉特朗宮，但是對首位教宗聖彼得在西元64年於羅馬被倒釘十字架殉教，並葬身在當時的尼祿競技場附近(即現在聖彼得大教堂)仍舊十分重視，也因此不斷在梵蒂岡擴增建築。

這座教堂從教宗儒略二世到烏爾巴諾八世，前後共歷經20位教宗，時間也由西元1506～1626年，總共長達120年。至於參與整座教堂工程的設計師和藝術家，那就更數不清了。

廣場如慈母的雙手環抱

壯麗雄偉的聖彼得大教堂落成之後，到了1656年教宗亞歷山大七世(Alessandro VII)認爲，教堂前面應該要有足夠空間以容納來自各地的朝聖教友，所以決定建造可以容納30萬人的聖彼得廣場。

當你置身廣場的中心時，可以感受宛如被兩個半圓形的雙臂柱廊環抱，這也是當初設計的工程師貝尼尼希望表達天主教是一個慈母教會，以雙手擁抱來自世界各地的群眾。

柱廊中心點的直線廊柱視覺

廣場的正中央聳立一根高達25.5公尺的花崗岩方尖碑(基座不算)，在方尖碑和左右兩座噴泉之間的地板上，各有一個小外圈白石的圓盤，上面寫著Centro del Colonnato，意思是「柱廊的中心點」；換句話說，在廣場的任何一個角度看兩個半圓形的四排廊柱都是交錯排列，但是只要站在這兩個中心點，各朝左右邊的柱廊一看，則原來交錯的四排圓柱竟成一直線了。

左右各一封閉式廊道

兩邊半圓形柱廊連接聖彼得大教堂左右各有一排封閉式的廊道，右側廊道是參觀聖彼得大教堂安全檢查後的必經之處；左側廊道則設有洗手間、郵局、書局、急救中心和詢問處，是多數人從教堂出口的必經路線。

站在中心點所看到的4排圓柱成一直線。

鍍金的雲朵被光線襯托得金碧輝煌。

壯觀典雅的穹蒼圓頂

從廣場抬頭看米開朗基羅設計的圓頂(Cupola)非常壯觀，不過米氏只完成到支撐圓頂的鼓形柱而已，往後則由其弟子在1590年接續完成。從廣場仰望圓頂一圈觀景台，經常可以看到登上圓頂的密密麻麻旅客如小黑點般地移動。圓頂本身是雙重蓋設計且高達136.5公尺，中間還設有500多級的階梯供遊客登上圓頂觀景台俯瞰羅馬全景，景色十分壯觀。

旅行小抄

如何進入教堂和圓頂觀景台(Cupola)？

🕒 10～3月08:00～17:00，4～9月08:00～18:00(前15分鐘停止售票)
休 聖誕節和復活節
$ 搭電梯+走320階梯€8，全程走551階梯€6

先從聖彼得廣場右側排隊接受安全測試後，朝著教堂方向走，中間路過的「大銅門」有瑞士衛隊駐守，再繼續往教堂前的階梯走一小段，在轉角處有半圓形拱門，裡面備有出租各國語言(包括中文)的教堂語音導覽、寄放物品和洗手間。再往左爬一段階梯，就到達教堂前的5扇鐵柵欄門。

有瑞士衛隊駐守的「大銅門」。

若直接參觀教堂，就從第三扇鐵柵欄門進入；而往圓頂則由第二扇鐵柵欄門進入右彎(通常會以柵欄隔開，旁邊立著往Cupola的牌子。)很容易找到排隊買票到圓頂觀景台的人群。

要到達圓頂有兩種選擇方式，你可以全程走階梯或先搭一段電梯再接著走後半部階梯(請注意，走全程階梯對一般人的體力是一項大考驗，決定前要想清楚。)當走到最後一段石階時，因為圓頂的幅度關係，走道會越來越窄，最後甚至要側身而行，這時只要再接再厲，很快就能享受登頂攬勝的暢快感。

從圓頂高處看羅馬全景。

光是從教堂外觀實在無法感受教堂的宏偉。這座好像中文的「垂」字的大教堂，裡面可以容納6萬人。

我們首先走到教堂裡面正中央大門的地板看起。在地面上，有一排金字橫寫「186.36公尺」，以標示聖彼得大教堂長度，若繼續往中間走道(中殿)走，平時周圍被木板圍住的地板上，依次刻著世界其他教堂的長度作比較，例如美國華盛頓的主教座堂長度爲139.14公尺，以此突顯聖彼得大教堂在天主教教堂的龍頭地位。我們從右到左依序參觀幾處重點：

聖彼得大教堂平面圖

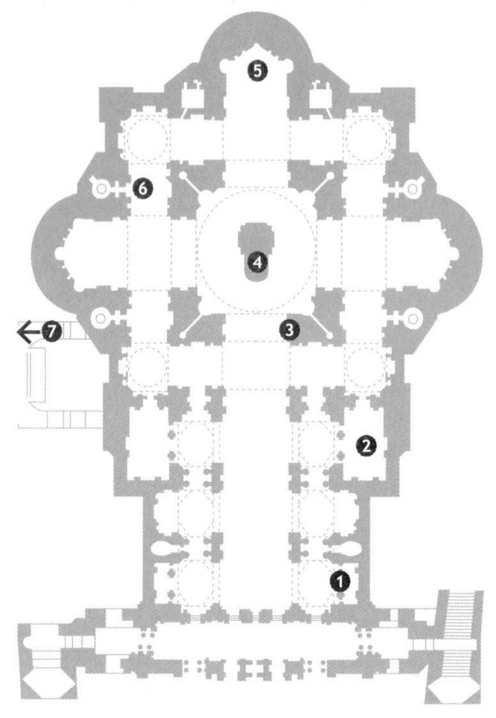

❶ 母愛堂

這座《聖殤像》(Pietà)之所以這麼著名，除了雕像本身以重達3000多公斤的純白大理石表現出慈母莊嚴之美外，這也是文藝復興巨匠米開朗基羅年輕時的代表作，更是米氏唯一署名在上面的雕刻品。

❷ 聖體堂

面對「母愛堂」的左邊往前走，經過幾位教宗的紀念碑後，在右手邊有一座較寬敞的小堂，因祭台上的聖體龕長年供奉聖體，所以稱為「聖體堂」。

堂裡最受矚目的，應屬貝尼尼設計銅鍍金的聖體龕，龕上環立著12位宗徒的銅像，而耶穌高立在龕頂。龕旁各有一尊合掌屈膝的銅鑄天使，尤其是貝尼尼雕塑的左邊天使，表情非常出色。祭台後壁由郭托納(Pietro da Cortona)在1669年所畫的《天主聖三》油畫，是整座教堂唯一保留的原畫，教堂其他的油畫都已改為鑲嵌畫以方便保存。

請注意，進入這座小堂是禁止拍攝，在入口處立著「進入裡面只為祈禱」的各國語言告示牌，裡面當然有管理員駐守。若教堂舉辦彌撒，聖體堂則不開放。

❸ 聖彼得古銅像

從聖體堂出來朝中殿方向走沒多久，右側有一尊不時被遊客親吻雙腳的聖彼得古銅像，所以銅像的腳趾都被吻摸得很光滑。

這尊銅像的鑄造時期有很多種說法，不過多數專家則認為這是13世紀的康比歐(Arnolfo di Cambio)作品。銅像頭上的光圈是聖人的記號，右手高舉代表祝福和訓導，而左手則握有兩把開啓天國的寶鑰。

→母愛堂的《聖殤像》。

→骷髏拿著沙漏慢慢掀開布幔，非常生動。

↑教宗祭壇上的青銅華蓋。
←←由外面拍攝貝尼尼設計的聖體龕。
←這尊聖彼得古銅像人氣很旺，不時被遊客撫摸、親吻他的雙腳。

❹ 教宗祭壇

教宗祭壇是位在整座教堂的中央，也只有教宗才可以在這裡主持彌撒。祭壇上是貝尼尼花9年時間所完成的巴洛克式青銅華蓋，高度約有5層樓高；而華蓋上面則是米開朗基羅的圓頂傑作，也賦予這座教堂十分莊嚴的氣氛。

❺ 聖彼得古銅寶座祭台

繼續通往中殿的盡頭，還有一座樣式華麗的祭台。這個被稱為「聖彼得寶座祭台」也是貝尼尼在17世紀中葉的佳作。

寶座上方有兩位天使各拿著一支天國之鑰，以及扶著教宗的三重冠冕；而後壁上有一扇透光的橢圓形玻璃窗，中央的鴿子象徵著天主聖神，由此衍生出12條輻射形狀則代表耶穌的12位宗徒。圍繞在橢圓形玻璃窗的一朵朵雲彩上，有許多天神和天使翱翔簇擁。這些都是以古銅鑄成再鍍以黃金，所以顯得金碧輝煌，十分亮眼。

❻ 亞歷山大七世教宗紀念碑

位於聖彼得寶座祭台左側的通道上，有一座亞歷山大七世教宗墓碑雕像，這也是貝尼尼在80歲高齡接受教宗所託的最後作品。

作品表現出蓋在棺墓上的紅色布幔被骷髏無力地慢慢掀起，而骷髏手上舉起計時沙漏，則象徵著時光不停的流逝，這是任何人都必須面臨人生盡頭的一刻，尤其貝尼尼將石頭刻出布幔皺摺的功力，實在令人歎服。

❼ 聖彼得寶庫博物館 (Museo del Tesoro di S. Pietro)

寶庫展示許多教會祭禮用品、教宗的三重冠冕以及米開朗基羅的《聖殤像》複製品外(以防真品被破壞時的修復樣品)，還有15世紀的藝術家波萊奧洛(A. Pollaiolo)的西斯汀小堂創建者西斯都四世教宗的銅製墓碑。墓碑上的浮雕相當特別，以描繪當時流行的天文、音樂、幾何和繪畫等情境，令人大開眼界。

什麼是「聖年」

「聖年」最早始自教宗博理法裘八世(Bonifacio VIII)，他在1300年2月22日於拉特朗聖約翰大教堂宣布該年為第一個「禧年」，往後每100年一次。後來又經過多位教宗的改革，最後在1470年教宗保祿二世頒布，往後每25年一次禧年，且獲得繼任教宗亞歷山大六世的支持，並於1500年宣布這項永久性的決定，同時也將「禧年」改名為「聖年」。

這扇聖門平時是用水泥磚頭封住，只有逢聖年時才由教宗在子夜彌撒前用鐵鎚敲開磚牆，而且開放一整年。據說，若能在聖年走過聖門，則身上的罪過會被天主寬恕赦免。別忘了，下一次聖年是在2025年喔！

梵蒂岡博物館
Musei del Vaticano

- Viale Vaticano 100
- (06)6988-3145，(06)6988-4676
- 搭49公車在博物館前(Musei Vaticani)下車最方便；也可搭地鐵A線到Cipro站下車，再走10分鐘；或搭19電車，32、81、982號公車到Piazza del Risorgimento站下車，再沿著梵蒂岡城牆走約5分鐘
- 週一～六09:00～18:00(售票至16:00)，每月最後一個週日免費進入09:00～14:00(最後入場時間12:30)
- 休 週日(每個月最後一個週日例外)、1/1、1/6、2/11、3/19、復活節(約三月下旬)、5/1、6/29、8/15、12/8、12/25、12/26
- $ €16，優待票€8；每個月的最後一個週日免費；語音導覽€7 (包括中文等9種語文)
- http mv.vatican.va/2_IT/pages/MV_Home.html
- 1.出發前最好上網確認是否休館　2.全程要上上下下爬樓梯，一定要穿舒服的鞋子
  3.博物館內一律禁止閃光燈攝影，而西斯汀小堂則連攝影都不行
  4.參觀西斯汀小堂的拱頂溼壁畫，若有望遠鏡會看得更清楚。須特別留意，館方在入口處特別立禁止攝影、錄影、請輕聲說話和小心階梯等標示，若有人違反規定，馬上有工作人員出面制止，甚至會穿插廣播請大家遵守
  5.梵蒂岡博物館星光票(約4月下旬～10月)每週五19:00～23:00開放夜間參觀(最晚入館時間21:30)。必須先上網訂票，票價€20(內含網路訂票費€4)
- MAP P.93

《聖體討論》(La Disputa del Sacramento)是拉斐爾27歲時為教宗儒略二世完成的畫作。

藝術大師親自製作的典藏博物館

放眼全球的博物館，大概很難找到由拉斐爾、米開朗基羅等藝術大師親自裝飾的大廳和作畫的牆壁，梵蒂岡博物館不

僅蒐藏歷屆教宗贈與教廷的大量珍貴寶物，其實博物館因藝術巨匠們的參與設計和繪畫，本身即是一座精美的傑出藝術殿堂。

參觀梵蒂岡博物館時間要拿捏得當，館內人氣高的拉斐爾室和西斯汀小堂位在參觀路線的中後段，若前面花太多時間，到了要參觀重頭戲時卻因時間關係無法盡情欣賞，那就有點兒遺憾了！

出口的螺旋梯很特別。

旅行小抄

梵蒂岡花園開放參觀了

想參觀梵蒂岡花園(Giardini Vaticani)的人有福了，現在梵蒂岡博物館推出多種參觀行程，其中「博物館+梵蒂岡花園」行程套票是不錯的選項，但是必須上網預訂票，且要在同一天的規定時間內完成。

- ➡ 預購單和證件到博物館的Visite Guidate櫃臺報到和拿耳機
- $ €32，優待票(6～18歲或25歲以下持有國際學生證的學生)€24，含英文在內的7種語文導覽，以走路2小時參觀花園；另一種是45分鐘搭觀光巴士聽導覽解說€36，優待票€23
- http www.museivaticani.va/2_IT/pages/z-Info/MV_Info_Servizi_Visite.html#giardini
  biglietteriamusei.vatican.va(訂票)

博物館出口經過的「宗座圖書館」。

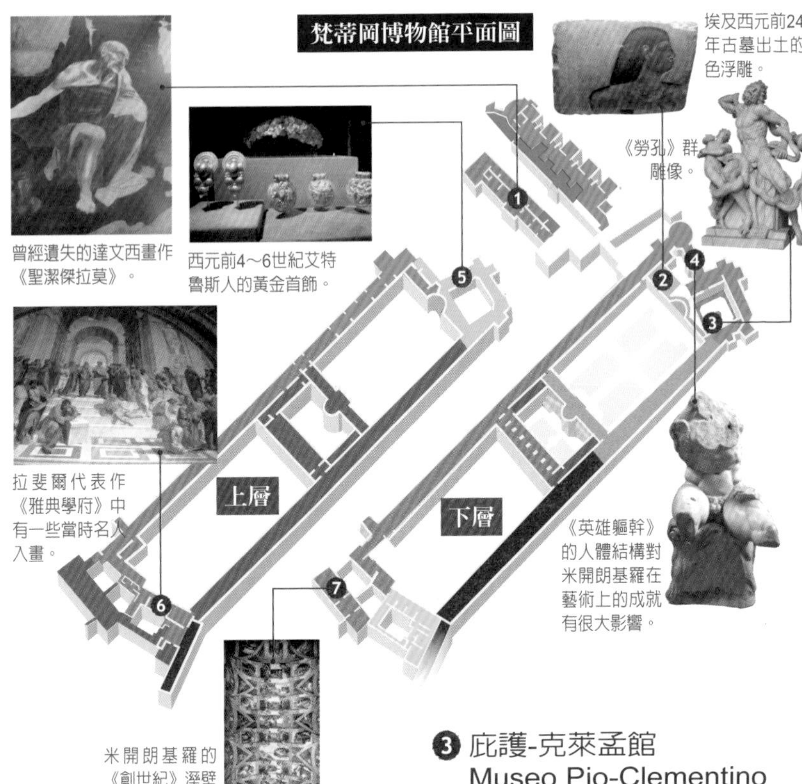

曾經遺失的達文西畫作《聖潔傑拉莫》。

西元前4～6世紀艾特魯斯人的黃金首飾。

埃及西元前2400年古墓出土的彩色浮雕。

《勞孔》群雕像。

拉斐爾代表作《雅典學府》中有一些當時名人入畫。

《英雄軀幹》的人體結構對米開朗基羅在藝術上的成就有很大影響。

米開朗基羅的《創世紀》溼壁畫是鎮館作品。

藝術寶庫巡禮

❶ 美術館 Pinacoteca

該館按照年代先後分成16室展示，從12世紀～19世紀的畫作都納入(20世紀則放在「現代宗教藝術館」)，其中以15世紀文藝復興蓬勃發展時期最傑出。這時期的繪畫著重景物透視和人體解剖的新畫風，產生達文西、拉斐爾等巨匠。

❷ 埃及館 Museo Egizio

該館是1839年教宗額我略十六世創建的，收藏古埃及的浮雕石像、數具男女木乃伊和木棺的金色面具等出土文物，已經有5千年悠久的歷史，非常具有考古價值。

❸ 庇護-克萊孟館 Museo Pio-Clementino

這是由克萊孟十四世(1769～1774)和庇護六世(1775～1799)兩位教宗接續建成，也是梵蒂岡博物館典藏古希臘和羅馬藝術的重心，可以多花一點時間參觀。館內的「八角庭院」(Cortile Ottagono)四周廊道展示一些石雕像、石棺和浴盆，其中最著名的是《勞孔》群雕像(Gruppo del Laocoonte)。

❹ 繆斯女神廳 Sala delle Muse

擺在廳內中央是最受注目的《英雄軀幹》(Torso del Belvedere)雕像，這是西元前1世紀的原作，上面有希臘雅典雕刻家阿波羅尼奧(Apollonio)的刻名。雖然這座雕像的頭顱、雙臂和小腿都缺了，但是光憑渾身強健的肌肉，完全符合文藝復興時期米開朗基羅對人體解剖的要求。

❺ 艾特魯斯哥館 Museo Etrusco

艾特魯斯哥人是義大利中部新石器時代的主要文明民族，從地下出土文物中發現的溼壁畫、陶器和珠寶首飾，證明該民族已發展出高度藝術和文化。當時艾特魯斯哥人主要面對的敵人，是位處義大利南部的希臘人；然而在生活或藝術上，卻也深受希臘人的影響。館內又分成幾廳，有出土文物的杯盤用品和各式樣的金質手飾。

❻ 拉斐爾室 Stanze di Raffaello

拉斐爾對宗教和哲學的理念，充分表現在這間牆上的溼壁畫，在當時的藝術領域裡，其重要性並不亞於正在西斯汀小堂畫拱頂溼壁畫的米開朗基羅。該展覽被分成4小間，依序參觀為「君士坦丁室」(Sala di Costantino)、「艾略多室」(Stanza di Eliodoro)、「簽署室」(Stanza della Segnatura)「波哥區火災室」(Stanza dell'Incendio di Borgo)等。

❼ 西斯汀小堂Cappella Sistina 推薦必看

該小堂是教宗西斯都四世聘請工程師杜爾奇(Giovanni dei Dolci)在1475～1483年興建完工，因而得名。我們由旁邊小門進入，頓時會被整座小堂炫麗的巨幅溼壁畫懾住。溼壁畫大致可分成三大部分來看，分別是兩側牆壁上的聖經故事、拱頂的《創世紀》和其他宗教故事，以及祭台後邊牆壁的《最後審判》。

創世紀

取材自聖經《創世紀》的記載，共分成9個情節。在這9幅畫中，5幅較小、4幅較大，每幅畫的4個角落，都畫有身體健碩的裸像坐在石墩上，這樣不但可以清楚將每幅畫劃分開來，而且也和敘述造物主造人的《創世紀》內容接連起來。

圖片提供／《西方美術簡史》

最後審判

這幅高20公尺、寬10公尺的《最後審判》，畫裡多達390多人像，主要題材取自聖經裡的「默示錄」和但丁神曲的「地獄篇」，以傳達對生命的省思之意義。米氏藉由畫表現出基督宛如法官嚴格審判人類，善人死而復活上天堂，而惡人終將下地獄。這幅被公認是米氏成熟期的經典之作，也是文藝復興後期藝術史的曠世鉅作。

圖片提供／《聖經的故事》

國立聖天使堡博物館
Museo nazionale di Castel Sant'Angelo

Lungotevere Castello 50
(06)6819-111(總機),(06)328-10(訂票)
搭23、34、40、62、280、982到Piazza Pia(Castel S. Angelo)站,再走約1~2分鐘
週二~日09:00~19:30(售票至18:30)
休 週一、1/1、12/25
€10、18~25歲歐盟公民優待€5、未滿18歲免費
www.castelsantangelo.beniculturali.it,訂票www.tosc.it (預約費€1、服務費€1.5)(提供免費包含中文在內的8種語言ios、Android應用程式)
1.此景點雖屬義大利,唯因靠近梵蒂岡城國區,所以一併介紹;
2.拍照禁閃光和使用自拍器、三腳架;
3.每個月的第一個週日免費
MAP P.93

天使顯靈宣示瘟疫停止

建於西元139年的聖天使古堡,原用來當哈德連(Adriana)皇帝及其家族的陵墓,到了271年奧略里安諾(Aureliano)皇帝在外圍又加了一道牆,所以陵墓變成防禦工事的堡壘。

590年時羅馬瘟疫蔓延,教宗帶領民眾遊行祈禱,朝古堡前進時,教宗忽然看見天使聖彌迦勒(San Michele Arcangelo)正以收劍入鞘的姿態顯現堡頂,教宗認爲這正是預告瘟疫即將結束的象徵,後來瘟疫果然也停止了。教宗爲了紀念天使的顯現,於是在堡頂安置一座聖彌迦勒天使的石像,而且改名爲「聖天使堡」。直到20世紀初,正式改稱爲「國立聖天使堡博物館」。

由聖天使古堡望向聖彼得大教堂,可以看到我國駐教廷大使館所掛的國旗。

底層

這也是參觀的入口,你必須走一段陰暗蜿蜒的爬坡道,坡道可以通向哈德連墓室以及中世紀當監獄的場所。

第二層

爬階梯到第二層總算明亮許多,這裡有一座曾爲彈藥儲藏處的「榮譽中庭」(Cortile d'onore),庭院中除了大大小小的石頭砲彈外,還有原先立在堡頂受損的聖彌迦勒天使石雕像。

榮譽中庭。

第三層

這裡除了有名家設計的幾座涼廊外,還有古堡內最華麗的保祿廳(Sala Paolina),是當初教宗保祿三世(Paolo III)的會議廳,廳內四周的溼壁畫,主要描述亞歷山大大帝和保祿三世教宗的生平(教宗本名也是亞歷山大)。

若天候不錯,建議你在這一層涼廊所附設的咖啡座點杯咖啡,坐下來細品香濃咖啡,同時眺望貫穿羅馬的台伯河,不但景色優美,還能讓身心暫時休息,非常舒適。

坐在涼廊咖啡座休息非常舒適。

高台城垛眺望台伯河

參觀完室內後千萬不要掉頭就走，只要繼續走一小段階梯，就到了堡頂高台城垛。一到平坦的高台，你會覺得視線一下子豁然開朗，以360度的視野俯瞰整個羅馬風光。若在7～9月夏季，這裡還會舉辦「仲夏之夜」(Notti d'Estate a Castel Sant'Angelo)的活動，邀請音樂和藝術家在星空下與你共度夏夜，很有情調。(非常態舉行，出發前請先上網www.castelsantangeloestate.it確認)

- 7～9月的週二～日20:30～01:00(售票至24:00)
- 票價請上網www.ticketone.it/notti-destate-a-castel-santangelo-biglietti.html確認
- 有夜間公車N11可以運用

與梵蒂岡相通的密道

這個在教宗危急時的保命通道始建於1277年。歷史上，教宗有多次避難事件，「羅馬之劫」(Sacco di Roma)是其中最著名的例子。1527年教宗克萊孟七世(Clemente VII)在羅馬被查理五世領軍的神聖羅馬帝國軍隊洗劫，迫使教宗藉由這個看起來像高牆的密道逃到古堡。

密道寬度足以讓馬車通行。

城牆密道的上方，可以看出在危急時可供教宗坐在馬車上通行；另外在車道的下方，還有一條密閉通道，通道壁上留有長條通風口兼以採光之用，還有排水口。

聖天使橋

位在古堡正前方的這座原以哈德連皇帝之名厄里奧(Elio)命名的橋，當初是爲了直通陵墓於136年所興建的，直到14世紀才因橋上兩側的天使石像改名爲「聖天使橋」，是羅馬台伯河上最具特色的一座橋樑，橋下也設有觀光遊艇遊台伯河。

橋上兩側共12尊雕像，除了聖彼得和聖保羅(祿)外，其他10座都是天使手上拿著耶穌受難刑具的雕像。其中只有手拿雕有「INRI」(意指：那札勒的耶穌—猶太人的王)和荊棘冠冕的天使雕像，是雕刻大師貝尼尼親手參與，其他雕像則是貝尼尼的弟子依照老師設計的圖案所完成。不過，在橋上的前述兩座雕像都是複製品，眞品保存在靠近西班牙廣場的Basilica di Sant'Andrea delle Fratte教堂(地址Via di S. Andrea delle Fratte 1)，有興趣可參考官網www.santandreadellefratte.it。

望向聖天使古堡的聖天使橋。

跨台伯河區

Trastevere

從台伯河島延伸到跨台伯河舊城區，你一定會被錯綜複雜的古老石板路、窄巷兩旁擺滿餐廳、披薩店和咖啡館桌椅，以及各家服務生吆喝的熱鬧氣氛所感染。尤其到了週末的傍晚，這裡四處充斥著喧鬧尋樂的人潮，有些店外還大排長龍等著入座。

這一區雖是羅馬的「美食中心」，但仍保有人文色彩的地方，如中世紀知名的跨台伯河聖母教堂，還有此區僅剩的一座文藝復興式城門旁，藝文氣息濃厚的法內澤別墅和對面國立古代美術館的柯西尼宮，裡面珍藏不少名家的溼壁畫和油畫。

台伯河島的形狀像一艘船。

跳蚤市場尋寶樂

玩家交流

在羅馬各區有分布一些零星的市場，但都不及位在靠近跨台伯河的波特澤城門(Porta Portese)週日跳蚤市場來得有規模。

從斑駁的城門進入，是一些廉價服飾和粗糙的藝品，快快走到街尾再連接Via Ippolito Nievo街，才是「正港」的二手貨攤位。小至首飾、手錶、郵票，大到古董留聲機、家具，幾乎都有人拿出來賣。若有看中意的寶貝要記得討價還價。基本上可從半價開始砍(夠厲害的話，也可從3折殺起)，只要買、賣雙方認為合理，即可銀貨兩訖完成交易。

這裡龍蛇雜處、扒手猖獗，警察已經加強巡邏，本身仍須提高警覺。朋友曾因和老闆殺價時，背包裡的數位相機竟然就被摸走，前後不到2分鐘，真厲害！

- Via Portuense
- 搭3、8號電車或44、75公車到Porta Portese站
- 週日07:00～14:00(10:00～13:00人潮最多)
- www.portaportese.it

跨台伯河區

柯西尼宮(國立古代美術館)
法內澤別墅
Taverna della Scala
Hostaria del Moro
台伯河島
跨台伯河聖母教堂
波特澤城門(假日跳蚤市場)
Lungotevere della Farnesina
Lungotevere dei Tebaldi
Lungotevere dei Vallati
Lungotrvere Raffaello Sanzio
Lungotevere Aventino
Fiume Tevere
Ponte Sisto
Ponte Garibaldi
Ponte Fabricio
Ponte Cestio
Via del Riari
Via della Lungara
Via della Scala
Via Garibaldi
Via del Mattonato
Vicolo del Cinque
Via della Renella
Via della Paglia
Via di Porta San Pancrazio
Via del Parco di Villa Corsini
Via della Lungaretta
Via di San Gallicano
Viale di Trastevere
Via dei Fienaroli
Via di San Francesco a Ripa
Via del Saluni
Via dei Genovesi
Via della Luce
Via Luciano Manara
Via Goffredo Mameli
Via Giacomo Medici
Viale 30 Aprile
Via Nicola Fabrizi
Via Oresta Tiburzi
Via Emilio Morosini
Via Anicia
Via di San Michele
Porto di Ripa Grande
Via Calandrelli
Via Dandolo
Viale Glorioso
Via Filippo Casini
Via di Porta Portese
Viale delle Mura Portuensi
Viale di Trastevere
景點
餐廳
遊客中心

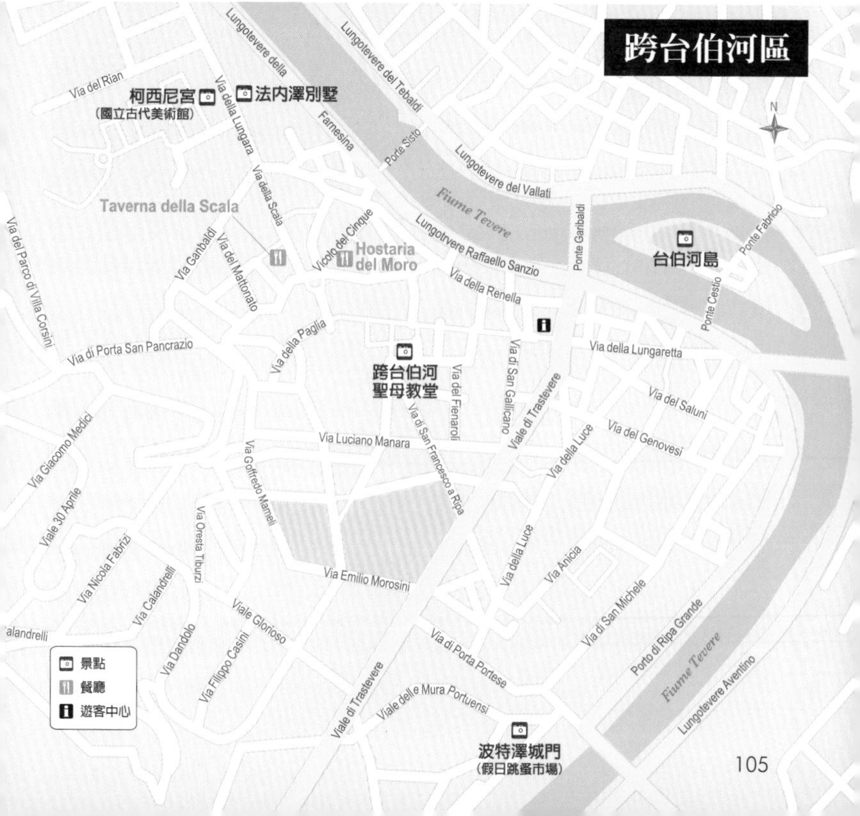

↑→古老的法布利裘橋連接島和猶太區。

台伯河島
Isola Tiberina

Isola Tiberina
搭23、280號公車到Lgt. Alberteschi站下車
MAP P.105

島上在西元前3世紀曾有一座奉祀希臘醫神阿斯克勒庇歐(Asclepio)的神廟，到了10世紀則改建爲聖巴托洛梅歐教堂(Basilica di San Bartolomeo all'Isola)，教堂的仿羅馬式鐘塔非常醒目，所以自古這座島即與醫療方面息息相關，至今這裡仍有一座16世紀的醫院。

連結島和右岸猶太區的法布利裘橋(Ponte Fabricio)建於西元前62年，目前仍在使用。走在這座古董橋上，自然引人發思古幽情的遙想，只有看到橋邊賣仿冒皮包的地攤，才恍然被拉回現實的生活。

島上的醫院已經有400多年的歷史。

跨台伯河聖母教堂

Basilica di Santa Maria in Trastevere

- Piazza Santa Maria in Trastevere
- (06)5814-802
- 搭電車8號或780、H公車到Gioacchino Belli站下車，朝Via della Lungaretta走約3～4分鐘
- 07:30～21:00
- MAP P.105

↑→教堂正面的聖母哺育聖嬰和10位持油燈女子鑲嵌畫。

相傳創立於西元4世紀的跨台伯河聖母教堂，可能是羅馬首座正式的基督宗教長方形會堂；如今我們所看到的教堂主體，多爲12世紀教宗依諾謙二世(Innocenzo II)所重建。

這座教堂以鑲嵌畫聞名。在教堂正面的聖母哺育小耶穌和10位持油燈女子，以及教堂內半圓環形殿的《聖母加冕》(Incoronazione della Vergine)和下方6幅一系列的《聖母生平》(Vita della Vergine)極享盛名，尤其後者由藝術家卡瓦里尼(P. Cavallini)刻畫出生動的寫實風格，相當出色，這些多爲12～13世紀的佳作。

廣場上的八角形噴泉是17世紀末的馮塔納(C. Fontana)設計興建，噴泉下的階梯已成爲年輕人相約的熱門地點；至於廣場四周熱鬧的餐館和咖啡館，早已是此區民眾社交生活的重心了。

坐在八角噴泉階梯，還可以欣賞街頭藝人的表演。

金碧輝煌的半圓環形殿鑲嵌畫《聖母加冕》。

法內澤別墅
Villa Farnesina

Via della Lungara 230

(06)6802-7268

搭23、280號公車到Lgt Farnesina站，朝背對台伯河的右邊巷子走約2分鐘

週一～六09:00～14:00(最後入場13:40)

休 週日(每個月第二個週日除外)、1/1、5/1、12/25

€6，14～18歲及65歲以上€5，10～14歲€3，未滿10歲家長陪同免費

http www.villafarnesina.it

MAP P.105

拉斐爾參與裝潢的法內澤別墅。

座落在塞提米亞納城門(Porta Settimiana)旁的法內澤別墅，這是之前介紹人民聖母堂中曾提過的西恩那銀行家基吉(見P.77)斥資興建，他在1506～1510年間委任同鄉畫家兼建築師的佩魯濟(B. Peruzzi)完成這棟簡潔的純文藝復興式建築。基吉去世後，1579年再由法內澤(A. Farnesina)樞機主教接手買下，才又改稱此名。

15世紀的塞提米亞納城門。

別墅開放參觀的地面樓，賈拉蒂亞涼廊(Loggia di Galatea)主要有佩魯濟和拉斐爾的古典神話溼壁畫，拱頂則是象徵主人基吉生辰的星象圖；隔壁的愛神與普賽克涼廊(Loggia di Amor e Psiche)的名稱，是取自拉斐爾在拱頂中央畫的《愛神與普賽克婚禮》(Le nozze di Amor e Psiche)壁畫，由涼廊望向外面的庭園，是過去基吉宴客的主要場所。

樓上是佩魯濟主導充滿幻覺的透視廳(Salone delle Prospettive)，他在此廳四周的溼壁畫設計出透視的錯覺，彷彿是透過大理石柱廊向外看到16世紀的羅馬街景，頗具別出心裁。

過去王公貴族經常在此庭園接受主人基吉的招待。

美術館展出16～18世紀繪畫名作。

柯西尼宮(國立古代美術館)

Palazzo Corsini(Galleria Nazionale d'Arte Antica)

- Via della Lungara 10
- (06)6880-2323
- 在P.108法內澤別墅對面
- 休 週二、1/1、5/1、12/25
- 週三～一08:30～19:00(售票至18:30)
- €12、優待票(18～25歲歐盟公民)€6、未滿18歲免費。這是聯票，10天內還可以參觀巴貝里尼宮(P.88)
- www.barberinicorsini.org，訂票www.tosc.it/(每筆加收服務費€2、預約費€1)
- 室內拍照禁閃光燈
- MAP P.105

↓雕琢精美的瑞典克里斯蒂納女王房間。

和巴貝里尼宮同屬國家古代美術館的柯西尼宮，16世紀初爲李阿利歐(D. Riario)樞機主教所建，許多當時的名人，像拉斐爾的老師布拉曼帖(D. Bramante)、米開朗基羅、拿破崙的母親都曾是這裡的座上賓。由於正門面臨的街道過窄，建築師富加(F. Fuga)於1736年爲柯西尼(N. M. Corsini)樞機主教改建，由此得名。

柯西尼宮雖然館藏不及巴貝里尼宮，但仍有精品展出，如卡拉瓦喬強調頭部陰影的《施洗者聖約翰》(San Giovanni Battista，義譯「聖若翰洗者」)、貝尼尼雕塑的《教宗亞歷山大七世半身像》(Busto di Papa Alessandro VII)，以及18世紀P. Paolo Cristofori的巨幅鑲嵌畫《克萊孟十二世和柯西尼樞機主教》(Clemente XII e il Cardinale N. M. Corsini)，畫中的教宗克萊孟十二世白色蕾絲外袍，竟能隱隱透出裡面紅色禮服的效果，實在很難看出這是一顆顆彩石鑲嵌而成的，連在一旁的管理員也再三強調：「這是馬賽克鑲嵌畫哦！」

逛街購物

由於義大利人的購物習慣使然，市區少有大型的百貨公司。在羅馬，除了2家稍具規模的文藝復興百貨公司(La Rinascente)和一些如Upim、Coin和Oviesse等平價迷你百貨店外，在市區一些主要的購物街，幾乎都是一家家各自獨立品牌的專賣店，逛起來雖費時卻很有意思。即使商品貴得下不了手，光是瀏覽各家櫥窗的巧妙擺飾也很過癮！

基本上，在羅馬市區逛街購物是件很愉悅的事，依各區特色約略可分為：高價精品林立的西班牙廣場區和維內多街、手工文藝品的萬神殿區、國家大道平價商圈的共和廣場區，以及宗教色彩濃厚的梵蒂岡城國區。當然這只是很梗概的區分，還有很多藏身在巷弄的獨特小店，也值得我們去挖寶。

旅行小抄

羅馬郊區Castel Romano Designer Outlet過季名品購物中心

近年來，在羅馬郊區購物中心越開越多，其中以位在羅馬西南方的Castel Romano Designer Outlet購物中心最多名店，有Bruno Magli、Burberry、CK、Diesel、D&G、Ermengildo Zegna、Etro、Geox、Guess、Salvatore Ferragamo、Tussardi、Valentino等近百餘家店。過季價格是原價的7～5折，若逢冬夏折扣季，還會往下打30～40%的折扣，價格的確很吸引人；不過由於是過季商品，有時難免會有瑕疵，購買時要特別注意。

✉ Via Ponte di Piscina Cupa 64

➡ 面對特米尼中央火車站(Stazione Termini)左側的馬路Via Marsala 71，設有開往Castel Romano Outlet購物中心的車班。下列表格是來回班次時刻表：

從車站開往Castel Romano	09:30	09:55	11:30	12:30	15:00
從Castel Romano回車站	11:20	13:45	17:15	20:05	

☎ (06)5050-050，巴士購票資訊(06)6979-7554

🕒 週一～五10:00～20:00，週六～日10:00～21:00　休 1/1、復活節、12/25～26

$ 來回票價€15，10歲以下免費，可在中央火車站前的巴士總站(Pizza dei Cinquecento)售票中心或巴士上購票，也可撥(39)349 083 6551到旅館接送，單趟4人€45，5～8人每人€25

http www.mcarthurglen.com/it/castel-romano-designer-outlet/it#(可切換中文，也可線上購票)

!? 1.由於中央火車站附近經常道路施工，巴士搭乘地點會略有更動，原則上會在面對中央火車站左側的Via Marsala街道上；2.另推出一人€35的「VIP購物通行證」，除享有優先乘車並預訂座位的往返票，另外還包含一張時尚卡，購物可享額外10%的優惠和參與活動的餐廳優惠券；3.在同一家店購買滿€154.94以上可以辦退稅

古法提煉的修道院保養品

Officna Profumo-Farmaceutica di Santa Maria Novella

Corso del Rinascimento 47(靠近Piazza Navona)

(06)6872-446，(06)6879-608

搭C3(假日)、30(平日)、70、81、87、116、130、492、628號公車到Rinascimento站，店就在站牌旁邊

週一~六10:00~19:30

休 週日 http www.smnovella.com

MAP P.61

源自1221年修道院的藥草園，標榜以高級的花草和果實遵照古法提煉的各種保養品，除了一般家用的牛奶、杏仁肥皂外，男女的古龍水、香水、身體和頭髮保養品也很受歡迎，一入店裡即被一股自然芳香圍繞，是世界頗具歷史的藥妝店之一。

店裡陳列五花八門的高級清潔、保養品。

在許多國家設有分店，在這裡買比國內分店要來得便宜。

多樣多采手工藝品的紙店

Il Papiro

Via del Pantheon 50

(06)6795-597

與前往萬神殿同(見P.68)，背對萬神殿的右前方直走約1分鐘

週一~六08:00~20:00

http www.ilpapirofirenze.it

MAP P.61

這家傳統手工紙店在萬神殿附近有2家分店，店裡有各式樣手工製作的筆記本、相本、相框、手工文具和色彩柔和的各類包裝紙……這麼多饒富趣味的紙工藝品，令人看了愛不釋手。

→精裝小書很可愛。

店裡陳列五花八門的手工紙文具。

◤當場試戴找到最合適手套店

Sermoneta

Piazza di Spagna 61　(06)6791-960

搭地鐵A線到Spagna站，往西班牙廣場走到聖母無染原罪圓柱旁

週一～六09:30～20:00，週日10:30～19:00

www.sermonetagloves.com/shop/sermoneta/

MAP P.73

這家手套專門店在機場也設有專賣店。手套的種類很多，依顏色、款式、質感的不同，價格也

差別很大，尤其在手套內裡的質料，又分各種毛料或皮革，只要告訴店員你的需求和大小，當場也都能要求試戴，一定能買到心目中合適的手套。

◤浪漫氣息的古董藝品街

Via Margutta

MAP P.73

位於西班牙廣場和人民廣場(Piazza del Popolo)間的靜謐巷道Via Margutta，是羅馬知名的古董藝品街，充滿浪漫古樸的街道兩旁除了藝術畫廊和古董店外，還有頗具特色的布店、餐館及旅館等店，散發一股波西米亞氛圍。

自從著名的電影《羅馬假期》男主角白瑞德(Joe Bradley)以Via Margutta51號爲拍片住所後，不但引起廣大影迷的關注，也讓這條原本就充滿藝術氣息的街道成了藝術家聚集地，如電影導演費利尼(F. Fellini)等名人，都曾選擇在此落腳。

充滿童趣的藝術創作。

充滿浪漫古樸的Via Margutta街。

古董店裡有不少寶可挖。

ROMA

款式多種的帽子專賣店

Borsalino

Piazza del Popolo 20　(06)3265-0838

地鐵A線到Flaminio站，或搭61、89、160、490、495、590號公車到Flaminio站，過馬路通過廣場城門，專賣店就在人民廣場邊

週一～六10:00～20:00，週日10:30～19:30

www.borsalino.com/it/home

MAP P.73

從1857年創店至今，Borsalino帽子專賣店在羅馬有3家分店(其中一家位在許願池邊，地址：Piazza Fontana di Trevi 83)，是喜愛帽子的朋友們不容錯過的地方。

這家位在人民廣場邊的店面雖不大，店長Carolina Maria告訴我，店裡的男女帽子款式不下數百種，有華麗高貴樣式，也有簡約實用型，而且隨著季節的不同，製作帽子的質料也有變化，品質也深受顧客肯定。

店長Carolina Maria很親切，可以用英文溝通。

主導品味流行的名店街

名店街

特別推薦

羅馬的西班牙廣場周邊盡是櫛比鱗次的精品名店，也是主導世界流行品味的精品集散地。其中包括義大利品牌的Gucci、Prada、Savatore Ferragamo、Giorgio Armani……應有盡有，所設計的服飾和皮包總是吸引眾人的目光；更何況，在當地買加上退稅，實在非常划算。

80~81 GENTE(女裝、包、鞋)
87 Iceberg(女裝、包)
89~90 Miu Miu(女裝、鞋)
Emporio Armni(男裝) 139~140
Tiffany & Co. 116~118
100 Chanel(女裝、包)
Hogan (男女裝、鞋) 110
Via del Babuino
Via Mario de' Fiori
D & G (男女裝) 91
Via della Croce
85 Chanel(女裝)
Spagna
Antico Caffè Greco (咖啡館)
Prada (男女裝、皮包) 88~93
77 Missoni(女裝)
破船噴泉
Via delle Carrozze
Via Belsiana
Via del Corso
Via Bocca di Leone
Savatore Ferragamo (女裝)
Giorgio Armani (男女裝)
Cartier (珠寶) 81
86
1 Christian Dior (女裝、皮包)
8 Gucci (男女裝、皮包)
10 Bvlgari (珠寶)
HERMES(皮包) 67
76~78
71~74
Via delle Carrozze
Savatore Ferragamo (男裝) 64
Burberry(女裝) 61
Ermenegildo Zegna(男裝) 58
Tod's(女包、鞋) 53
Dolce & Gabbana (女裝) 51~52
Max & Co(青少女裝) 46
Via dei Condotti
13 LV (皮包)
17~19 Max Mara (女裝、皮包)
7/d Gucci (皮包)
Via Borgognona
BOSS (女裝) 38
Largo Carlo Goldoni (廣場)
Via Tomacelli
FENDI 420
20 CÉLINE (女裝、皮包)
34 Alberta Ferretti(女裝)
35 Miu Miu (女裝)
36 MK (女包)
48 Swarovski水晶
Via Borgognona
Via della Fontanella di Borghese
56 Tod's (男裝)
Via Frattina
3 GEOX (男女鞋)
28 Max Mara (女裝、皮包)
34 ARMANI JUNIOR (童裝)
43 TRUSSARDI (女裝)
Via Frattina
36~37 LV (旗艦店)
Piazza di S. Lorenzo in Lucina (廣場)
8~14 Bottega Veneta (編織包、女裝)
Dior
LOUIS VUITTON
MaxMara

◤平價區中的高價百貨公司

Mitsukoshi Roma

✉ Via Nazionale 259　　📞 (06)4827-828

➡ 地鐵A線到到Repubblica站出來，沿著Via Nazionale步行2分鐘

🕒 10:45～19:15　　http www.mitsukoshi.it

!? 1.接受歐元、日元、美元、英鎊、瑞士法郎；2.提供免費Wi-FI和洗手間

MAP P.83

由共和廣場沿著國家大道(Via Nazionale)走，兩旁多是一家家平價商店，但位在麥當勞旁的羅馬三越卻是高價位，店裡販售義大利最受東方人喜愛的Gucci、Fendi、Ferragamo等精品和配件，另外地下樓還有當地特有的工藝品，是一家很受亞洲遊客歡迎的小百貨公司。

旅行小抄

受歡迎的窩心伴手禮

到羅馬旅遊，除了採購知名的L'ERBOLARIO保養品和Amedei巧克力外，還有不少好東西，值得帶回和親友分享！

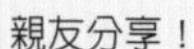

←咖啡(粉、豆、巧克力)
除了在專賣咖啡店(見P.118)買自家調配的咖啡外，在一般超市的咖啡種類也很多，如illy、Lavazza和Kimbo都是當地人很喜愛的品牌。

↙乾燥牛肝菌蘑菇(Funghi porcini)
含有特殊香氣的牛肝菌蘑菇，尤其曬乾後的香氣更濃郁，很適合拿來做義式燉飯，可以送給愛下廚的朋友。

→陳年紅酒醋(Balsamico)
義大利自然發酵的陳年紅酒醋價差甚多，超市經常也有促銷打折活動，一瓶單價在€7～8就已經很高級了。

↘Baci巧克力
名為「親一下」的Baci巧克力很好吃，每一顆巧克力內的透明包裝紙都寫上「愛的小箴」，很適合送給心愛的親友。

↙Bialetti摩卡壺
在義大利各品牌的摩卡壺中，以有兩撇翹鬍子的「Bialetti」最受肯定，其中在瓦斯(電)爐上煮的款式，既沒電壓的問題且便宜，較合適帶回國自用或送人。

↙Pocket coffee espresso濃縮咖啡巧克力
巧克力內餡包裹著義式濃縮咖啡液，一口咬下，微苦帶甘的espresso在嘴裡化開，搭配外層甜脆巧克力的多層次口感，滋味很棒。

特色餐飲

羅馬這個觀光都市，為了迎合來自世界各地遊客的胃，從羅馬傳統美食，到世界各國的菜色都找得到。若是在名勝觀光點，店家更是在戶外空間擺滿餐桌椅來吸引遊客入座，讓遊客除了享受美食外，還可以欣賞美景，有時街頭藝人穿梭其間表演，非常熱鬧。

基本上，羅馬的餐廳因設備、地點的差別而分成餐廳(Ristorante)和小餐館(Trattoria或Osteria)，但並不代表越貴就一定好吃，有時在一些小餐館也能吃到獨特的風味餐點。下列推薦的幾家餐飲，除了好吃之外，合理的價錢也是我們要幫你把關的。

旅行小抄

站著喝？還是坐下喝？價錢有差喔！

在羅馬，甚至整個義大利，在Bar或咖啡館喝咖啡，站著喝和坐下慢慢品嘗的價錢是有差別的，價差約€1～2。

假如你想和當地人一樣站著喝完就走，必須先到櫃臺結帳，拿著付費單據給Bar台的服務人員即可；若你想坐下來，可以詢問櫃臺或服務生，要離開前再買單。

當地人習慣站在吧台喝完咖啡就離開。

最常見的披薩口味

在當地的披薩通常是薄片，而且也不像美式披薩在上面加一堆材料，多屬單純1～2種，像馬鈴薯、節瓜、茄子等。

- Margherita：瑪格麗特披薩，上面加番茄和乳酪，是披薩的基本款。
- Patate：馬鈴薯披薩，白披薩上加橄欖油、Rosmarino香料和馬鈴薯片。
- Zucchini：節瓜披薩。
- Quattto formaggi：4種重乳酪口味披薩。
- Calzone：乳酪披薩盒子，半圓形狀像韭菜盒子，裡面的餡也隨各家而有變化。
- Arancia：乳酪飯糰，這是用飯包乳酪再裹麵包粉炸的小點心。

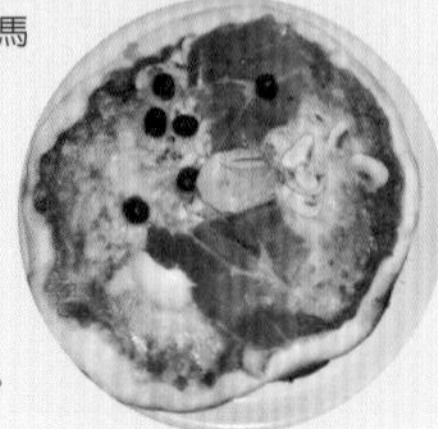

新鮮又貨真價實的海鮮餐廳

Porto Corallo

Via Santa Croce in Gerusalemme, 26

(06)7049-2411

地鐵B線到San Giovanni站出口步行5分鐘；或搭3、8電車在Piazza Santa Croce in Gerusalemme下車，再步行2分鐘

12:30～15:00，19:20～02:30

€20～30

www.portocorralloristorante.it

MAP P.33

這家並不緊鄰觀光點的海鮮餐廳，主要的顧客多來自四周住戶和喜歡海鮮的老饕。老闆告訴我，他們每天的海鮮都是最「青」，口味變化多，不論烤、炸或燉煮，絕對貨真價實，不會以不新鮮的食材瞞混過關。

每天進貨新鮮的海鮮食材。

當地人夏天喜歡到戶外用餐。

餐廳只經營晚餐。

餐廳室內裝潢得很另類。

裝潢另類口感恰好的牛排餐廳

LA BASE

Via Cavour 270～272　(06)4740-659

地鐵B線到Cavour或Colosseo站再步行5～8分鐘；或搭75、117號公車(24:00～04:30則搭夜間公車N2號)到Cavour-Ricci站再步行1分鐘

19:30～04:30

€20～40

www.labaseristorante.it

MAP P.33

↓標榜很多大明星用餐過的宣傳。

每天只營業晚餐到凌晨4點半的阿根廷牛排餐廳，裡面的裝潢很另類，在紫紅色的燈光襯托下，整體感覺比較像Pub，很受年輕人的喜愛。就如餐廳名稱一般，店裡的牛排是老饕的最愛，外酥內嫩，口感恰到好處；假如考量經濟上的負擔，這裡也供應披薩等簡餐，照樣能享受店裡的情趣。

吃出天然水果風味的冰淇淋

Il Gelato di San Crispino

Via della Panetteria 42
(06)6793-924
搭地鐵A線到Barberini 站下車，步行7分鐘
週一～四、週日11:00～00:30，週五、六11:00～01:30
依杯大小，1球 €2.7～4球 €10
www.ilgelatodisancrispino.com
P.61

堅持不使用人工防腐劑、化學乳化劑和冷凍食品製作的San Crispino冰淇淋店，製作冰淇淋過程以恆低溫處理，販賣櫃裡也以金屬容器密封，以保持原料的新鮮度，約有25種口味可選擇，只提供紙杯裝容器；目前在羅馬有4家分店，這一家店靠近許願池。

San Crispino冰淇淋店在羅馬有4家分店。

當季成熟水果製成的單一風味水果冰淇淋，最能吃出天然原料的香氣。個人最推薦以水果口味搭配的招牌蜂蜜冰淇淋，美味又爽口。

販賣櫃裡以金屬容器密封以保持新鮮度。

Forno Campo de' Fiori的店面不起眼，很容易錯過。

在店內可以看到披薩的製作過程，吃起來更安心。

價格公道的美味披薩店

Forno Campo de'Fiori

Campo de' Fiori,22
(06)6880-6662
與花田廣場同(見P.65)
07:30～14:30，16:45～20:00
休 7、8月的週六下午
€5
www.fornocampodefiori.com
P.61

這是一家位在花田廣場傳統市場邊的披薩店，雖然店面不大，卻已經營30多年，不僅好吃，價格也公道，很受好評。即便不懂義大利文也無妨，只要用手指出你想吃的口味，服務人員即依你要的大小秤重賣，特別推薦只加橄欖油和鹽的白披薩(Pizza Bianca)，一口咬下富彈性的餅皮，滿口麥香，非常好吃。

萬神殿附近非嘗不可的咖啡和冰淇淋店

在萬神廟附近有3家人氣很旺的咖啡和冰淇淋店，經營都超過50年以上而歷久不衰，強力推薦你一定要品嘗！

La Casa Del Caffé Tazza D'Oro咖啡館

Via degli Orfani 84　(06)6789-792

背對萬神殿的右前方朝Via degli Orfani走約1分鐘即可看到店面

週一～六07:00～20:00，週日10:30～19:30

www.tazzadorocoffeeshop.com

店內提供免費的洗手間，就在櫃臺旁　MAP P.61

在萬神殿前的廣場即可聞到咖啡香的「金杯咖啡」始創於1944年，到店裡喝咖啡，一律站在吧台前享用；若是天熱，店裡的招牌「奶香咖啡冰沙」(Granita di caffè)很消暑。另外，經過特殊烘焙的中南美咖啡豆，以及巧克力包裹一顆微苦咖啡豆的咖啡巧克力頗受歡迎，送禮自用兩相宜。

↑口感甜甜微苦的咖啡豆巧克力。
↖咖啡女神在綠洲灑下咖啡豆是Tazza d'Oro的標誌。

Sant'Eustachio Il Caffè咖啡館

Piazza Sant'Eustachico 82　(06)6880-2048

面對萬神殿右方的Via della Rotonda走1分鐘，遇叉路再往右邊走2分鐘即可到達

週日～四07:30～01:00，週五～01:30，週六～02:00

www.santeustachioilcaffe.com　MAP P.61

以旁邊教堂的名字為店字號的「鹿角咖啡店」(店的Logo是一隻鹿頭)，自1938年即在此營業，以淺至中焙製作清爽順口的咖啡豆，很受當地人的喜愛。除了在店裡享用香濃咖啡，建議可買店裡烘焙咖啡豆和咖啡豆夾心巧克力糖，口感香醇不膩，也是很好的伴手禮。

→店的Logo是一隻鹿頭。
↘熱門商品琳琅滿目。

Giolitti冰淇淋店

Via degli Uffici del Vicario 40

(06)6991-243

背對萬神殿的右前方直走約4分鐘(靠近眾議院Palazzo di Montecitorio)

07:00～01:30

www.giolitti.it

MAP P.61

這家已有百年歷史的冰淇淋店經常大排長龍，口味多且綿密濃郁是它吸引人之處。你要先結帳，有小、中、大、特大選項，價錢€2.5～12，再拿收據到冰淇淋櫃臺給服務員，接著選擇用甜筒(cono)或杯裝(coppa)，選好口味，對方還會問你是否需要加免費的打泡鮮奶油(panna)。一般多外帶邊走邊吃，若想坐下來享用另加桌布費。

◤家常道地精緻美食

Aristocampo

✉ Piazza Campo de Fiori 30(或Piazza della Cancelleria 93)
☎ (06)6864-897
➡ 與花田廣場同(見P.65)
🕒 11:00～03:00
$ €10～20
http en.aristocampo.com/campo-de-fiori
MAP P.61

這家位於花田廣場轉角的連鎖小吃店，專賣一些普通的家常菜，讓你更貼近當地人的道地風味。店家雖不刻意雕琢精緻的美食，不過光是提供烤熱麵包夾各式菜色就達30多種，配上啤酒或飲料，輕鬆地坐在戶外餐桌享用，眞是經濟實惠又舒適。

西班牙廣場區

◤香氣繚繞希臘老咖啡館

Antico Caffè Greco

✉ Via Condotti 86
☎ (06)6791-700
➡ 地鐵A線到Spagna站，再往Via Condotti約走2分鐘
🕒 09:00～21:00
$ €10～20
http www.anticocaffegreco.eu
MAP P.73

這是一位希臘人在1760年開設的咖啡館，至今已經有250年歷史了，應是羅馬最有名氣的老咖啡館。在18世紀曾是文人墨客喜歡聚會的場所，如濟慈、歌德、李斯特和華格納等文學、藝術家都曾是座上賓，裡面古典舒適的座位，四周也裝飾這些名人的畫像和作品，讓人置身在濃厚的懷舊氛圍裡。

若要坐下來品嘗咖啡，店裡誘人的甜點也值得點一些搭配，不過價格比起一般咖啡館要貴一些。

◤英式風情縈繞巴賓頓茶館

Babington's Tea Room

✉ Piazza di Spagna 23
☎ (06)6786-027
➡ 地鐵A線到Spagna站，茶館就在廣場邊
🕒 10:00～21:15
$ €15～30
http www.babingtons.com
MAP P.73

以一隻黑貓爲Logo的巴賓頓茶館，是1893年兩位英國婦人Anna Maria和Isabel Cargill Babington合開的英式茶館，提供旅居或遊覽羅馬的英國人，一個享用家鄉茶點的場所。

店裡除了提供早、午便餐，有各式鬆餅、沙拉外，還可以品茗各國的茶種，甚至連台灣的烏龍茶也名列在內，是喜歡品茶朋友休息用餐的好去處。

▶甜脆清爽簡餐風味香甜

Gina

✉ Via San Sebastianello 7/A

☎ (06)6780-251

➡ 地鐵A線到Spagna站，店即位在地鐵站出口右轉斜坡，約走2分鐘

🕒 11:00～19:00

$ €20～30

http www.ginaroma.com　MAP P.73

這家裝潢明亮具現代感的餐廳，很受當地上班族的歡迎。所提供簡餐的食材新鮮，有些菜色是以法式料理呈現，如前菜的溫起司上面淋蜂蜜和核桃，一入口味蕾即刻感受到香、甜、脆滋味，令人意猶未盡。

在夏天也會推出鮭魚搭配番茄玉米涼麵，吃起來爽口不油膩，很受喜愛清淡口味顧客的青睞。

▶義式素食多樣自助菜色

IL Margutta

✉ Via Margutta 118　☎ (06)3265-0577

➡ 地鐵A線到Flaminio站，或搭61、89、160、490、495號公車到Flaminio站，過馬路就是廣場城門，過廣場朝Via del Babuino走約5分鐘；也可從西班牙廣場沿著Via del Babuino朝人民廣場的方向走約6分鐘

🕒 12:30～15:30，19:30～23:30

$ €20～40

http www.ilmargutta.bio

MAP P.73

隱身在巷弄的IL Margutta Ristor Arte至今開業已近40年。這家強調70%是來自有機的健康食材，爲了方便顧客點菜，特別設計Brunch buffet餐，週一～週五一客不到€20(週六、日則多約€10)，有主菜、沙拉、熱湯、飲料、水果，簡單又實惠。

共和廣場區

▶4種固定菜單 點餐不煩惱

Da Franco ar Vicoletto

✉ Via dei Falisci 2

☎ (06)4957-675，(06)4470-4958

➡ 朝面對中央火車站的Via Marsala直走到Via Tiburtina左轉，或搭71號公車在Piazzale Tiburtino站下車，再走約3分鐘(位在面對中央火車站的左後方)

🕒 週二～日12:00～15:30，19:00～24:00

休 週一　$ €20～30

http www.francoalvicoletto.it　MAP P.83

專以海鮮料理爲主的Da Franco al Vicoletto幾乎每天客滿，尤其晚餐，只接受事先訂位(至少2人以上)。老闆把單價分爲3種菜單，分別是€20、€25、€30，每種菜單也都包含7～10道海鮮佳肴、飯後甜點和檸檬冰沙，讓每位客人都能吃得滿意。

在羅馬像這種提供固定菜單的經營方式也不少，這對遠來的外國遊客來說，倒也解決不知如何點菜的困擾。

◤獲頒羅馬市優良餐廳的家族餐館

Ristorante Tullio

✉ via San Nicola da Tolentino 26
☎ (06)4874-125
➡ 搭地鐵A線到Barberini站，或搭公車53、62、63、85、492到Barberini站
🕘 週一～六12:30～15:00，19:30～23:00
休 週日　$ €40～50
http www.tullioristorante.it
MAP P.83

↑柔和雅致的餐廳布置。
→羅馬市政府給予餐廳優良證書。
↘秋天盛產的新鮮牛肝菌蘑菇。

已經歷經三代家族經營的Tullio，目前是由Gianni和 Niccolò父子管理。餐廳秉持一貫對新鮮菜色的堅持，多以當令食材入菜，無論海鮮或燒烤肉類，都吃得出鮮度，所以也獲得羅馬市政府給予優良餐廳證書的肯定。

筆者到店時，適逢秋冬之交，櫃臺前的桌子擺滿新鮮牛肝菌蘑菇和栗子，看了不禁令人食指大動。

梵蒂岡城國區

◤口感綿密濃郁的小冰淇淋店

Old Bridge

✉ Viale dei Bastioni di Michelangelo 5
☎ 行動電話328 411 9478
➡ 地鐵A線在Ottaviano-San Pietro站下車，往梵蒂岡博物館的方向走約5分鐘
🕘 週一～六09:00～02:00，週日14:30～02:00
休 週日上午　http gelateriaoldbridge.com
$ €10以下　MAP P.93

特別推薦這一家外觀看起來不怎麼特別的冰淇淋店。營業已經有25年的Old Bridge，使用新鮮牛奶、鮮奶油和天然水果等食材製作不含人工色素的冰淇淋，目前在羅馬已經有3家店，而這家靠近梵蒂岡的則是創始店。

◤背包客補充體力的好地方

Porto

✉ Via Crescenzio 56　☎ (06)4550-5797
➡ 搭公車23、34、982在Sforza Pallavicini站下車後步行2分鐘，或搭49、492、990到Crescenzio站下車後步行3分鐘
🕘 12:00～15:00，19:30～00:00
$ €10～20　http www.ristoranteporto.com
MAP P.93

這家離聖天使古堡不遠的餐廳，中午從12:00～15:00提供經濟實惠的buffet，包含有6種沙拉、6種開胃菜，還有主食和甜點，一人只要€9，非常划算，是背包客補充體力的好地方。

美味鯷魚披薩席地可享

Alice

Via delle Grazie 7(郵局旁)
(06)6875-746
搭地鐵A線到Ottaviano-San Pietro下車後約走8分鐘；也可搭公車23、34、40、62、982到Conciliazione或Traspontina站，再走約5分鐘
08:00～21:00　€10以下
www.alicepizza.it　MAP P.93

面對梵蒂岡聖安納大門前右轉Porta Angelica街，步行約2～3分鐘即可到這家名為Alice(鯷魚)賣切片秤重的披薩店，口味道地且便宜。

陳設簡單的Alice披薩店面前，門口階梯經常坐滿大啖美食的遊客。Alice是連鎖經營，每天提供披薩的口味約十來種，且多以當季新鮮蔬菜入味。由於經過特殊酵母發麵皮，再加上食材貨眞價實，至今在羅馬已開20家分店。

Alice的披薩不放過夜，當天沒賣完，一定送給員工帶回，以保持一定的新鮮口感。你可以選定披薩種類和大小後請店員加熱(可以用英文溝通)，再點個飲料，經濟實惠。

跨台伯河區

拿手義大利麵獨家推廣

Hostaria del Moro

Vicolo del Cinque 36
(06)5809-165
搭23、280號公車到Lgt Farnesina(Trilussa)，朝背對台伯河的巷子走約3分鐘
11:00～23:45
€20～30　MAP P.105

在羅馬美食大本營的跨台伯河區開2家餐廳，從事餐飲長達40年的老闆Tony積極經營下，Hostaria del Moro的死忠顧客越來越多。Tony特別推薦餐廳的拿手菜牛肝菌蘑菇(Fungi porcini)麵，新鮮的牛肝菌蘑菇吃起來滑滑脆脆，非常順口，還有鮮味十足的龍蝦麵(Spaghetti all'aragosta)，這都屬於較高檔的麵食。當然，主菜的烤牛排和餐後甜點，也是老闆極力推薦的。

美味肉食料理山產小羊排

Taverna della Scala

Piazza della Scala 19~21　(06)5814-100
搭23、280號公車到Lgt Farnesina(Trilussa)，朝背對台伯河的巷子走約3～4分鐘
12:00～23:30
套餐週一～五午餐€12、晚餐€15，假日中、晚餐€15
www.tavernadellascala.it　MAP P.105

通常在羅馬的餐館，披薩多只有晚上提供；不過在跨台伯河區因餐飲業競爭激烈，即使在午餐也能點到經濟美味的披薩，這家Taverna della Scala餐廳也不例外。位於小廣場角落的Taverna della Scala餐廳，擅長羅馬口味的肉類烹調，建議你點一道羅馬招牌山產風味的香煎小羊排(Abbacchio alla Cacciatore)，只要擠幾滴新鮮檸檬在上面，即可吃到肉嫩無腥味的羊肉排。

旅行小抄

在羅馬想吃東方美食

假如到羅馬吃不慣義大利菜怎麼辦？以我在羅馬十多年的經驗，提供你幾家在地有口碑的東方美食，讓你出外旅遊有更多的選擇。

餐廳	特色	電話、地址和交通	其他資訊
共和廣場區			
京華	這家羅馬高級的中式餐廳，老闆娘來自台灣宜蘭，北京烤鴨、蝦鬆和各式蒸餃都是店裡的人氣餐點，義大利一些名人有時也會到店裡消費。	(06)4825-577 Via Emilia 85 搭C3、95、116、150公車在Via Veneto站下車，再步行3分鐘	€20～40 週二～日12:00～15:00，19:00～23:00 休 週一 http www.ristorantecinesemandarinroma.com MAP P.83
周老爹	位在國家大道附近的周老爹餐廳，來自台灣的年輕老闆很熱心，也很樂意為你解決任何旅遊上的困難。他推薦店裡的手工水餃和鍋貼、咕咾肉、蔥爆牛肉及家常豆腐等。	(06)4818-169 Via Genova 29 搭H、64、70、170號公車到Nazionale-Palazzo dlle Esposizioni(展覽大廈)下車，再沿著Via Genova(有招牌指標)走到底	€10～20 週二～日12:00～15:00，19:00～23:00 休 週一 MAP P.83
長龍飯店	在此經營20年的長龍飯店來自香港，舉凡港式點心都很得顧客喜歡，如腸粉、叉燒包、水餃湯和小煎包都值得推薦。	(06)4425-0314 Via Nomentana 49～51 公車60、62、82、90到Porta Pia站下	€10～20 12:00～15:00，19:00～23:00 休 全年無休 MAP P.83
真理之口區			
好口福	這家馬來西亞華僑開的東南亞風味餐廳，靠近至大競技場和聯合國農糧局(離圓形競技場也不遠)，店裡的肉絲板條、鳳梨炒飯、沙嗲和酸甜辣的泰國海鮮湯都很受歡迎。	(06)5746-108 Viale Aventino 39～43 地鐵B線到Circo Massimo站再步行5分鐘	€10～30 週二～日12:00～15:00，19:00～23:30 休 週一 MAP P.49
西班牙廣場區			
濱清日本料理 hamasei	位在西班牙廣場附近的濱清日本料理店自1974年開業至今，除了店裡的Sushi-bar，餐廳還提供多樣組合的定食和單點料理，有壽司、炸蔬菜、生魚片，口味清爽。	(06)6792-134 Via della Mercede 35～36 由西班牙廣場往「聖母無染原罪圓柱」方向走到Via della Mercede右轉走約3分鐘	€20～40 週二～日12:00～14:30，19:15～22:45 休 週一 http www.roma-hamasei.com MAP P.73

住宿情報

為了迎接每年大批湧入的觀光客，羅馬在著名的景點分布各等級的旅館，以滿足各消費群的旅客，而且旅館以古老建築占多數。通常在人氣景點周邊的旅館價格較貴，不過交通卻方便許多。另外有些教會在市區經營的旅館，安全、舒適又經濟，是到羅馬旅遊的另一項不錯選擇。旅館服務員大多能以英文溝通，且房價多內含早餐(有些1、2顆星的旅館則多不包括早餐)、服務費和加值稅等。

義大利政府從2014年9月1日起調整各城市旅館對住客徵收觀光稅(Tassa di Soggiorno，即City Tax)，這是給地方政府用來促進旅遊業和城市發展。觀光稅的稅額是依住宿等級而定，越高等級要繳得越多，而且各城市對入住日數的徵收上限也有不同規定，即使不以星級來分的教會、青年旅館也一樣要加收此費用。基本上，羅馬從€3～7，佛羅倫斯從€1.5～5.5，威尼斯從€1～5，米蘭從€1～5。附帶提醒，免付此稅的年齡各城市規定不一，羅馬9歲、佛羅倫斯12歲、威尼斯10歲、米蘭18歲以下可免付，稅額時有更動，可參考各城市市政府官網。

星級和價位(雙人)

★	€50～70	★★	€80～120	★★★	€130～200
★★★★	€200～300	★★★★★	€300以上		

※1. 此為大概的參考值，若值淡、旺季會略有1～2成的彈性增減。
2. 若上網訂房要看清楚旅館所提供的設備，如早餐、上網、停車是否另外收費，不能只看住宿的費用；否則若再加上一些額外的開銷，有時候未必划算。

共和廣場區

Starhotels Metropole

★★★★

✉ Via Principe Amedeo 3
☎ (06)47741
FAX (06)4740-413
➡ 從中央火車站出來到公車總站廣場，朝左前方的via del Viminale到第二條交叉路的via Principe Amedeo，再步行約2分鐘
http www.starhotels.com
@ reservations.metropole.rm@starhotels.it
MAP P.83

這家現代化的國際連鎖經營旅館因地便之利、服務周到，價錢也合理，很受一般遊客的歡迎。

大廳寬敞舒適，裝潢高雅的客房和旅館附設的交誼廳、健身房，讓你一路的舟車勞頓能在休息後快速恢復體力。

Hotel Diana Roma

★★★★

Via Principe Amedeo 4

(06)478-681 FAX (06)486-998

從中央火車站出來到公車總站廣場，朝左前方的via del Viminale到第二條交叉路的via Principe Amedeo，再步行約2分鐘

http www.hoteldianaroma.com

@ info@hoteldianaroma.com MAP P.83

已有70年歷史的Hotel Diana Roma就位在前面介紹的Starhotels Metropole的對面，旅館房間的陳設柔和典雅，非常舒適。頂樓的空中花園露天餐廳，能以360°的視野俯瞰整個羅馬美麗的街景。最重要的是，若碰上旅館促銷活動，有時單人房價可以下探到€70以下，雙人在€100內，簡直是四星享受三星消費，相當值得。

Hotel Royal Santina

★★★★

Via Marsala 22

(06)448-751 FAX (06)4941-252

從中央火車站出來到五百人廣場右轉的Via Marsala，過馬路即可達

http www.hotelroyalsantina.com

@ royalsantina@rhr.it MAP P.83

位於特米尼中央火車站的Hotel Royal Santina和Best Western同屬一個企業經營團隊，在服務品質上仍能維持一定的水準。這家旅館的對街靠近中央火車站旁，有Terravision巴士往返機場的停靠站，非常方便。另外還有血拼族喜愛的Outlet Shopping Mall的巴士站也在這附近，可以前往離市區約有1小時路程的Castel Romano(見P.110)。

Hotel Altavilla

★★

Via Principe Amedeo 9/B

(06)4782-5568，(06)4745-800

FAX (06)4741-186

從中央火車站出來左轉Via Cavour到第二條交叉路的viaPrincipe Amedeo，步行約3分鐘

http www.hotelaltavillaroma.it

@ info@hotelaltavilla.it MAP P.83

大致上來說，從特米尼中央車站出來的右側街道較窄，整體感覺雜亂；左側街道寬敞且距離熱門景點近，所以高級旅館較多。這家位在車站左側附近盡是大旅館中並不顯眼，如果你想交通便利又要顧及經濟問題，這家值得列入你的參考名單。家族經營已近50年歷史的Altavilla，旅館本身原是19世紀大廈翻新，服務親切，費用含早餐和免費的Wi-Fi。

Villa Lituania教會旅館

★★

Piazza Asti 25(位在Via Tuscolana上)

(06)7017-464，7017-405 FAX (06)7017-468

從Fiumicino機場可直接搭FM1到Tuscolana站，再走不到500公尺路程；若從市區可搭地鐵A線到Re di Rome站出口走到隔壁條街Via Tuscolana，約步行8分鐘

www.villalituania.com

info@villalituania.com MAP P.33

這家立陶宛修會經營的教會旅館，步行到拉特朗的聖約翰大教堂需10分鐘，搭公車到圓形競技場只需15分鐘，即使到其他熱門景點，搭乘地鐵也十分方便。旅館本身屬於傳統的古典建築，房間內雖無冷氣空調，但是在夏天卻也不覺得熱，住起來感覺很寬敞舒適。

費用包含早餐，中、晚餐則每人約€15；若超過25人的團體住宿，價格另有優惠。

Nerva Boutique Hotel

★★★

Via Tor de' Conti 3/4

(06)6781-835，6793-764 FAX (06)6992-2204

地鐵B線到Colosseo站出口右轉往威尼斯廣場方向步行約3分鐘，或75、117號公車到Cavour-Ricci站再步行2分鐘

www.hotelnerva.com

info@hotelnerva.com MAP P.33

你能想像旅館前就是一大片帝國廣場的廢墟嗎？這家以門前涅爾瓦廣場的皇帝涅爾瓦爲名，裡面以仿古羅馬帝國的雕像和壁畫裝飾點綴，配上鵝黃的柔和燈光色系，設計典雅。由旅館步行到圓形競技場、威尼斯廣場、許願池都非常方便。晚上，你可以到旅館旁的帝國廣場廢墟欣賞五光十色的夜景，和白天所看到的景觀完全不同。

Best Western Cinemusic Hotel

★★★★

Via Tuscolana 128

(06)7014-544 FAX (06)7039-3244

從Fiumicino機場可直接搭FM1到Tuscolana站，再走500公尺路程；若從市區可搭地鐵A線到Re di Rome站出口走到隔壁條街Via Tuscolana，約步行7分鐘

www.cinemusicrome.com

cinemusic.rm@bestwestern.it  P.33

離拉特朗聖約翰大教堂不遠的Best Western Cinemusic Hotel，也是屬於Best Western集團經營，以現代化的設備搭配簡約明亮設計風格。費用包含自助早餐、免費上網，以及提供按摩浴缸，迅速消除一路旅途的疲勞。

真理之口區

Kolbe Hotel Rome教會旅館

★★★★

Via di San Teodoro 48

(06)6798-866 FAX (06)6794-975

搭C3、44、83、170、716、781號公車到Bocca della Verità站，再沿著真理之口後方Via di San Teodoro走約5分鐘

http www.kolbehotelrome.com

@ info@kolbehotelrome.com MAP P.49

位於眞理之口和大競技場之間的Kolbe Hotel Rome是修道院的一部分，光從大門還看不出這是一家高級的教會旅館，提供72間客房。大廳表現出寬敞明亮的極簡風格裝潢，尤其在中庭的露天花園用餐，感覺眞的很棒。房間陳設則以古典幽雅爲主軸，整體色調偏暗，以突顯教會旅館不花俏的穩重格調。

萬神殿區

Boutique Hotel Campo de' Fiori

★★★

Via del Biscione 6

(06)6874-886 FAX (06)6876-003

搭40、46、62、64號公車到Corso Vittorio Emanuele-Sant'Andrea dell Valle站，再步行3分鐘

http www.hotelcampodefiori.com

@ info@boutiquehotelcampodefiori.com

MAP P.61

因位在花田廣場旁買菜方便，這家旅館除了提供房間外，也設有公寓型住宿，很適合會到廣場買菜、自己下廚大顯身手的遊客。房間裝飾典雅，由頂樓平台還可以遠眺羅馬美景，甚至聖彼得大教堂也一覽無遺。

西班牙廣場區

Hotel Pincio

★★★

Via Capo le Case 50

(06)6791-953 FAX (06)6795-409

搭地鐵A線到Spagna站朝西班牙廣場方向到「聖母無染原罪圓柱」，再走約3分鐘到Via Capo le Case左轉

http www.hotelpincio.com/en

@ info@hotelpincio.it MAP P.73

由家族經營的Hotel Pincio旅館底樓門面並不大，必須走樓梯到二樓才看到小櫃臺。能說一口流利英文的老先生很熱心，房間小巧乾淨且

附空調，而且還能到頂樓的觀景陽台享用旅館提供溫馨的早餐和免費的Wi-Fi。

A.Roma Lifestyle Hotel

羅馬大飯店★★★★

Via Giorgio Zoega 59

(06)8780-0168　FAX (06)8781-1813

由特米尼車站前的公車總站搭H公車，或由拉特朗聖約翰大教堂搭792號公車到Biagio Pace站，再步行3分鐘；另可向旅館租腳踏車遊羅馬城，或是付費的小型接駁巴士往來羅馬市中心和機場

http www.hotel-aroma.com(有中文介面)

@ info.aroma@ldchotels.com　MAP P.93

由雲朗觀光集團與嘉新水泥合資開設的羅馬大飯店，是羅馬首家台商投資經營的四星級觀光飯店。飯店由3棟主建築物組成，擁有頗具規模的水療浴中心、游泳池和遊戲區等設施；另有3間酒吧，以及堪稱羅馬最大的自助餐廳「Sapori dal Mondo」，共有10個吧檯供應各國風味的餐點。

飯店共276間客房，房間內有42吋平板電視、熱水壺和小冰箱設備，浴室則提供沐浴用品、毛巾、浴巾與吹風機，也有免費Wi-Fi可隨時上網。

Domus Aurelia

★★

Via Aurelia 218

(06)393-659　FAX (06)3937-6480

在梵蒂岡旁的Piazza Risorgimento搭公車49號，車程約2～3分鐘在Aurelia(PaoloⅢ)下車再步行2分鐘

人數	單人	雙人	3人
房間價格	29～69	39～99	54～119

備註：資料時有異動，請事先確認/單位：€

http www.domusaurelia.com

@ info@domusaurelia.com

MAP P.93

這家教會旅館離後面介紹的Casa Bonus Pastor教會旅館不到50公尺的路程，到梵蒂岡博物館也相當方便。這裡住宿的費用是相當經濟的，也提供免費Wi-Fi，而且地點位在菲米其諾國際機場和特米尼中央火車站的中間，往返兩邊都很方便，車程約30分鐘。客房價格因淡、旺季而有差別，不含早餐，但櫃臺邊設有Bar，可以自費點簡餐。

Casa Bonus Pastor

★★★

Via Aurelia 208

(06)6987-1282　FAX (06)6987-1435

在梵蒂岡旁的Piazza Risorgimento搭公車49號，車程約2～3分鐘在Aurelia(Paolo III)下車

$

季節	單人	雙人	3人	4人
4/1～16/18 9/4～11/5 12/28～1/7(2018)	84	116	139	170
6/19～9/23	72	98	117	151
11/6～12/27 1/8～3/23(2018)	66	87	105	135

*2017～2018年的資料，資訊時有異動，請事先上網確認。／單位：€

http www.casabonuspastor.it

@ info@casabonuspastot.it　MAP P.93

從梵蒂岡博物館入口到這家教會旅館，走路不到10分鐘，四周環境清幽寧靜，具現代化的房間設備，非常乾淨，很受教友們的歡迎。房間因淡旺季而有3種不同的價錢。美式早餐每人€3，午餐或晚餐每人€17.5(含水、酒)。

Domus Carmelitana

★★★

Via Alberico II, 44

(06)6840-191

FAX (06)6840-19200

從Termin中央火車站前的巴士總站搭巴士40號到Capolinea站下車後，約走3分鐘。或搭到聖天使古堡的公車都可(見P.102)，旅館就在旁邊

$ 雙人€140～250、加嬰兒床1天€5、停車一天€5

http www.domuscarmelitana.com

@ info@domuscarmelitana.com

MAP P.93

交通便利是位在聖天使古堡旁的這家教會旅館一大特點，無論到梵蒂岡或羅馬的主要景點都非常方便。提供65間各種需求的客房，也經常有促銷活動，如連續住7晚雙人房以上，最後一晚免費、在一個月前預訂可以打85折等。

房間的設備，有電視、冰箱、熱水壺和免費Wi-Fi，價格包含自助早餐，但不建議在這裡訂午、晚餐。

郊區小旅行

若能偷得浮生半日閒到羅馬近郊走走，體驗和城市旅遊完全不同的情趣，這也是遠離塵囂、尋幽訪勝的好去處。

羅馬近郊有不少頗具特色的景點，但考量代表性、交通便利、路程適當等因素，羅馬古老港口的歐斯提亞古城(Ostia Antica)，以及自帝國時期前就已是避暑勝地的美麗山城提沃利(Tivoli)的皇帝和樞機主教別墅，是你飽覽大自然美景的不二之選。

羅馬郊區相關位置圖

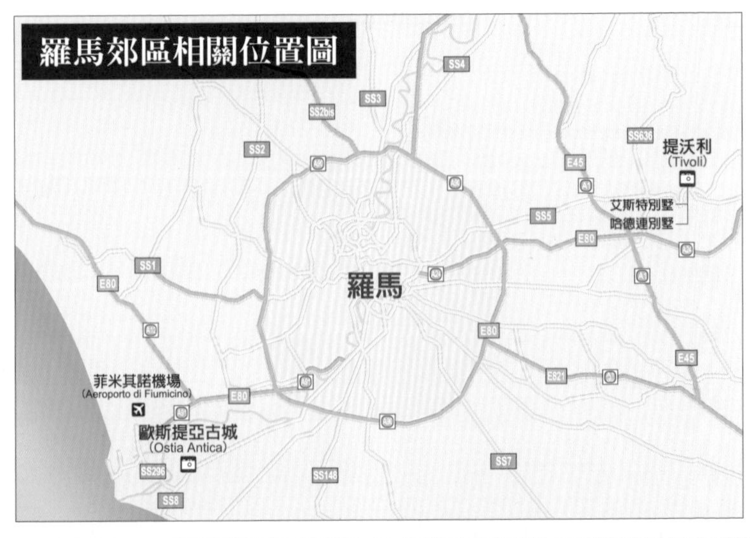

歐斯提亞古城
Ostia Antica

- ✉ Viale del Romagnoli 717
- ☎ (06)5635-0215(總機)，(06)5635-2830(預約、導覽)
- ➡ 搭地鐵B線到Piramide站下車，再到旁邊的Stazione Roma Porta S.Paolo車站(時刻表可參考網站：www.metroroma.it)轉搭Roma-Lido的區域火車到Ostia Antica站(平均每15分鐘一班，車程約35分鐘，持羅馬大衆運輸系統車票即可搭乘，1張€1.5，100分鐘內有效)，再步行8分鐘
- ⏲ 週二～日08:30～日落前1小時，售票於開放時間前1小時結束

2/16～3/15	08:30～17:00
3/16～3月最後週六	08:30～17:30
3月最後週日～8/31	08:30～19:15
9/1～9/30	08:30～19:00
10/1～10月最後週六	08:30～18:30
10月最後週日～2/15	08:30～16:30

- 休 週一、1/1、5/1、12/25
- $ €8(特展加價)，優待票€4，未滿18歲免費
- http www.ostiaantica.beniculturali.it www.ostiaantica.beniculturali.it/ostia-biglietto-online.php(訂票，預訂費€1)
- MAP P.130

歐斯提亞古城從羅馬共和時期即發展成繁忙的商港兼具防衛港口，到帝國鼎盛時期，除了皇帝競相在這興建浴場、神廟和劇場外，一般社會階層和來自地中海各國跑船營生的商人，也相繼在此發展出樓房住宅分租、酒館、商店、學堂和商會辦事處，呈現出羅馬帝國社會的眞實生活面貌，直到西元4世紀因港口淤塞和疾病肆虐才開始沒落，整座城市也慢慢被淤沙覆蓋。

海神浴場旁還有一間間的健身房。

曾為行政中心的卡比托神廟。

挖掘出來的歐斯提亞古城保存

半圓形劇場經過整修後還能使用。

劇場舞台旁的面具裝飾。

還很好，整座城市沿著Decumano Massimo道路發展，石板路面還看得出被車輪壓出的痕跡。而道路兩旁有放置骨灰的公墓、精美黑白鑲嵌地板的海神浴場(Terme di Nettuno)和一間間商店和房舍的遺跡。

在浴場旁有一座建於奧古斯都時代的劇場，一層層階梯式座位可容納3,000名觀眾，舞台旁也有3尊原為裝飾舞台的大型面具。劇場後方曾是台伯河流經的公會廣場(Piazzale delle Corporazioni)，四周仍保有當時在此設置的商行廢墟，我們從地板的鑲嵌標誌即能猜出所從事的買賣。

一般居民的住宅多不在城中心，而且也普遍租住3、4層樓的公寓，西元2世紀的戴安娜之家(Casa di Diana)即是其中較著名的樓房。通常地面樓多為商店、餐廳和酒館，看著這裡的店面櫃臺，就好像當時供應酒和小吃的熱絡情景在眼前上演一般。

劇場後面的公會廣場仍保留的鑲嵌圖案地板。

戴安娜之家後面的磨坊。

戴安娜之家的酒館大理石櫃臺。

旅行小抄

提供大眾化餐點

參觀歐斯提亞古城需要時間和腳力，所以在附設的博物館旁有餐廳、書店和洗手間供遊客休息，也提供免費的Wi-Fi，可以善加利用。餐廳供應大眾化的餐點，有沙拉拼盤、第一道的義大利麵或燉飯、第二道海鮮或肉類，平均一個人約€15，價錢還算合理。

餐廳也設有舒適的露天座位。

艾斯特別墅 世界文化遺產

Villa d'Este

- Piazza Trento 5, Tivoli
- 預訂電話：199766166(義大利境內撥打)，0039-04-12719036(由國外撥打)
- 搭地鐵B線到Ponte Mammolo，轉搭Cotral長途巴士到Tivol市中心，再步行約5分鐘(Cotral巴士時刻網站：servizi.cotralspa.it → Percorso e Tariffe，填入起迄點)
- 週二～日08:30～19:45(售票至前1個小時。開放時間時有變動，請先上網確認)；夏季(約7/1～9/10)開放夜間參觀20:30～00:00，有興趣可參考www.villadestetivoli.info/news.htm
- 休 週一上午、1/1、5/1、12/25
- $ €8，優待票(18～25歲歐盟公民)€4(若有展覽另加價)，未滿18歲免費
- http www.villadestetivoli.info、www.vivaticket.it(訂票，預訂費€1.3)
- @ info@villadestetivoli.info MAP P.130

位在提沃利市中心的艾斯特別墅(俗稱「千泉宮」)，是16世紀的艾斯特樞機主教(Ippolito d'Este)請建築師利哥李歐(P. Ligorio)利用一座古老本篤會修院加以擴建，重現昔日樞機主教的豪華鄉間庭園。

別墅裡美麗的溼壁畫。

從寬闊的中庭迴廊開始參觀別墅室內建築，裡面有多間美麗的溼壁畫，有的還具立體透視的效果；我們從大廳的陽台，即可俯瞰戶外青蔥翠綠的庭園和數不盡的噴泉奇觀。

在遍布噴泉的庭園裡，以整排的百泉大道(Viale delle Cento Fontane)、象徵台伯河島小船和母狼餵乳雕像的小羅馬(Fontana di Rometta)噴泉，以及利用水壓來演奏音樂的管風琴噴泉(Fontana dell'Organo)最受矚目，在一旁爬藤植物下的小角落，一些遊客還坐在石椅上邊賞景邊野餐；目前別墅已被聯合國教科文組織列爲世界文化遺產。

庭園裡有各式各樣的噴泉設計。

哈德連別墅 世界文化遺產

Villa Adriana

- Largo Marguerite Yourcenar, 1, Tivoli
- (0774)530-203
- 由Tivoli市中心轉搭地區巴士4號，約15分鐘(若假日停駛，只得搭計程車，單趟約€15)；若由羅馬直接前往，搭地鐵B線到Ponte Mammolo站，再轉搭Cotral長途巴士，Cotral長途巴士也有行經Villa Adriana的路線，上車前先問清楚，Cotral巴士時刻參照「艾斯特別墅」
- 每日09:00～日落前1小時(每個月不同，事先上網查)
- €8(包含博物館費用)
- www.villa-adriana.net
- info@villa-adriana.net
- 此為占地寬廣的露天別墅且少有遮蔭的地方，參觀最好自備墨鏡或帽子遮陽及舒適的鞋子
- MAP P.130

酷愛旅行的哈德連皇帝在2世紀初將遊歷帝國疆土的所見景物，仿造希臘、埃及的神殿和劇院等建築，複製在這座占地100公頃的避暑別墅，所以我們今天參觀這座別墅，等於是遊歷一座融合古文明建築精華的露天博物館。

從橄欖和絲柏樹圍繞的步道，可遠望提沃利山城。

進入別墅後要先走一段約5分鐘橄欖和絲柏樹圍繞的步道，快到城牆(這原是隔開迴廊的高牆)前最好先到右側的立體模型室，對整個別墅有整體概念後，再朝城門方向走。在尚未經過城門即先左轉到海上劇院(Teatro Marrittimo)，這是中央有一座小島的圓形水池，旁邊還有圖書館，雖然受歲月的摧殘而顯得有點頹圮，但整體還是感受得出昔日的輝煌。

沿城牆旁往內走，有一座希臘式長方形柱廊(Quadriportico)環繞著魚池，以及還矗立幾根愛奧尼克式圓柱的大浴場(Grandi Terme)，看得出來浴場的拱頂已被侵蝕得快

仿造埃及神廟的卡諾波水道旁一排女雕像。

滿腹藝文氣息的哈德連皇帝

玩家交流

漫步在蒼翠清幽的哈德連別墅，想像著這位喜愛希臘哲學、熱中繪畫和藝術的皇帝，當他繼承養父圖拉真皇帝擴張版圖橫跨歐亞非的羅馬帝國後，便不再東征西討，轉而積極建設帝國本身，由重新設計萬神殿到仿建古希臘、埃及建築的別墅，我們都看得到這位皇帝參與的身影。

一般人推測海上劇院裡的小島應該是哈德連的私人書房兼工作室，這裡讓他藉以暫時忘卻國事，沈浸於和古希臘哲學家的心靈對話，真是一位藝術氣息濃厚、懂得享受人生的皇帝。

雖然別墅在帝國晚期即陸續遭受蠻族的大肆掠奪，而且從這裡被外移的許多藝術品目前也在歐洲各地的博物館展出；但是這座被聯合國教科文組織列為世界文化遺產的哈德連別墅，早已是激發歐洲藝術家創作靈感的泉源、提供了古典庭園的建設素材藍圖，想必哈德連皇帝沈睡地下近2千年也應無憾了！

購票處旁有餐廳、書店和洗手間。

徜徉在美麗景致的別墅裡，我覺得唯一美中不足的是別墅內設置的洗手間太少(博物館旁原有的洗手間也經常因故關閉)，以致長達1.5～2小時的參觀路程，我都不太敢多喝水。

↙↓哈德連別墅的美麗景致。

倒塌下來了。

別墅盡頭的卡諾波(Canopo)是仿建埃及亞歷山大的神廟，還特別挖鑿100多公尺的水道造景，是別墅裡最宏偉的建築。水道旁陳列的女雕像似乎已融入整個大自然的景觀，和長滿苔蘚的水池互爲輝映。

若有時間，別忘了順道參觀旁邊附設的博物館，展示從別墅挖掘出來的一些古文物。

昔日的海上劇院建築頗具氣勢。

佛羅倫斯分區導覽

Firenze

聖羅倫佐區
San Lorenzo

主教座堂區
Duomo

聖十字區
Santa Croce

老橋區
Ponte Vecchio

→街頭藝人扮演大理石雕像，真假難辨。

佛羅倫斯
輝煌燦爛的文藝復興發源地

佛羅倫斯承繼著過往的光輝，是人類歷史上最燦爛輝煌的文藝復興發源地，藝術家、文學家、建築家及科學家雲集並在此大放異彩。像全能的達文西、雕塑的米開朗基羅、典雅畫家拉斐爾，被尊為文藝復興三傑；語文之父但丁，因他的文學創作而統一了義大利的國語；建築家布魯內列斯基(Brunelleschi)也因其壯觀宏偉直衝雲霄的大紅圓頂，而帶動了世界文明的建築技術；天文學家伽利略的地球繞太陽運轉理論，更是當時的前衛觀點而影響至今。

主教座堂與布魯內列斯基的大圓頂。

名稱由來

歷史上記載，佛羅倫斯的祖先是2,500年前的艾特魯斯基(Etruschi)，在建立了翡耶索雷城(Fiesole)後，遺留下了許多文化遺產。西元前59年，佛羅倫斯曾被奧古斯都大帝統治的古羅馬人所占領，當時被拉丁文命名為Florentia，今天以英文命名為Florence，意指百花奔放、繁榮興盛之意。美麗的佛羅倫斯，在詩人徐志摩於1925年旅居此地時，將此城以符義大利原文，譯成了如詩如畫的翡冷翠(Firenze)。

聖誕節佛羅倫斯的熱鬧街景。

歷史沿革

2009年10月25日，當時新上任的市長Mr. Matteo Renzi舉辦了一場別開生面的告別儀式古典音樂演奏會，為慶祝公車及所有的車輛，不再行駛Duomo主教座堂廣場旁的路段。從此能讓市民與來此遊覽的觀光客，重新擁有清淨的空氣，而美麗的古蹟建築物也能重建應有的莊重尊嚴。

最初，古羅馬人紮營居住於亞諾河(Arno)畔，因位居南北交通要道，逐漸繁榮，也招來異族的入侵與占領，加上宗教傳統勢力的政權爭奪導致紛擾不斷，城市屢遭破壞、動盪不安。直到西元11世紀情勢才漸為改善。儘管無休止的鬥爭與波折仍繼續存在，執政當局仍能維持政權，努力促進文學、藝術以及貿易的發展。

到了1115年，佛羅倫斯成為獨立城邦，商業繁榮、經濟發達，為了有更健全的發展，於1252年首次鑄造金幣，建立銀行體系。1282年，政治大權掌握在銀行及商人所組成的7個主要藝術公會組織，不幸的是，公會內部組織仍然相互鬥爭不息。

直到1378年，因平民不甘專政橫暴而群起叛變，並奪得政權，建立一個民主共和政體；然而財富與權力仍集中於極少數的家族中，因而造成寡頭政治，其中以麥迪奇家族為最顯赫。

15世紀中葉，麥迪奇家族攬政300年並掌握經濟大權，佛羅倫斯的商業從此更加繁榮，經濟成長亦更加穩定。整個金融業擴展到全歐洲，大力贊助並提倡自然與科學的研究，使佛羅倫斯成為日後文藝復興的搖籃。1860年，義大利統一成立新王國，在1865～1871年間，佛羅倫斯曾為義大利的首都。

↙立於市徽旗後方穿西裝男子，為代表市長出席節慶儀式的時任省議會議長Mr. Giani，與台灣十分友好。

↓專賣薰衣草的商家，特別將腳踏車漆成紫色，也是佛羅倫斯的代表色。

佛羅倫斯

聖羅倫佐區

San Lorenzo

此地為佛羅倫斯最古老的地區，除了有著名的廉價傳統市場、餐館和商店外，還能欣賞安置於美術學院內、舉世聞名的米開朗基羅不朽傑作——《大衛》像真蹟，而其他的重要雕塑作品也十分可觀。富可敵國的麥迪奇家族陵墓，以及麥氏第一座在佛羅倫斯市中心的宮殿，都在此區。

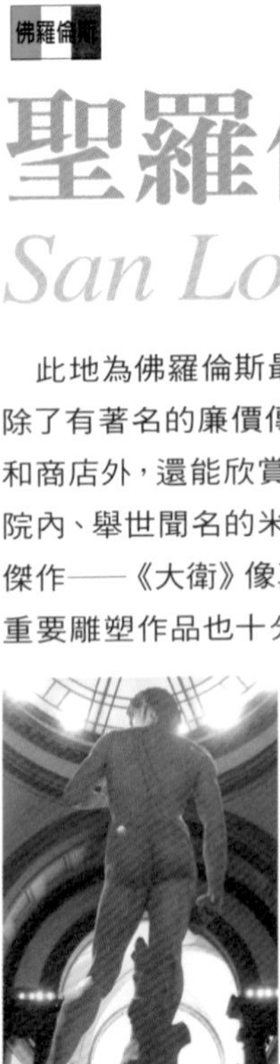

大衛雕像的背影。

知識充電站

麥迪奇家族對文藝復興的巨大貢獻

從15～18世紀(1434～1737)，整個歐洲的歷史主角，就屬富可敵國的麥迪奇家族。他們是當時的企業家、金融家、政治家兼偉大的藝術收藏家，靠著聯姻來建立與歐洲各國皇室的密切關係，在宗教上的影響力也相當大。

他們在歐洲各地開設最大的銀行分支機構，財富聚積的同時更積極贊助建設與藝術，更將文藝復興的發展推向高峰。

麥迪奇家族一共誕生了3位教皇及2位法國王后。而影響最大的3位成員則是老科西摩、豪華王羅倫佐與科西摩一世。

熱門景點

聖母福音教堂
Santa Maria Novella

- Piazza di Santa Maria Novella
- (055)219-257
- 中央火車站正對面
- 4～9月：
  週一～四09:00～19:00，週五11:00～19:00
  10～3月：
  週一～四09:00～17:30，週五11:00～17:30
  週六和宗教節日前夕：9～6月09:00～17:30，7～8月09:00～18:30
  週日和宗教節日：9～6月13:00～17:30，7～8月12:00～18:30
- €7.5(售票至關閉前45分鐘，票價含博物館)，11～18歲€5，未滿11歲免費
- www.smn.it
- P.141

莊嚴肅穆的教堂內部。

新舊兩種建築結構的結合

聖母福音教堂建於西元1278年，由多明尼哥會的西斯多(Sisto)及李斯塔羅(Ristaro)兩位修士設計；不過因工程進行不順，留下了未完成的教堂壁面。一直到1458年由貴族魯切拉宜(Giovanni

聖羅倫佐區

Viale Filippo Strozzi
Via Faenza
Via 27 Aprile
Hotei Cellai
Via Valfonda
Via Luigi Alamanni
Via Guelfa
Hotel Erina
Hotel Desiree
Via Fiume
Via Nazionale
中央火車站
Piazza della Stazione
Hotel Sempione
Via Guelfa
美術學院博物館
Hotel Il Guelfo Bianco
中央市集小吃區 Mercato Centrale
Via Faenza
Via Ricasoli
Via degli Orti Oricellari
聖母福音教堂
聖母福音修道院紀念博物館
Via Cavour
Via degli Alfani
Via della Scala
麥迪奇家族小堂
First of Florence
Domus Florentiae
麥迪奇．里卡爾迪宮殿
Hotel Palazzo Benci
聖羅倫佐廣場
香港樓
Officina Profumo Farmaceutica Di Santa Maria Novella Srl
Gozzi Stefano
Via Martelli
Via Palazzuolo
Via Maso Finiguerra
Osteria dei Centopoveri
Hotel L'Orologio
聖羅倫佐教堂
羅倫吉雅納圖書館

景點
餐廳
旅館
商店
火車站

Paolo Rucellai)提供雄厚的資金贊助，並委任當時一位非常有名的建築師阿貝爾提(Leon Battista Alberti，1406～1472)設計並完成這座教堂的壁面。

由於在設計上無法與原來古老的建築結構結合，於是將壁面上半部左右兩邊各增建半扇形的面牆，並以哥德式風格做點綴，而下半部則是以羅馬風格做修飾。全部皆以白色、墨綠色大理石的幾何圖形呈現出最佳的視覺美感。其中內部精緻的設計，也是佛羅倫斯哥德式風格中，最具代表的教堂之一。

悠久價值的溼壁畫與作品

教堂分爲3個殿堂，並保存許多頗富藝術價值的繪畫作品和文藝復興的溼壁畫(Il Crocifisso)。懸掛在中殿堂的《聖十字架畫》，是喬托(Giotto)在1288年的作品。另外《聖三位一體》(Trinità)是馬沙裘(Masaccio)於1425年完成，以傑出的透視畫法而著稱，若以典雅和熟練使用的角度來看，則具備典型文藝復興時期的繪畫元素。

值得注意的是，在底部繪畫的棺墓上躺著一具骷髏，以拉丁文寫著「曾經我和你們一樣，最後你們也會步上我的後塵」(io fu' già quel che voi sete, e quel ch'i' son voi anco sarete)。畫中跪在兩旁的夫妻，就是贊助畫家的佛羅倫斯人。

魯切拉宜小堂有喬托學生繪的溼壁畫，而史特羅茲(Strozzi)小堂，則由有小利比修士之稱的矯飾主義畫家菲力比諾．利比(Filippino Lippi)所繪的溼壁畫。另一邊的多納伯尼(Tornabuoni)小堂，有最著名的吉蘭達歐(Ghirlandaio)的溼壁畫，描寫《聖約翰的生平及聖母生平的事蹟》，而實際上這幅畫是在描繪當時佛羅倫斯貴族生活的一面。

珍貴作品彰顯小堂風格

還有位於教堂祭台左邊的貢迪(Gondi)小堂，則是1503年由聖卡羅(Giuliano da Sangallo)設計。裡面保存著一件非常珍貴的《耶穌受難的木製雕刻十字架》，是偉大的建築家布魯內列斯基(Brunelleschi)的雕刻作品，以完美的雕刻比例而著稱。

而位在貢迪小堂左邊的史特羅茲(Strozzi di Mantova)小堂內，有最受矚目的兩位兄弟畫家納爾多．求雷(Nardo di Cione)及安德列．歐卡那(Andrea Orcagna)在1360年合作的溼壁畫，描繪詩人但丁名著《神曲》的天堂、煉獄與地獄。

懸掛在中殿的馬沙裘溼壁畫《聖三位一體》。

聖母福音教堂廣場四處可見悠然散步的行人。

聖母福音修道院紀念博物館
Museo e Chiostri Monumentali di SMN

- Piazza di Santa Maria Novella
- (055)282-187
- 中央火車站正對面
- 與P.141聖母福音教堂相同
- museicivicifiorentini.comune.fi.it/smn
- P.141

因洪水氾濫而嚴重受損的《綠色庭院》溼壁畫。

在教堂門外的左邊有個獨立的入口，裡面有最吸引人的西班牙小堂(Cappellone degli Spagnoli)。這裡曾是科西摩一世妻子Eleonora di Toledo的西班牙朝臣所使用的小堂，堂內繪滿了以救贖與地獄爲主題的溼壁畫。進入中庭右邊長廊的溼壁畫，是大畫家保羅．烏切諾的作品《綠色庭院》(Chiostro Verde)，但因1966年洪水氾濫而嚴重受損，目前仍在修復中。

西班牙禮拜堂内的溼壁畫。

聖羅倫佐教堂是文藝復興建築風格的典範。

聖羅倫佐教堂

Basilica di San Lorenzo

Piazza San Lorenzo (055)216-634
自中央火車站步行約10分鐘
週一～六10:00～17:00；週日13:30～17:30(11～2月週日休)
€6、€8.5(可參觀羅倫吉亞納圖書館)
angiololivi.com
P.141

地位僅次於主教座堂

在整個佛羅倫斯城，聖羅倫佐教堂的重要性僅次於主教座堂，它座落於聖羅倫佐廣場上，是文藝復興風格的建築典範。據說這座教堂建造於西元4世紀，由一位名叫裘麗安娜(Giuliana)的有錢婦人捐獻給教會。

11世紀時，教堂按古羅馬樣式再一次重建，並由教宗尼可羅二世(Niccolò II)祝聖，在當時，聖羅倫佐教堂一直都是佛羅倫斯最大的教堂。到了1421年，麥迪奇家族老科西摩的父親喬凡尼・畢奇(Giovanni di Bicci)贊助教堂修建，委任建築師布魯內列斯基設計，不過工程進行得很緩慢，直到老科西摩繼任父親的遺志，提供了更多的資金來完成教堂的修改與增建，此後聖羅倫佐教堂便成爲麥迪奇家族的私人教堂，當時他們的官邸就在教堂的左前方。

以圓柱分成三大殿堂

聖羅倫佐教堂是一座拉丁十字形的教堂，布魯內列斯基採用大量的佛羅倫斯特產石來建造圓頂及圓柱，營造出一個純淨且莊嚴的氣氛。教堂內的兩旁各有8根科林斯式圓柱，將教堂分爲三大殿堂，在中殿堂的前方有兩個銅雕的講道台是堂內最重要的地方，這是文藝復興初期的名雕刻家唐納太羅的最後作品，主祭台內有維洛丘爲科西摩一世設計的陵墓。

位於教堂左殿盡頭的舊聖器室(Sagrestia Vecchia)，是由建築大師布魯內列斯基在1419～1428年所設計建造，名雕刻家唐納太羅負責裝飾和雕刻。進門的右邊是老科西摩的兒子彼耶羅(Piero il Gottoso)及喬凡尼的陵墓，爲1472年爲維洛丘所設計。

羅倫吉雅納圖書館

Biblioteca Medicea Laurenziana

- Piazza di San Lorenzo
- (055)293-7911
- 自中央火車站步行約10分鐘
- 週一、二、五08:00～14:00，週三、四08:00～17:30
- 休 週六、日、假日　$ €3
- http www.bmlonline.it
- MAP P.141

羅倫吉雅納圖書館幽靜的庭院。

從教堂外側左邊的獨立入口穿過修道院中庭的第一層樓，就是羅倫吉雅納圖書館，爲1529年由米開朗基羅所設計的傑出建築物。

最初米開朗基羅不但設計且親自主持裝飾，麥迪奇家族的老科西摩本人愛書又喜愛收藏書籍，在他被放逐期間也曾是多明尼哥教派一員。他的兒子彼耶羅、孫子(有豪華王之稱)羅倫佐，都非常喜愛閱讀，而且發展印刷術，全力收集古代希臘的手稿。目前圖書館藏書逾萬，藏有6～14世紀的精美彌撒經本插圖、法典、拿破崙的祈禱手冊以及義大利名人學者的各項重要簽署文件。

麥迪奇·里卡爾迪宮殿

Palazzo Medici Riccardi

- Via Cavour 3　(055)276-0340
- 自中央火車站步行約12分鐘
- 週四～二09:00～19:00　休 週三
- $ €7(有其他展覽時入場費會提高，參觀小堂一次10個人，可進入7分鐘)
- http www.museumsinflorence.com/musei/medici_riccardi_palace.html
- MAP P.141

麥迪奇·里卡爾迪宮殿中庭。

麥迪奇家族的老科西摩，最先是委託當時的名師布魯內列斯基來設計，由於設計得過於誇張，遭老科西摩退回，並另委任建築師米開羅佐於1444～1460年間，建造了這棟古典風格的3層宮殿。

裡面最值得一看的，就是位於2樓的東方三聖精巧小堂(Cappella dei Magi)，貝諾佐·勾佐里(Benozzo Gozzoli, 1420～1497)在1460年所繪的溼壁畫，以「東方三聖朝拜」爲主題，畫中的聖賢人士則是以麥迪奇家族成員來代替。例如其中的一位聖賢之士，就是豪華王羅倫佐年輕時候的樣貌，另一位則是他父親彼耶羅。

1659年麥迪奇家族斐迪南多二世自此遷出，將這座宮殿賣給了貴族里卡爾迪，1814年由政府收歸國有。目前一部分仍爲政府辦公室。

麥迪奇家族小堂
Cappelle Medicee

Piazza Madonna degli Aldobrandini 6
(055)238-8602，預約專線(055)294-883
自中央火車站步行約8分鐘
08:15～18:00，最後進入15:45；1/1、5/1及12/25最後進入13:20
每月第2、4週的週日，第1、3、5週的週一
€7 (如遇其他展覽提高票價)
www.cappellemedicee.it
須通關檢查，不能帶傘
MAP P.141

麥迪奇家族禮拜堂入口。

帝王家族專屬陵墓

這是專屬麥迪奇家族君王長眠的陵墓，位於聖羅倫佐教堂的後面。麥迪奇家族的地下墓穴，由伯塔倫提修建。中央靠右有一尊坐著的銅雕像，是阿弗諾索．波里瑟吉(Alfonso Borisegi)的作品，是爲了紀念麥迪奇家族最後一位繼承人安娜．瑪莉亞．路易莎(Anna Maria Luisa，1667～1743)，因爲她將麥迪奇家族歷代無數的藝術珍藏品慷慨捐贈給國家。這些舉世的文化瑰寶，目前保存在烏菲茲美術館及碧提宮內。

精雕彩石加工的王子紀念堂

從地下墓穴順著右邊的樓梯上去，可看到一間巴洛克風格、八角型建築的王子紀念堂(Capella dei principi)，包括科西摩一世、法蘭切斯柯一世、斐迪南多一世、科西摩二世、斐迪南多二世、柯西摩三世等的紀念碑。

其中無與倫比的主祭台，由極爲珍貴罕見的特種大理石鑿刻而成，在八角型的圓頂上，也繪滿了《新約聖經》的溼壁畫，登峰造極的景致令人歎爲觀止。

米開朗基羅規畫的新聖器室

新聖器室(Sagrestia Nuova)是教宗雷歐十世爲紀念其父羅倫佐(Lorenzo il Magnifico)、叔叔裘利諾(Giuliano de’Medici)、弟弟裘利諾．雷摩斯公爵(Giuliano duca di Nemours)和姪兒羅倫佐．烏爾比諾公爵(Lorenzo duca d’Urbino)等人，而要求米開朗基羅設計的陵墓。

米開朗基羅依循布魯內列斯基的四方形舊聖器室的相似設計，於1520年始建。同時，米氏也爲這些陵墓創作出最精美的大理石雕像《聖母》(Madonna)，就放置在豪華王羅倫佐和裘利諾的陵墓上。左邊是裘利諾．雷摩斯公爵的陵墓，上面的女雕像代表著「白天」(Giorno)，男雕像代表著「黑夜」(Notte)；對面則是作沉思狀的羅倫佐．烏爾比諾公爵的陵墓，男雕像代表著「清晨」(Crepuscolo)，女雕像代表著「黃昏」(Aurora)。圓頂設計的構想，則是米開朗基羅取自羅馬萬神殿的靈感。

《聖母》雕像是米開朗基羅的傑作。

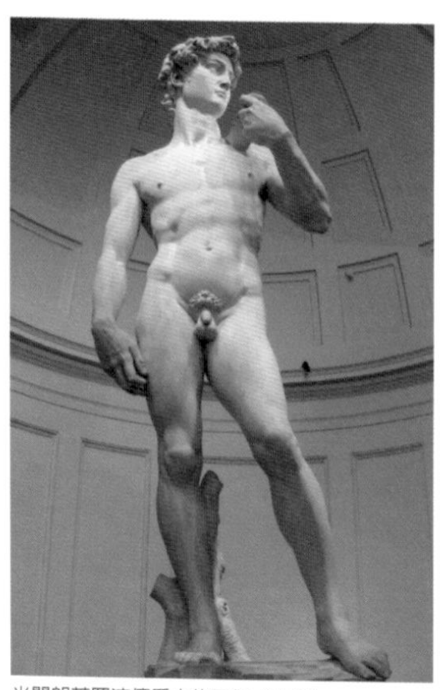
米開朗基羅流傳千古的巨作《大衛》。

美術學院博物館
Galleria dell' Accademia

- Via Ricasoli 60
- (055)238-8609，預約專線(055)294-883
- 自麥迪奇．里卡爾迪宮殿步行約8分鐘
- 週二~日08:15~18:50
- 休 週一、1/1、5/1及12/25
- €8 (如遇其他展覽提高票價)
- www.galleriaaccademiafirenze.beniculturali.it，預約webshop.b-ticket.com
- 須安檢，隨身袋不能太大，不能帶傘
- MAP P.141

美術學院成立於1784年，是歐洲第一所教授設計、繪畫及雕刻的學院。1561年，由麥迪奇．科西摩一世贊助，委任瓦薩里(Vasari)、布龍吉諾(Bronzino)及巴托羅梅歐(Bartolomeo)合辦，培育年輕一代的藝術家。美術博物館包括樂器博物館及人物石膏模型館，館內收藏波提切里1450年的美術繪畫《海邊的瑪莉亞》《聖母聖子與聖約翰和兩位天使》；保羅．烏切羅(Paolo Ucello)的《隱士生活》，菲力比諾．利比的《十字架卸聖體》。中央有一尊巨大雕塑品，是姜波隆那的《搶劫沙比尼少女》的石膏模型，原作放置在市政廣場的蘭芝涼廊內。

被喻為鎮館之作的《大衛》像，是米開朗基羅29歲的偉大雕刻代表作，有「世界最美麗的雕像」美稱。1872年，為了要迎接這尊高有410公分、重5千多公斤的《大衛》雕像，美術院特別加蓋了一間美麗的圓型廳加以收藏。

也因為有了《大衛》，美術學院遂躍升為全世界知名的博物館，享譽不斷。館裡收藏著另外4尊米氏未完成的奴隸雕像，是為教宗裘利諾二世(Giuliano II)的陵墓所設計。這4座《囚徒》(4 Prigioni)充滿張力與陽剛之美的肌肉，以及極力想掙脫束縛的痛苦表情，我們試想當年米開朗基羅大師在創作時的心境，似乎已經不言而喻了。

←米開朗基羅的《囚徒》之一。
↙波提切里的《聖母聖子與聖約翰和兩位天使》。

主教座堂區
Duomo

佛羅倫斯市花在此隨處可見。

這一區是佛羅倫斯最精采的旅遊景點，集佛羅倫斯的宗教、藝術、政治與文化於一身，值得你花上一天的時間，在不斷的驚豔與讚歎中，對佛羅倫斯的藝術文化有更深刻的印象與了解，相信絕對會讓你流連忘返。以聖母百花大教堂為中心，擴及旁邊的洗禮堂和喬托鐘樓。而但丁之家、統治廣場、老皇宮，以及名聞遐邇的烏菲茲美術博物館，更是你絕對不能錯過的熱門景點。

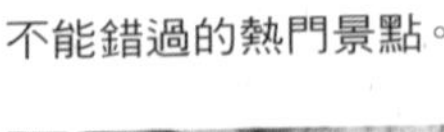

旅行小抄

主教座堂區套票

主教座堂區博物館套票€15，在48小時內可參觀主教座堂博物館、喬托鐘樓、聖母百花大教堂布魯內列斯基圓頂(Cupola del Brunelleschi)及聖約翰洗禮堂(可進入一次)，還額外包括史特羅吉宮(Palazzo Strozzi，見P.165)的藝術展。

老皇宮內美麗的米開羅佐中庭。

主教座堂區

香港樓
Il Bottegone
Buca San Giovanni
Hotel Granduomo
Via de' Cerretani
聖母百花大教堂
聖約翰洗禮堂
喬托鐘樓
Piazza del Duomo
主教座堂博物館
Via de' Pecori
Piazza del Duomo
Via de' Vecchietti
Via de' Brunelleschi
Via de' Pescioni
Via de' Tosinghi
Via dei Calzaiuoli
GROM
Via dello Studio
Ristorante Il Paiolo
Via de' Tornabuoni
Hotel Savoy
ChiaroScuro
Via del Proconsolo
Via degli Strozzi
共和廣場
Via del Corso
Bar Pasticceria Cucciolo
Borgo degli Albizi
Via Calimala
Taddei
Via S.Margherita
Perché no!
但丁之家
Via Dante Alighieri
Via Dei Pandolfini
I Fratellini
Antica Erboristeria San Simone
Via Ghibellina
Trattoria Il Gabriello
Via della Condotta
漢宮餐館
Via Porta Rossa
Via dei Calzaiuoli
In Piazza della Signoria
貢迪皇宮
Piazza San Firenze
聖翡冷翠廣場
Rivoire
CUCCI博物館
統治廣場
Via de' Gondi
老皇宮
Bar San Firenze
IRERI
Via Por S. Maria
Via Lambertesca
Via dei Leoni
Via Vinegia
Ristorante Antico Fattore
烏菲茲美術館
Via Dei Neri
Ponte Vecchio
瓦薩里長廊
Gelateria dei Neri

景點
餐廳
旅館
商店

熱門景點

喬托鐘樓
Campanile di Giotto

Piazza del Duomo　(055)230-2885
自火車站步行約10分鐘
08:15～19:00　適用48小時套票€15
www.ilgrandemuseodelduomo.it/monumenti/4-campanile
MAP P.149

位於主教座堂(聖母百花大教堂)右側的喬托鐘樓，是一座哥德式風格的獨立建築，爲義大利最美的鐘樓之一。塔高82公尺，分爲5層。整座鐘樓以紅、白、綠大理石組成鑲嵌圖案，華麗至極。每一層的窗戶都帶有螺旋狀的石柱，在1334年委任喬托爲首任的設計者兼建築師完成第一層。

繼任的建築師安德列．畢薩諾完成了第二層，直到1348～1359年才由達連迪完成最後3層。喬托鐘樓有個414階的樓梯直通樓頂，可俯瞰佛羅倫斯城，和遠眺大圓頂的最佳位置。

聖母百花大教堂

Santa Maria del Fiore

- Piazza Duomo　(055)230-2885
- 自中央火車站步行約10分鐘
- 聖母百花大教堂與Cripta(大教堂地下室的舊教堂Santa Riparata之遺址)：週一～五10:00～17:00，週六10:00～16:45，週日13:30～15:30；布魯內列斯基圓頂：週一～五08:30～19:00，週六08:30～17:40，週日13:00～16:00(開放時間時有異動，請先上網查詢)
- www.ilgrandemuseodelduomo.it/monumenti/1-cattedrale
- 免費；圓頂(適用48小時套票€15)
- MAP P.149

結合多位藝術家的結晶

爲文藝復興史上最偉大的建築成就。聖母百花大教堂是佛羅倫斯的宗教中心，座落在古老的聖利帕拉德教堂(Santa Reparata)遺址上。1296年，名噪一時的名建築家安諾佛．迪．康比歐(Arnolfo di Cambio)以哥德式風格設計始建，但他只完成了大教堂的牆面。設計圖裡主要採用白色、粉紅色和綠色3種不同色系的大理石，正好是義大利國旗的顏色。

之後教堂本身的工程停頓有20年之久，直到1365年才由首任繼任的建築師達連迪(Francesco Talenti)繼續這項艱鉅的工程。

主教座堂的中門壁面以新哥德式風格設計。

宏偉壯觀的主教座堂。

往後接續工程的建築師，皆因個人的喜好而改變了原圖的設計風貌；就因不斷地修改下，使得教堂圓頂越改越大，到了無人能擔當完成的地步。最後在1418年，從甄試中脫穎而出的布魯內列斯基，歷經18年終於完成這項宏偉的圓頂工程壯舉。

這項不朽傑作，造就了文藝復興時期建築史上舉世無雙的光輝與榮耀。1446年由達文西的老師維洛丘(Verrocchio)完成了最後的點綴工程：大圓屋頂的燈籠造型採光亭、金球，以及金球上的十字架，前後共耗費近170年的漫長歲月，終於完整呈現在世人面前。之後在1887年，建築師法布利斯(Emilio De Fabris)將教堂的壁面以新哥德式的風格，做了新的設計與建造。

古銅門上的宗教浮雕

教堂的外觀，由美麗的大理石塊拼成幾何圖形，極爲耀眼壯觀。3扇巨大的古銅門面上，繪有聖母瑪莉亞故事的浮雕。每扇

以《最後審判》為主題的大圓頂溼壁畫。

門的上面點綴著精美的碎石鑲嵌畫，上面則陳列一排聖母聖子與12門徒的雕像。

教堂的內部分爲3個小堂，呈長寬等長的希臘式十字型。繽紛的大理石地板，琳瑯滿目美不勝收。教堂內部長153公尺、寬38公尺，可容納3萬人，在當時有最大教堂之一的美稱。

值得細看的左右殿作品

我們先從進門的右殿堂看起。從右到左有著名的布魯內列斯基與喬托的半胸大理石雕像，在旁邊有往地下室的通道，可參觀聖利帕拉德教堂的遺跡及布魯內列斯基的陵墓。

進門的左殿堂，由左到右的兩尊半胸的大理石雕像，分別爲19世紀的建築師法布利斯與康比歐。在旁的兩幅《騎馬將軍》溼壁畫，是爲了紀念這兩位爲佛羅倫斯王國所作的貢獻。以紅色爲背景的，是由著名的保羅．烏切諾以透視風格繪於1436年；而以藍色爲背景的，爲名畫家安德列．卡斯達留(Andrea del Castagno)在1456年的作品。另一幅名畫，則是以但丁神曲爲背景，描繪《天堂、煉獄與地獄》的油版畫，背景爲佛羅倫斯城，這是多明尼哥．米開利諾(Domenico di Michelino)在1465年的力作。

多明尼哥．米開力諾所繪，以但丁與其文學巨作《神曲》為主題的畫作。

拾級而上的圓頂

大圓頂內面的大型溼壁畫《最後的審判》，是由瓦薩里與竹卡里合繪於1579年。要入大圓頂，可從左殿底部的一扇門上樓，必須爬上463個狹窄的階梯，不過到達圓頂盡覽美麗城市的風貌時，想必會覺得不虛此行。

←主教座堂博物館內部寬敞明亮。

主教座堂博物館

Museo dell'Opera del Duomo

- Piazza Duomo 9
- (055)230-2885
- 自聖母百花大教堂步行約2分鐘
- 09:00～19:30
- 適用48小時套票€15
- www.ilgrandemuseodelduomo.it/museo
- P.149

位於主教座堂後面，在1296年爲存放建造主教座堂和鐘樓所需工具而建的儲藏室及維修室，在1331年歸屬羊毛公會管轄，到1891年才正式成爲主教座堂博物館。

收藏龐大珍貴的主教座堂、鐘樓及洗禮堂等雕刻的原作品。最重要的作品有吉伯爾提的《天堂之門》浮雕龕板，以及文藝復興初期的雕刻家唐納太羅(Donatello)的《聖約翰》(San Giovanni)和1455年《懺悔的馬達雷娜》(Maddalena Penitente)木製雕像。

→唐納太羅晚期著名的《懺悔的馬達雷娜》木雕像。

米開朗基羅80歲的著名作品《聖殤》(Pietà)，是他爲自己的陵墓而作的紀念碑，後因不滿大理石的品質不優而中途放棄，最後由他的學生完成。扶著耶穌的那位聖人Nicodemus是依他本人而塑造。

唱經室(Sala delle Cantorie)裡，有兩排浮雕，右邊是唐納太羅在1433～1439年的作品，刻畫出精力充沛的孩子自由自在歡樂追逐的樣子；左邊則是出自儒比雅(Luca della Robbia)於1431～1438年刻繪出孩子純潔害羞的表情，看得出兩位大師對古典藝術的表達方式不同。

2015年10月29日主教座堂博物館舉行了一場隆重的開幕典禮，重新裝修後成爲一座嶄新、現代的國際風格博物館。裡面收藏著豐富的文藝復興初期歷史遺產，還有非常重要的天堂之門，10片鍍金立體的浮雕巨作，在經過近半個世紀的維修後，再次完整展現於世人面前。

→米開朗基羅80歲的作品《聖殤》。

呈八角形的洗禮堂。

聖約翰洗禮堂
Battistero di San Giovanni

- Piazza San Giovanni　(055)230-2885
- 自中央火車站步行約10分鐘
- 週一～五08:15～10:15、11:15～19:30，週六08:15～18:30，週日08:15～13:30
- 適用48小時套票€15
- www.ilgrandemuseodelduomo.it/monuments/3-battistero
- MAP P.149

華麗典雅的拜占庭風格

詩人但丁曾說：「我那美麗的聖約翰」，正是讚嘆洗禮堂巧奪天工的藝術。洗禮堂呈八角形，最早是古代羅馬遺留下的小廟宇，而聖約翰則是佛羅倫斯城的守護神。在11世紀經濟漸漸發達時，爲因應人口增加而必須擴建教堂，所以決定將當時的廟宇改成爲現今的洗禮

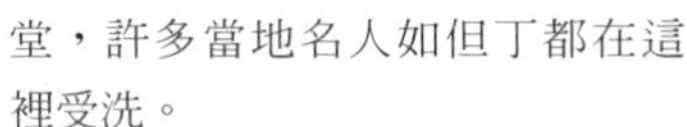

堂，許多當地名人如但丁都在這裡受洗。

這座洗禮堂採用綠、白兩種顏色的大理石裝飾外觀，並以幾何圖形爲設計主線，整體外型看來莊嚴肅穆。八角形的圓頂和壁面鑲嵌畫極具特色，其中最受矚目的是南、北、東三個方向的青銅大門。

洗禮堂的內部設計是典型的拜占庭風格，光是碎彩石鑲嵌畫就耗費了兩個世紀來完成。畫中描繪有《天堂的等級》《哲奈斯的故事》《聖母瑪莉亞和耶穌的故事》《聖約翰的故事》，以及《最後的審判》等。

華麗精緻的三大銅門

14世紀初因與建築不相稱，決定換掉原有的木門改爲銅門，並由當時勢力最強大的紡織業公會贊助完成。三扇銅製大門，最古老的南門是哥德式設計，爲1336年安德列・畢薩諾(Andrea Pisano)的作品，描繪《聖約翰的生平生平軼事》及《基本道德的對主三愛》。另外北門、東門則爲吉伯提(Ghiberti)的作品。

哥德式的北門又稱「十字架門」，門上浮雕爲1401年設計，描述《新約聖經》的故事。而最著名的東門於1425年製作，有10個方格分別按時間順序描繪了《舊約聖經》的情節。吉伯提以他特有的「壓扁式」技術，在鍍金銅門上以精雕金屬來達到透視的效果，共耗時27年才完成他的曠世鉅作，更被米開朗基羅美譽爲「天堂之門」。

銅製鍍金的天堂之門一景，描繪摩西在西奈山接受法典的故事。

統治廣場

Piazza della Signoria

Piazza San Firenze

從主教座堂(聖母百花大教堂)步行約5分鐘

MAP P.149

渾然天成的露天雕刻博物館

這個廣場自古以來一直是當地人民的政治及文化中心，也是觀光客及當地人喜愛漫遊的地點。廣場四周圍繞著樸素而別緻的古老建築，如著名的老皇宮及蘭芝涼廊就在其中。一尊一尊矗立的雕像，把這個廣場構成一座小型的露天雕刻博物館，也讓它成爲世上最美麗的廣場之一。

←姜波隆那的螺旋轉式大理石雕《搶劫沙比尼少女》。

雕像背後的歷史傳奇

各個頗具來頭的雕像，似乎也訴說著許多重要的歷史事蹟。麥迪奇家族的費迪南多一世，爲了紀念並讚揚他父親科西摩一世一生的豐功偉業，特別重金禮聘雕刻家強波隆那，完成科西摩一世騎馬英姿的青銅雕像，雄糾糾氣昂昂地座落在廣場的最左邊。

旁邊的《海神噴泉》(La Fontana del Nettuno)則是雕刻家巴特羅梅歐在1575年的作品。此噴泉不單象徵著科西摩一世在海上權力的擴張，更代表麥迪奇家族在佛羅倫斯、義大利甚至在整個歐洲的權勢與威望。但海神因看起來又大又笨拙，故常被佛羅倫斯當地人戲稱爲「大白人」(Biancone)。另外圍繞在周圍的4尊雕像，都是強波隆那在1583年的作品。

↖切里尼的青銅雕像《柏修斯》。

在老皇宮門前的兩座大理石雕像，一尊是舉世聞名的《大衛》像複製品，另一尊則爲《大力士神》雕像。

蘭芝涼廊(Loggia dei Lanzi)爲政府與宗教慶典的主席台，其名取自科西摩一世德籍站崗衛兵的名字。在1382年由西蒙．泰倫堤(Simone di Talenti)及貝奇．裘尼(Benci di Cione)合作建造，整體造型採晚期哥德式風格。

涼廊內陳列古羅馬的典雅雕刻作品，唯獨一尊《柏修斯》青銅雕像，是班維奴托．切里尼(Benvenuto Cellini)在1554年的作品，刻繪著希臘英雄柏修斯(Perseo)的英勇壯舉。在右邊的另一尊大理石雕像，則是強波隆那1583年的名作《搶劫沙比尼少女》(Ratto delle Sabine)，整座雕像高410公分，並以360度立體旋繞而上的雕刻技術完成。

自老皇宮高處眺望的蘭芝涼廊。

瓦薩里長廊
Corridoio Vasariano

- Loggiato degli Uffizi 6
- 預約(055)294-883
- 從聖母百花大教堂步行約6分鐘，由烏菲茲美術館進
- 票價時而更動，以上網預約為準，預約費€4
- www.uffizi.com/vasarian-corridor.asp
- 需預約，以團體或併團進入，由解說員陪同參觀　MAP P.149

建造烏菲茲美術博物館的建築師瓦薩里，在1565年接受科西摩一世的委託，爲了慶祝其子法蘭切斯科一世的婚禮而設計一條祕密通道，自老皇宮直接通到碧提宮的長廊，以確保麥迪奇家族的安全。

長廊自烏菲茲美術博物館內，沿著亞諾河上的老橋，行徑間穿過一座古老的教堂(Santa Felicità)，在長達近1公里之後與碧提宮的波波里花園相接，瓦薩里僅用了5個月的時間便完成長廊，1972年成爲對外開放的博物館，展出知名藝術家的肖像畫，同時也是世界最大的肖像繪畫博物館。參觀者需事先預約，並以團體(或併團)方式進入。

老皇宮

Palazzo Vecchio

Piazza della Signoria　(055)276-8325

自但丁之家步行4分鐘

10～3月週五～三09:00～19:00、週四09:00～14:00，4～9月週五～三09:00～23:00，週四09:00～14:00；鐘樓開放時間10～3月週五～三10:00～17:00、週四10:00～14:00，4～9月週五～三09:00～21:00，週四09:00～14:00

€10、18～25歲或大學生€8；含進入鐘樓€14、18～25歲或大學生€12；未滿18歲免費。另老皇宮往烏菲茲美術博物館的天橋開放了，須由烏菲茲美術館預訂，目前費用包含參觀老皇宮+烏菲茲美術館+預約費共€27，要從烏菲茲美術館訂

museicivicifiorentini.comune.fi.it/palazzovecchio

須安檢　MAP P.149

樸實壯觀的老皇宮。

曾為首府的重要地位

1299年，建築師阿諾弗·康比歐(Arnolfo di Cambio)設計建造這座老皇宮(同時也進行主教座堂及聖十字教堂的工程)。老皇宮分爲3層，頂樓有一座高94公尺的塔樓，皇宮的外牆是以粗大的石板砌成，整個建築沉穩雄偉，其強調哥德式造型元素的窗戶，顯得格外典雅和諧，7百年來一直都是行政首長的辦公室。

1540年，麥迪奇的科西摩一世執政時，決定將老皇宮改成寢居及辦公之用， 到了1565年，麥迪奇家族遷移到新宮碧提宮後，才將原來的皇宮改名爲老皇宮。

老皇宮一直以來都是佛羅倫斯的重要首府。在1865～1871年間，曾是義大利統一後首都的國會所在地，現今則是市長、議會的辦公廳，設有兒童博物館，並保留麥迪奇家族執政時的辦公大廳與寢居的宮殿。可由正門進入，或是由左側與貢迪宮相鄰的門口進入。

壯麗堂皇的五百人大廳

皇宮內非看不可的是豪華壯觀的5百人大廳(Salone dei Cinquecento)及法蘭切斯科一世的研究室(Studiolo di Francesco I)。

從中庭旁邊的樓梯上去即是著名的五百人大廳。這是1540年科西摩一世登基時，爲了彰顯麥迪奇家族的顯赫，於是委任瓦薩里重新擴大和修飾。此廳長53公尺、寬22公尺、高18公尺，是義大利最大的人民接待廳。

→天花板的油畫豐富多彩。

整面壁頂飾以39幅壁畫，描繪科西摩一世的光榮事蹟及佛羅倫斯勝利的戰鬥場景，中央有一幅圓形的圖案，將科西摩一世神化加冠，並有22位天使圍繞其間，構圖精美、色彩鮮明、富麗堂皇，讓人目不暇給。

右邊的溼壁畫是描繪佛羅倫斯在1554年攻打西也納城(Siena)獲勝的畫面，左邊的則是描繪佛羅倫斯攻打比薩(Pisa)獲勝的畫面。大廳內的兩排大理石雕像中，有一尊是米開朗基羅未完成的《勝利》，這是大師爲教皇丘利諾二世陵墓做的雕刻作品。

牆中牆，未完成的巨作

1503年為了紀念佛羅倫斯建立共同政體，邀請才子達文西在老皇宮五百人大廳的進門正對面牆上，創作一副巨大而未完成的溼壁畫。1563年，當瓦薩里在修建此廳時，在達文西的畫作上以一幅新的壁畫取代，達文西的巨作從此消聲匿跡。新的壁畫描繪佛羅倫斯攻打西也納城的勝利，畫中的旗子上寫著CERCA TROVA(尋找，發現)的字樣，但是假如真的在那可以發現達文西的畫作，那將是一件驚天動地的大事件。

法蘭切斯科一世的研究室

科西摩一世的兒子法蘭切斯科一世熱衷化學實驗及煉金術，1570年當麥迪奇家族搬到碧提宮時，他卻選擇繼續住在老皇宮，並要求瓦薩里依照他的想法，設計一間密閉、精巧的實驗工作室，裝飾以木質櫥櫃和油畫板繪成的壁畫。實驗室裡還陳列著紀念他父親科西摩一世，及母親艾雷歐羅拉的兩幅油畫像。

想要參觀研究室必須先預約，以團體方式進入，由市政府專人解說，語言包括：英、義、西班牙文，最多12人，每人€6。

↓五百人大廳內有豐富的繪畫與雕塑。

烏菲茲美術博物館建築外觀。

→科西摩一世的西班牙妻子與小兒子畫像。

烏菲茲美術館

Galleria degli Uffizi

- Loggiato degli Uffizi 6 (Piazza Signoria)
- (055)23885，預約專線(055)294-883
- 從聖母百花大教堂步行約6分鐘，在老皇宮的隔壁
- 週二～日08:15～18:50(售票至18:05)
- 休 週一、1/1、5/1及12/25
- 自2018年起3～10月€20、11～2月€8，未滿18歲免費，若遇其他展覽提高票價；每個月的第一個週日免費
- http www.uffizi.it/gli-uffizi
- 1.預約者從1號門進入，但之前要到對面的3號門取票，2號門為現場排隊進場者，春夏秋人潮擁擠
  2.為了節省排隊的時間，建議以預約方式訂票(預約費€4)
  3.館內設有洗手間、Bar、書店、紀念品店及郵局。需安檢，長傘及大背包一律寄放
  4.可拍照，禁閃光燈
- MAP P.149

歐洲最古老的美術館

以收藏繪畫藝術爲主的烏菲茲美術館位於老皇宮右側，是歐洲最早的一間藝術博物館。館方從13～17世紀以編年的方式陳列所收藏的偉大巨作，讓參觀者能在短時間內，瞭解佛羅倫斯4百年繪畫藝術史的發展及過程。

從第一位哥德派晚期的畫家喬托，到馬沙裘，保羅．烏切羅、彼得、德拉、法蘭切斯卡(Piero della Francesca)、菲力浦．利比(Filippo Lippi)及安德雷亞．波提切里(Botticelli)，還有文藝復興三傑的達文西、米開朗基羅、拉斐爾的作品，和後來矯飾主義及一些義大利巴洛克風格的繪畫典範，都收藏在此。由於麥迪奇家族雄厚的財力，使美術館成爲文藝復興作品最重要的典藏中心。

在西元1560年間，科西摩一世爲了掌控政治經濟大權，委任他最鍾愛及信任的建築師兼畫家瓦薩里，在臨近他所居住的老皇宮旁，設計了一棟長廊式的3層建築行政大樓，將所分散各地的組織與公會，全部安置在此。瓦薩里利用最大的空間，將兩道長廊自老皇宮旁延伸到亞諾河，再以橫向的拱廊相連，成爲U字的馬蹄型。這棟建築本身，日後也成爲文藝復興晚期的代表作之一。

1581年科西摩一世的兒子法蘭切斯科一世，委託伯泰倫提和巴立吉(Parigi)兩位建築師，將行政大樓的頂樓涼廊用玻璃窗戶圍起，以陳列麥迪奇家族歷代收集的珍貴藝術寶藏，此即奠定了今日烏菲茲美術館的基礎。1737年最後一位女繼承人安娜．瑪莉亞．路易莎宣布將所有麥氏的藝術寶藏損贈給全佛羅倫斯市民。

美術館規畫完善，可以步行上樓或搭電梯(一般提供給行動不便者使用)，總共有45間展覽室，至今仍在繼續擴大中。館內迴廊的兩側，陳列美麗典雅的古羅馬時期雕像，迴廊上方近屋頂處的畫像，是麥迪奇家族及一系列的名人肖像。

在此建議你從2號展覽室開始參觀路線，千萬別漏掉下頁所介紹的代表之作。

烏菲茲美術館迴廊一景。

烏菲茲美術館平面圖

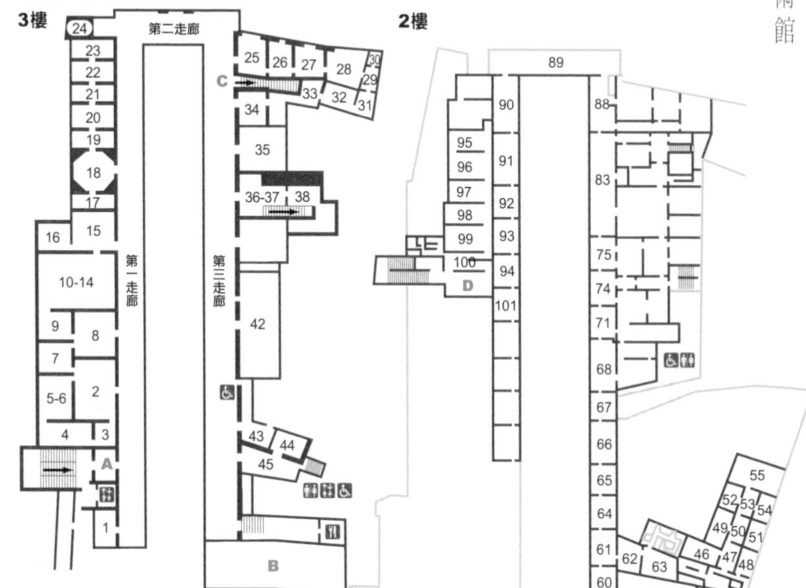

A 博物館驗票入口
B 蘭芝涼廊陽台
C 瓦薩里密道
D 出口
咖啡館
洗手間
殘障人士洗手間
電梯

2號展覽室

此間展示3幅具同樣主題的繪畫《聖母與聖子像》或稱《莊嚴的聖母子》(Maestà)。正中間是喬托(Giotto，1261～1337)在1310年所繪的聖母像，他以一位真實並有著高貴氣質的女人做繪畫對象，透過衣服的皺褶明暗來突顯聖母的胸部與膝蓋部位。右邊是奇瑪布埃(Cimabue，1240～1302)的作品，他是喬托的老師，從繪畫配色的風格，可以看出受拜占庭學派的影響很大。而左邊是杜裘(Duccio，1260～1319)的作品，他來自西也納城，是該城最具代表的畫家，他的畫風同樣也受到拜占庭式的影響，所繪的聖母像多著重在繁華的裝飾上。

喬托的《莊嚴的聖母子》

6～7號展覽室

富商史托基家族贊助法布里阿諾(Fabriano，1370～1427)繪製《東方三賢朝拜》(Adorazione dei Magi)，此作品顯示過度裝飾的風格，他是哥德式全盛時期最富代表的畫家，也是繼喬托之後的知名畫家。另一幅《聖羅馬戰役》(La Battaglia di San Romano)是保羅．烏切諾(Paolo Uccello，1397～1475)最膾炙人口的創作，畫中描繪戰鬥的場面，除了掌握交戰的一瞬間、交錯的兵器，也著重場景乾淨俐落的安置。還有《聖母與聖子》(Madonna col Bambino)是馬沙裘(Masaccio, 1901～1928)的作品，這是革新運動學派中的主要人物，卻英年早逝，僅享年27歲。

8號展覽室

《烏比諾公爵與其夫人的肖像畫》(Duca di Urbino)是彼羅．法蘭切斯卡(Piero della Francesca，1370～1492)的作品，是這座美術館中廣為人知的雙聯圖畫，也是第一幅早期非宗教的民間畫像，更是文藝復興時期最早的肖像畫。

彼羅．法蘭切斯卡的《烏比諾公爵夫婦肖像畫》

《聖母聖子與兩位天使》(Madonna col Bambino e due Angeli)是菲力浦．利比(Filippo Lippi，1406～1409)的作品，藉由宗教的主題來發揮世俗的喜樂。畫中以細膩的筆觸突顯聖母微側的臉龐，而天使們的手、眼及微笑都是動態的要素；是15世紀宗教藝術中最精緻典雅的代表作之一。

10～14號展覽室

這間展覽室是美術館內最精采的部分之一，收藏兩幅波提切里(Botticelli，1445～1510)最令人歎為觀止的繪畫，一是1478年的《春》(Primavera)，另一是約1485年的《維納斯的誕生》(Nascita di Venere)。波提切里脫離宗教束縛，以希臘神話故事為主題，不但代表藝術家突破傳統的創造力，更展現15世紀末畫派發展的最高峰。

波提切里的《維納斯的誕生》

《維納斯的誕生》是第一幅運用了古希臘神話為題材的畫作，如夢似幻與細緻柔和的線條，在優雅古典中涵蘊著活潑歡愉的氣息。

波提切里的《春》

《春》是波提切里另一幅代表作品，同樣以古希臘神話為題，描繪春季的美好情景，畫裡洋溢著一股濃郁的人文主義色彩。

15號展覽室

達文西(Leonardo Da Vinci，1452～1519)，可說是由古代進入現代畫風的最早代表大師，這裡陳列他年輕時的作品。充滿著幾何形透視空間的《天使報喜》(Annunciazione)最著名，以大自然的風景來詮釋畫中意涵。另一幅《東方三聖朝拜》(Adorazione dei Magi)，則是達文西未完成的作品，背景的廢墟和戰爭則意味著未得救的人類，被公認是他的首件傑作。

達文西的名作《天使報喜》

18號展覽室

八角形講壇室(Tribuna，1581)，是由伯塔倫提所建造，為麥迪奇家族最早的小型私人博物館。以大自然來表現水、空氣、火、土四大元素，其中風向的標誌象徵空氣，珍珠母點綴的圓頂為水，紅牆代表火，而地板則象徵土。壇內最珍貴的雕像是西元前300年的《麥迪奇的維納斯》，還有一張被安置在中間的大圓桌，是由極為名貴的大理石嵌砌而成。

貼心提醒：

1. 在走出美術館之前，別忘了看看名畫家卡拉瓦喬(Caravaggio，1576～1610)位於90室的畫作。卡拉瓦喬作品中最有名的《酒神》(Bacco Adolescente)為自畫像，此幅將靜物描繪得非常逼真，成為描繪靜物的開山始祖。他的另兩幅名畫《梅杜莎》(Medusa)及《伊波拉犧牲》(Sacrificio di Isacco)，都是膾炙人口的作品。

卡拉瓦喬名作《酒神》。

2. 烏菲茲美術館還在擴充及維修當中，許多名畫會暫時變動展覽室。參觀前，別忘了索取新目錄。如《天使報喜》由15室暫時變動到79室。

35號展覽室

米開朗基羅(Michelangelo，1475～1464)在館內唯一繪製的作品是《聖家族》(Tondo Doni)，繪於1508年，這是貴族東尼為迎娶妻子而委請大師作的畫。所繪的聖父、聖母和聖子像，色彩鮮活強烈，對後來的藝術家影響深遠，由於人物被塑造成強而有力，很類似雕刻中的作品，也是矯飾主義的代表。

米開朗基羅的《聖家族》

83號展覽室

大畫家提香(Tiziano，1489～1534)，是威尼斯畫派中最具有影響力的畫家。1538年的《烏比諾的維納斯》(Venere di Urbino)就是提香受烏比諾公爵委託為他兒子的婚禮而繪製。這幅女性裸體肖像，充分利用顏色深淺的變化，來繪出暖色的金光，也成為威尼斯畫派中最完美的古典樣本。

提香的《烏比諾的維納斯》

66號展覽室

拉斐爾(Raffaello，1482～1520)在1506年所繪《金絲雀的聖母》(Madonna del Cardellino)，金字塔形的構圖，描繪聖約翰拿著金絲雀給耶穌的動作，呈現簡單和諧的畫面，成為文藝復興晚期的古典藝術代表作。另有一幅《拉斐爾自畫像》(Autoritratto)及麥迪奇家族的《教宗雷歐十世和樞機主教》(Ritratto di Leone X coi cardinali)也不容錯過。

拉斐爾之麥迪奇家族的《教宗雷歐十世和樞機主教》

拉斐爾的《金絲雀的聖母》

但丁之家
Casa di Dante

- Via Margherita (055)219-416
- 自Piazza Duomo步行約5分鐘
- 10～3月週二～日10:00～17:00，4～9月每日10:00～18:00
- 休 10～3月的週一
- €4、7～12歲€2、6歲以下免費
- www.museocasadidante.it
- MAP P.149

義大利中世紀的知名詩人，也是義大利語文之父的但丁，生於西元1265年的佛羅倫斯，後因政治因素被放逐他鄉，此後這裡也完全遭到破壞。1921年為了紀念但丁逝世600年，由建築師卡斯德魯奇重新設計改造，並成立但丁博物館。博物館分為3層，外牆採用19世紀最傳統的石塊，牆上有但丁半身銅像以紀念這位偉大的文學家。

被終生驅逐的但丁，在失意與坎坷的流亡歲月中，寫下文學鉅作《神曲》，分為地獄、煉獄、天堂三大篇，暗諷當時政治的黑暗與腐敗，也為紀念早逝的戀人貝亞特麗絲，希望能在永恆的世界(天堂)與她相會。1321年但丁因染上瘧疾而長眠他鄉拉維那。但丁的文學創作，影響當時的人文思潮，為後來的文藝復興開啓一條嶄新的文學道路，更影響19世紀的文學發展。

貢迪皇宮
Palazzo Gondi

- Via dè Gondi, Firenze (055)267-0177
- www.palazzogondi.com
- MAP P.149

位於統治廣場旁(Piazza Della Signoria)，隔鄰Palazzo Vecchio，國家級的古蹟建築。

文藝復興的才子達文西，在此宮殿，完成了舉世聞名的蒙娜麗莎的微笑。

貢迪皇宮建於1490年，由名建築師Giuliano da Sangallo設計並完成。中庭有一座17世紀的噴泉，是最美麗的中庭。皇宮內收集了許多古代的藝術繪畫、雕塑品及珍貴的器皿。最頂層更有意想不到美麗景致，號稱佛羅倫斯最古典的豪華宮殿，可預約組團參觀。

GUCCI 博物館
GUCCI Museo

- Piazza della Signoria, 10
- (055)7592-3300
- 週一～日10:00～20:00
- €7 www.guccimuseo.com MAP P.149

緊鄰隔壁著名的貢迪皇宮，曠世奇才達文西蒙娜麗莎的畫室，為慶祝開幕90週年，在Pinaut基金會的支持下，GUCCI成立了全世界獨一無二的博物館。館內除了收藏品牌皮包的成長歷史過程外，還展有特製的服裝設計、圖書館、咖啡廳和餐廳。

佛羅倫斯

老橋區
Ponte Vecchio

這一區曾是古羅馬的市集中心，現今則為商業區。將文藝復興時期的古老宮殿與世界精品名店街融合，古典建築搭配現代流行卻不感突兀。漫步老橋時，除了橋上耀眼的金飾珠寶店，也別忘了放眼風光明媚的亞諾河沿岸。

碧提宮是麥迪奇家族最大也是最後的宮殿，裡面的帕拉提諾美術館是佛羅倫斯僅次於烏菲茲美術館的第二大美術館，還可以漫遊一座典型義大利庭院設計的波波利大花園，這也是該城最大的古典園林。

老橋也是觀光客喜歡留影的地方。

老橋區

景點
餐廳
旅館
商店

熱門景點

托爾納伯尼名店街
Via De' Tornabuoni

- Via De' Tornabuoni
- 自共和廣場步行5分鐘
- MAP P.164

這是一條匯聚義大利及歐洲名牌的精品街，也是該城最優雅的一條道路。街道上到處都是美麗的文藝復興時期建築，3號的米內貝提宮殿(Palazzo Minerbetti)、5號的史特羅吉宮殿和7號的瓦薩里會議廳(Circolo dell' Unione di Vasari)由強波隆那所設計；16號的科爾西宮殿(Palazzo Corsi)則是15世紀米開羅佐的作品。

名店街接連著聖三一廣場，廣場南邊是13世紀的史碧尼．菲洛尼宮殿(Palazzo Spini-Feroni)，在20世紀重新整修後，成爲名牌Salvatore Ferragamo的精品大樓，還有他們自創的「皮鞋博物館」，除了展示他們發展過程及所收藏的寶貴鞋款外，還告訴你該如何穿鞋、買鞋的撇步，是喜愛鞋子的遊客很値得觀賞的博物館。

共和廣場
Piazza della Repubblica

✉ Piazza della Repubblica
➡ 從主教座堂(聖母百花大教堂)步行約3分鐘
MAP P.164

位於主教座堂與統治廣場間，在古羅馬時代原是一座廣場，後來演變成市集，現今爲商業中心。1885～1895年間，當時爲慶祝義大利統一，重新改建並拆除一些知名人士的住宅，如麥迪奇、魯內列斯基等。廣場上立有一根高大圓柱，柱頂是尊「豐裕女神」(La colonna dell'Abbondanza)的雕像。

現在四周咖啡館林立，其中成立於1875年的吉利(Gilli)與巴斯克司基(Paszkowski)是最有名氣的咖啡館，尤其前者更是國家級的老店咖啡館。對面另一間裘貝．羅斯(Giubbe Rosse)咖啡館，是藝術家及文人墨客最喜歡駐足流連之地，也是詩人徐志摩的最愛。

史特羅吉宮殿
Palazzo Strozzi

✉ Piazza Strozzi ☎ (055)264-5155
➡ 自共和廣場步行2分鐘
🕒 週五～三10:00～20.00，週四10:00～23:00
$ €12，26歲以下、65歲以上€9.5，6～18歲€4，5歲以下免費；預約費€1
http www.palazzostrozzi.org MAP P.164

史特羅吉家族是著名的紡織商，因與麥迪奇家族不和，在1434年遭到放逐，1466年家族成員之一的銀行家菲利浦．史特羅吉(Filippo Strozzi)重返佛羅倫斯，他爲了顯示家族的強大勢力與財富，將收購的15棟建築物拆除，建造一棟傲人的宮殿。

宮殿分爲3層，底層爲一座中庭；第二層目前是展覽室，許多國際文化機構均利用此地展出；最上層爲史特羅吉家族的研究室及圖書館，這裡設有吧台，點杯咖啡坐在已有500多年歷史的古典迴廊中，保證令你回味無窮。

趣味大發現

新市集的金豬Nuovo Mercato del Porcellino

共和廣場與老橋之間的新市集又稱「金豬市場」(見P.164地圖)，因這裡有一尊金豬的青銅雕像而遠近馳名。據說來此城一遊的觀光客，若想知道是否有機會舊地重遊，就必須給金豬一枚硬幣，這枚硬幣必須放在金豬的舌尖內，順著滑落進去，如果硬幣順利的掉落到下面的鐵方格子裡，那就表示希望很大喔！

碧提宮
Palazzo Pitti

- Piazza Pitti
- (055)215-075，預約訂票(055)294-883
- 自老橋步行5分鐘
- 週二～日08:15～18:50(售票至18:05)
- 休 週一、1/1、5/1及12/25
- $ €8.5、預約費€3，未滿18歲免費，12歲以下需由成人陪同；每個月第一個週日免費
- http www.uffizi.it/palazzo-pitti
- 1.須安檢(隨身包過大必須寄放，且不能帶傘)。2.2018年3月起，早上參觀有半價優惠，必須在08:59前買票
- MAP P.164

拉斐爾名著代表作《椅子上的聖母》。

佛羅倫斯最大的博物館

碧提宮是佛羅倫斯最大的博物館，位於波波利山丘下，是另一個麥迪奇家族財力強大的象徵，也是麥迪奇家族豐富藝術收藏品的第二展覽館。

早自1440年布魯內列斯基替富商路卡．碧提(Luca Pitti)設計，後由方切里(Luca Fancelli，1430～1495)接手建造，不過後來因碧提家族破產而中斷工程。直到1549年，由科西摩一世的妻子艾蕾諾拉買下這棟宮殿作爲麥迪奇家族的寢宮，也委請建築師巴特羅梅歐．阿曼那提繼續修建和擴大波波利庭園，宮殿內部爲華麗的17～18世紀巴洛克風。

六大博物館精彩絕倫

19世紀初成立的帕拉提娜美術館(Galleria Palatina)位於2樓，共有12間展覽室，收藏著16～17世紀文藝復興與巴洛克時期的作品。包括拉斐爾的10件代表作、提香的多幅經典之作，還有波提切里、卡拉瓦喬、菲利浦、利比等著名創作。

位於3樓的近代美術博物館(Galleria d'Arte Moderna)，收藏自1784～1924年間的義大利藝術繪畫及雕塑名作，包括新古典與浪漫主義，以及源自托斯卡納省的第一個景觀藝術繪畫「斑痕畫派」(Macchiaioli)。此畫派與法國的印象畫派相似，以法透里(Giovanni Fattori，1825～1908)爲當時最具代表性的畫家。

銀器博物館(Museo dell'Argento)位於宮殿1樓的左邊，展示麥迪奇家族豐富珍貴的珠寶、黃金等精美飾品。其中羅倫佐最有名的硬石鑲花瓶收藏，以及17～20世紀的金飾

博物館內部華麗的巴洛克風格裝飾。

珠寶設計都很有看頭。

服飾博物館(Galleria del costume)是義大利唯一的服飾歷史博物館，位於3樓，展示18～20世紀初期的貴族服裝、舞台服飾等約6,000件收藏品，總共分爲13個展示廳。每兩年更換一次展示品，這也是國際上最重要的服飾博物館之一。

陶瓷器博物館(Museo della Porcellana)有3個展示廳，位於波波利花園山丘上，館內收集了18世紀歐洲最精美的陶瓷器皿。馬車博物館(Museo delle Carrozze)則在碧提宮右邊，靠近售票處，裡面收藏18～19世紀最古老的馬車。參觀這座博物館需預約。

服飾博物館展現當時仕女精緻華服。

波波利花園
Giardino di Boboli

- 與碧提宮相同
- 11～2月08:15～16:30，3月08:15～17:30，4～5及9～10月08:15～18:30，6～8月08:15～19:30
- 休 每個月第一和最後一個週一、1/1、5/1、12/25
- $ €10、預約費€3，未滿18歲免費，每個月第一個週日免費
- http www.uffizi.it/giardino-boboli
- MAP P.164

鄰近碧提宮，與亞諾河對岸烏菲茲美術館旁的瓦薩里長廊相連。是佛羅倫斯最大的古代羅馬階梯式大花園，占地45,000平方公尺。

1549年由科西摩一世的妻子艾蕾諾拉委任尼可羅．特利波樂(Niccolo Tribolo)建造，先後經巴特羅梅歐、瓦薩里、伯塔能提等參與建造。除了茂盛的花樹園林外，噴泉、雕像隨處可見，還有圓形露天劇場及伯塔能提設計的洞穴等，讓你在欣賞古典園林及藝術之餘，還能悠閒地倘佯在大自然的懷抱。

安詳悠閒的波波利花園，任何一角都有獨特美感。

旅行小抄

波波利花園的瞭望台 Forte di Belvedere

瞭望台位於山丘上，是整座城市的最高點，可以遠望迷人的佛羅倫斯全景。1590～1595年間，由建築師鵬塔楞提接受麥迪奇家族的費迪南多一世之託建造，當時是為了能更方便觀察敵人的動向，以保護麥迪奇家族的官邸碧提皇宮。

聖三一教堂

Basilica di Santa Trinita

Piazza Santa Trinita
(055)216-912
自共和廣場步行8分鐘
07:00～12:00，16:00～19:00
MAP P.164

從托爾納伯尼名店街沿著左邊繼續走，即可到達聖三一教堂。在聖三一廣場的中心點，有一座手執天平、象徵正義女神的圓柱，原來是屬於羅馬卡拉卡拉大浴場的一件古物，在西元1560年由羅馬教會贈給麥迪奇家族的科西摩一世。

這座教堂屬於13世紀的古羅馬風格，在14世紀改建成為哥德式建築，到了1594年教堂壁面再由伯塔倫提裝修完成。由於教堂四

周有很多知名的宮殿，因此在教堂內設有這些貴族的私人小堂，並收藏很多藝術品。其中最出色的作品是沙塞提小堂(Cappella Sassetti)內的溼壁畫，這是由米開朗基羅的繪畫老師多明尼哥·吉蘭達優(Domenico Ghirlandaio)所繪，描繪聖方濟各的生平事蹟。

老橋

Ponte Vecchio

Ponte Vecchio
自共和廣場步行8分鐘 MAP P.164

這是佛羅倫斯最古老的一座橋，也是二次大戰中唯一沒被德軍炸毀的橋，座落於美麗的亞諾河

上。建造歷史要追溯到1170年，原本為木製，1345年由費拉凡托(Neri di Fioravante)重新以石塊改建，並在老橋的兩旁設置不同的店鋪，以賣魚、肉等食品和製皮革的工匠為主。到了1593年，麥迪奇家族的費迪南多一世下令改為專賣金、銀手飾的精工手藝品店，直到現在老橋仍以金飾珠寶店聞名於世。

老橋中放置著一尊雕刻家切里尼(Cellini)的半身像，切里尼不但是一位非常傑出的雕刻家和畫家，同時也是一位有名的金飾工匠。仔細看，橋上的其中一邊商店上方，有一排封閉式的高架長廊，這是瓦薩里在1565年建造的。老橋中間為寬敞的人行道，總是人來人往遊客如織。建議走到橋中央時，不要急著離開，可多花一些時間好好地欣賞亞諾河兩岸的風光。

聖十字區 *Santa Croce*

這一區有著迷人的中世紀建築與街道，除了參觀唐納太羅(Donatello)、米開朗基羅等文藝復興時期偉大的雕刻作品外，並可造訪文藝復興巨匠米開朗基羅的家，以及象徵最高榮譽的長眠之地，包括米開朗基羅及天文學家伽利略的陵墓等。另外還能步行到達米開朗基羅廣場，飽覽全佛羅倫斯市區的美景。

巴傑羅國家博物館
Museo Nazionale del Bargello

- Via del Proconsolo, 4
- (055)238-8606
- 從聖母百花大教堂步行5分鐘
- 08:15～16:50(售票至16:20)
- 休 每個月的第二、四週日，第一、三、五的週一
- $ €8、預約費€3，未滿18歲免費；每個月第一個週日免費
- http www.bargellomusei.beniculturali.it/musei/1/bargello
- 須通關檢查，不能帶傘
- MAP P.169

博物館中庭。

收藏名家作品的雕刻博物館

從主教座堂博物館出來，順著Via Proconsolo街約100公尺左右，即是以雕刻爲主的巴傑羅國家博物館，建於1255年，是當時的民政中心(Capitano del Popolo)，也是老皇宮最早的建築雛型。16世紀這裡成爲警察總部及警長巴傑羅(Bargello)的官邸，博物館的名稱即由此而來。

它曾是監獄也是處決死刑犯的刑場，後於1859年重新裝修後，正式成爲國家博物館，亦成爲世界上最重要的雕刻博物館之一。館內收藏一些文藝復興時期最經典的雕刻藝術品，其中包括米開朗基羅、唐納太羅、諾比亞、維洛丘、切利尼、姜波隆那等。

小青銅器收藏室。

典藏豐富多元，各有神妙

博物館分爲3層，中庭即是最早處死刑的刑場，迴廊的牆上飾滿徽章、雕刻藝術品及16世紀的石雕，設有姜波隆那象徵海洋的巨大石像。

入口右邊的米開朗基羅大廳(Sala di Michelangelo)是博物館最精彩之處，展示幾位重要雕塑家的經典作品，如米開朗基羅的《酒神》(Bacco，1496)是古典異教神話最細緻的表現，被認爲是融合年輕男性的靈巧及女性渾圓肉體的雕塑品。另外還有創新的《圓型碧提》(Tondo Pitti，1504)描繪聖母與聖子，聖約翰的淺浮雕《醜人半身像》(Busto di Bruto，1539)等。還有擁有「米開朗基羅第二」之稱的姜波隆納(1529～1608)，他的作品《酒神》也存放在此，蘊含著開放與溫暖的人性，另外還收藏他的另一尊青銅雕像《眾神使者莫丘里》。切利尼(Benvenuto

唐納太羅的青銅《大衛》雕像。

Cellini，1500～1571)則有一座1548年的科西摩一世大型青銅像，另有一個座檯是由大理石及青銅雕刻的，原本放置他的著名青銅雕像《柏修斯》(Perseo)，現收於蘭芝涼廊內。

2樓的涼廊中陳列許多雕刻藝術作品，毗鄰的唐納太羅大廳(Sala di Donatello)美麗又寬敞，其最有名的青銅雕《大衛》(David，1440)作品，重點在於各個角度皆可觀賞。此外還有象徵權勢的《馬卓可石獅》(Marzocco)、大理石的《大衛》(David，1408)、大理石的《聖喬治》(San Giorgio, 1416)。另外還藏有布魯內列斯基與吉白提在1401年時參加「天堂之門」比賽徵試的嵌板浮雕。

3樓的維洛丘大廳(Sala del Verrocchio)有其雕刻的精巧可愛青銅雕《小大衛》(David)，以及1475年諾比亞(Andrea della Robbia)的陶瓷雕刻藝術作品及各種武器、盔甲的收藏室。

↗米開朗基羅的《圓型碧提》浮雕描繪聖母與聖子。

彭納羅地(米開朗基羅)之家

Casa Buonarroti

- Via Ghibellina 70　(055)241-572
- 從巴傑羅國家博物步行館6分鐘
- 9～2月10:15～16:00、3～10月10:00～17:00
- 休 週二、1/1、復活節週日、8/15、12/25
- €6.5　www.casabuonarroti.it/it/
- MAP P.169

濃厚的個人風格

這是一座鮮為人知，但卻非常重要的紀念博物館，為紀念文藝復興的巨人米開朗基羅而設立。彭納羅地是大師的姓氏，這位把畢生精力全都花在藝術領域的奇人，因其內斂又驕傲的個性，一生孤苦，使他所有工作都必須靠自己獨立完成，因此米開朗基羅的作品帶有濃厚的個人色彩。

紀念館位在Via Ghibellina街70號，從巴傑羅國家博物館出來右轉，約200公尺的左側即抵，外牆上立著米開朗基羅的青銅半胸像。

米開朗基羅分別在1509年及1514年時購買3間房子，隨後出租2間，他眞正居住於此，只有從1516～1525年的短短9年時間。1534年他結束與麥迪奇家族的合作，便永遠離開佛羅倫斯前往羅馬，直到89歲在羅馬結束他傳奇的一生，而後家人將其遺體運回他朝思暮想的故鄉。

米開朗基羅的半身雕像。

全方位的藝術家

米開朗基羅終其一生奉獻於藝術，是一位多才多藝的全方位藝術家，甚至連軍事工程也擅長。他畢生致力於藝術創作，著名的雕塑作品《大衛》，是每一位學畫的人必須臨摹的教材。自認不擅長繪畫的他，在教宗朱利諾二世的委任下，勉強完成梵蒂岡西斯汀小堂的壁畫，未料此溼壁畫後來竟成爲他生平最高的繪畫傑作，也造就舉世聞名的梵蒂岡博物館，吸引全世界人潮前來欣賞。

米開朗基羅的繼承人、與他同名的孫子「年青的米開朗基羅」(Michelangelo il Giovane)，是一位文學家，喜好音樂與藝術，並認識許多文藝界的名流。爲了紀念他偉大的長輩，便在1612年委託名建築師來重新修建故居。

米氏的故居分爲3層，珍藏的藝術作品包括繪畫、雕塑、陶瓷和考古。一、二層爲博物館，第三層則是檔案和圖書館研究室，收藏與米開朗基羅相關的生平事蹟及其藝術創作的歷史過程，還包括16～17世紀的藝術文獻。

↑米開朗基羅年輕時的作品《人頭馬身戰役》。

→米開朗基羅的大理石淺浮雕《坐在樓梯的聖母》。

最珍貴的兩件浮雕作品

館中最爲珍貴的收藏品，是兩件著名的大理石浮雕原作，是米開朗基羅年輕時的作品。米氏在15歲製作的大理石淺浮雕《坐在樓梯的聖母》(Madonna della scala)聖母帶有悲傷的眼神凝視地上，因爲她已知道懷抱正在哺乳的兒子，將在33歲那年爲人類受難犧牲。另一幅作品則是米氏17歲時的《人頭馬身戰役》(Battaglia dei Centauri)，仿古希臘的英雄，表現出戰鬥的熱情。

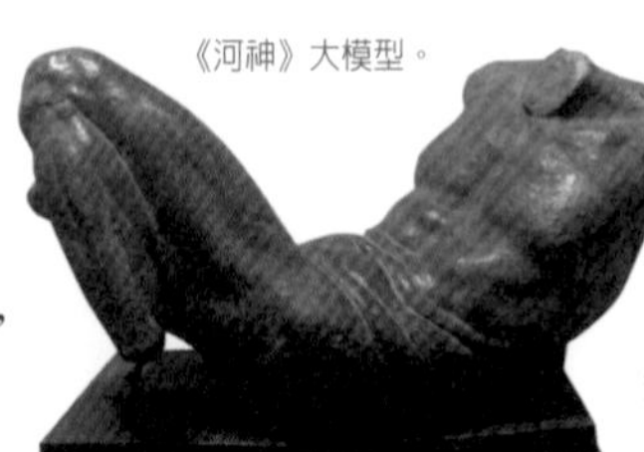

《河神》大模型。

隔壁的展覽室，有米開朗基羅在1518年受麥迪奇家族教宗雷歐十世之託，所設計的《聖羅倫佐教堂壁面》(Modello per la Facciata di San Lorenzo)的木製模型，至今教堂的壁面依然未動工，也成了解不開的謎。而巨大的《河神》(Dio Fluviale, 1524)，是米開朗基羅爲了製作完美的雕塑，特別用混合式的材料完成這一尊不可思議的大模型。

在其他展示間還保留米氏的建築藍圖、親筆信件及素描草圖等。

聖十字教堂
Basilica di Santa Croce

- Piazza Santa Croce　(055)246-6105
- 從彭納羅地之家步行3分鐘
- 週一～六09:30～17:30，週日及宗教節日(1/6、11/1、12/8)14:00～17:30
- 休 1/1、復活節、6/13(聖安東尼日)、10/4(聖方濟各日)、12/25、12/26
- €8、11～17歲€6、未滿11歲免費
- www.santacroceopera.it/en/default.aspx
- MAP P.169

聖十字教堂、聖母福音教堂及聖母百花大教堂，同屬哥德式風格的建築。1212年聖方濟各修士初來佛羅倫斯時，由當地信徒贈予捐建，1294年由建築師康比歐設計建造，到了1853～1863年間，建築師尼可拉．馬塔斯(Niccolò Matas)，將教堂的壁面重新以新哥德式風格設計建造。

聖十字教堂就好像是佛羅倫斯的萬神殿，因為裡面埋藏了276個名人陵墓與紀念碑，對象是對佛羅倫斯有貢獻的人及當地富有的市民。其中最著名的有米開朗基羅、天文學家伽利略、但丁的紀念碑，及政治家馬其維爾(Machiavelli)、歌劇作曲家羅西(Rossi)，以及建築師瓦薩里(Vasari)都葬在這裡，可以想像在當時對藝術偉人而言，能長眠於此是一種最高的榮譽。

教堂內除了有唐納太羅的耶穌受難木雕，及1435年的《天使報喜》(Annunciazione della Vergine)淺浮雕，著名喬托的溼壁畫，還有不少的富商私人的小堂。

米開朗基羅廣場
Piazzale Michelangelo

- Piazzale Michelangelo
- 從聖十字教堂坐計程車約4分鐘，步行約25分鐘，公車13號約6分鐘；從火車站可搭12號公車直達
- MAP P.169

座落在亞諾河對岸的小山丘上，1875年由當時最受歡迎的建築師約瑟夫．伯吉修建，為了紀念米開朗基羅誕生400年的紀念廣場，中央有《大衛》青銅雕像的複製品，以及帶有寓意白天、黑夜、黎明與黃昏的4尊青銅雕像，可俯視亞諾河上各種不同風格的橋梁，還有整個佛羅倫斯一片紅陶土的屋頂及遠方起伏的丘陵，美景一覽無遺。

逛街購物

經過5個世紀傳統手工藝的傳承洗禮，佛羅倫斯無論是精美的陶瓷器、畫框架、古董店的大理石手工雕刻等精緻手工藝品一應俱全。出身佛羅倫斯的世界知名服飾設計師也帶動了佛羅倫斯人注重穿著的品味，更影響全球的時尚潮流趨勢。除此之外，佛羅倫斯是世界知名的皮革製品集散地，也一直位居全球高級皮革手工製品的領導地位，在這裡可以找到當地生產的高品質手工藝皮革，以及少數逐漸成名的品牌。佛羅倫斯的商業區非常集中，逛街購物相當便利。

聖羅倫佐區

自然無添加的修道院保養品

Officina Profumo Farmaceutica Di Santa Maria Novella Srl

- Via della Scala, 16-red
- (055)216-276　FAX (055)288-658
- 自火車站步行約5分鐘　09:30～19:30
- 休 1/1、復活節、12/25、12/26和8月中的一星期
- www.smnovella.com　MAP P.141

是歐洲最古老的這家藥妝店，由多明尼哥會修士於1221年在佛羅倫斯創立。成爲保養品店則是在1612年，位於聖母福音教堂廣場左側，至今一部分建築仍屬於修道院，該店還成立了一間博物館，收藏「舊藥房」的寶貴科學設備，如溫度計、秤及量杯等。

一進店內，一股來自佛羅倫斯周圍山間的芳香水果花草味瀰漫四周，使用自然方法栽培的植物和草藥，經過蒸餾提煉而出，非常珍貴。保養品的種類很多，其中以典型混合的香包、香皂、古龍水最爲著名，因講究天然成分，自然價格也不便宜，如一瓶250ml的護膚乳液要價€35，不過使用後所散發的自然芳香應該值得。

博物館收藏著「舊藥房」的寶貴科學設備。

來自佛羅倫斯的精品時尚

IRERI

Via De Gondi 4/6
(055)283-669
FAX (055)216-823
統治廣場邊
10:30～19:00
休 1/1、5/1、12/25、12/26
http www.ireri.it
MAP P.149

位於市中心的貢迪皇宮，是一棟列入國家保護級的古老建築，與著名的統治廣場(Piazza Della Signoria)老皇宮比鄰。這座古老宏偉的建築，於1490年建在古羅馬劇場的遺址上，文藝復興三傑之一的達文西曾在此居住數年，並於1503～1506年間完成名留千古的曠世鉅作《蒙娜麗莎的微笑》(Gioconda/Monna Lisa)，如今IRERI旗艦店也設在此地。

秉持對文藝復興傳統的堅持，IRERI在名為達文西、米開朗基羅、拉斐爾的3間展覽廳內每一件精品，包括皮包、鞋子、絲巾配件和香水等系列，在材質的選擇非常用心。IRERI在國際時尚之都的米蘭市中心也開設分店。

圖片提供／IRERI

◤百分百無線縫製革製品

Taddei

Via S Margherita 11　(055)239-8960
自統治廣場徒步3分鐘　08:15～19:30
休 週日、1/1、復活節、12/25、12/26
MAP P.149

詩人但丁與他初戀情人首度相遇的地方，是一條中古時期的小巷道。就在這條街上，有一間手工的皮革工作坊，自1937年，Simone在祖父、父親的世代相傳下，學到了一種無需針線便能完成皮革製品的工法，可製作桌上裝飾用品及各種不同形狀的珠寶盒。重視細節的他，將每一件作品變成美麗的藝術品。用天然的粉末親自調配，創造紅色、酒紅色、桃花心木、棕色、綠色等傳統的皮革色彩。一件產品的完成，需要30到40個工作天，每件都是獨一無二的藝術品。

旅行小抄

營業時間和換季折扣

在佛羅倫斯每年有兩次換季大折扣，是血拚族的最愛。每次為期2個月(冬季約從1月初至3月初，夏季從7月初至9月初)，基本折扣從75折到對折不等，正是採購的大好時機。

◤使用托斯卡尼材料之老草藥店

Antica Erboristeria San Simone

Via Ghibellina, 190.r
(055)215-980
巴傑羅國家博物館出口對面
09:30～19:30
http www.anticaerboristeriasansimone.it
MAP P.149

San Simone是家香料藥材店，成立於1700年，是佛羅倫斯最早的一間不含藥性的草藥店，有50多種藥材。其中最著名的，是消化系統方面及換季清肝的藥草，以及手工香皂、有機保養品及香水。特別為喜愛香水的人士提供專屬客製化商品服務。九成材料都來自托斯卡尼當地。

老橋區

歐美精品名店群聚於此

Via De' Tornabuoni與Via Degli Strozzi名店街

Via De' Tornabuoni, Via Degli Strozzi
自火車站步行約6分鐘 MAP P.164

托爾納伯尼街(Via De' Tornabuoni)和史托羅吉街(Via Degli Strozzi)，是兩條佛羅倫斯最有名的名店街。這兩條垂直交錯的名店街陳列所有想得到的名牌，在這裡東西應有盡有。托爾納伯尼街是一條美麗古典的名店街，近幾年來漸漸往史托羅吉街延伸，雖然街道不長，卻也包括著名的史托羅吉宮。

純手工金屬精塑工藝品

Carlo Cecchi

Piazza S. Spirito, 12 (055)214-942
FAX (055)219-444 自老橋步行6分鐘
08:30～12:30，15:00～19:00
休 每週六、日、1/1、復活節、12/25、12/26
MAP P.164

Giuliano是目前在佛羅倫斯城市中，唯一完全以手工用黃銅來製造器具的金屬工匠，如銀牌、瓷釉、珠寶、藥丸盒、文件夾、鏡子、手袋、香包盒等。46年前，15歲的他因好奇心繼承了一個近500年的手工藝品傳承。這精雕的技藝源自16世紀初，一位傑出的雕刻家兼金工匠的切里尼的手工技藝，這就是佛羅倫斯以金飾珠寶聞名於世的原因。

傳統手工印花紙老祖宗店

Il Papiro

Via de Tavolini 13r (055)213-823
FAX (055)288-329 自老橋徒步3分鐘
09:30～19:30
休 1/1、復活節、12/25、12/26
http www.giuliogiannini.it MAP P.164

義大利及世界各國擁有數間分店的Il Papiro，最早是以修護書籍爲主，當時模仿大理石各種天然紋路圖案的印花紙，主要是用來裝飾書籍內第一頁及最後一頁，而書籍的封面都是皮革製品。二

次大戰後，由於皮革製品的價錢昂貴，這項價廉又有特色的印花紙術，因而廣泛受到歡迎。店內的成品，包括各類包裝紙，記事本、相簿，還示範鉛筆等文具的基本製作過程。

郊區

◤佛羅倫斯南邊郊區Outlet

The Mall名牌過季購物中心

Via Europa 8, 50060 Leccio Reggello, Firenze

(055)865-7775 FAX (055)865-7801

有火車和直達巴士兩種，坐火車約30分鐘到Sull'Arno Rignano下車，再搭5分鐘的計程車；而SITA直達巴士，去程08:50～18:00從佛羅倫斯火車站出發，約0.5～1小時一班，車程需50分鐘，回程09:45～20:10，單程票€7，來回票€13

週一～日10:00～19:00 休 1/1、12/25、12/26

www.themall.it(9種語言)

1.瑕疵品可以退換
2.很多名牌產品有特別為Outlet線出產的商品

這是一家大型的名牌過季購物中心，也是喜愛名牌者的最佳朝聖地。若非折扣季，通常可以買到定價的7～5折不等，若是在換季折扣期，甚至可以下探到3折的價格。有些名牌店只在這裡設置過季品據點，像Tod's、Fendi等，所以連當地人也會專程從米蘭或羅馬跑來大肆採購一番！

由於大部分第一線品牌都是在本土製造，所以對整個歐洲來說，佛羅倫斯的起價是最便宜的，例如Gucci、Feragamo、Fendi、Giorgio Armani、Hugo、Tod's全是義大利原產地。為了要滿足消費者，各家的名店都還會有意想不到的折扣，但都是數量有限，很快會被識貨的人一掃而空。而且不管東西再便宜，只要超過€155，還享有立刻辦理免稅的服務。

很多客人會在商店未開門之前到，並先瞄準櫥窗裡的貨色，等門一開就衝進去大肆搶購。如果早到，也可以在吧台吃豐盛的早餐。中午The Mall還有正宗的TOSCANI餐廳，提供美味道地的食物。

◤佛羅倫斯北邊郊區Outlet

Di Barberino di Mugello過季購物中心

Via Meucci Barberino di Mugello

(055)842-161

FAX (055)842-0156

自火車站搭專車navetta，車程35分鐘，第一班10:05出發，13:30回程；第二班14:35出發，18:00回程

週二～五10:00～20:00，週六、日10:00～21:00，週一在1、6～9、12等月份是14:00～20:00

休 1/1、12/25、12/26，週一在2～5、10～11等月份休息

成人€12，14～16歲€8，以下免費

www.mcarthurglen.it

具有托斯卡尼省鄉村風格的購物村。環境舒適，採購起來輕鬆愉快。除了廉價的名牌及年輕的服飾外，還有經濟實惠的天然清潔乳液用品與傳統好吃的義大利口味餐廳和咖啡館。

圖片提供／Di Barberino di Mugello

特色餐飲

受到托斯卡尼省優美的自然環境與肥沃土壤之賜，造就了佛羅倫斯得天獨厚的美味佳肴。以一隻公雞為Logo的吉安地葡萄酒(Chianti Classico)是義大利上等的美酒，享譽國際；閃爍著翠綠光芒的頂極處女橄欖油(Olio extra Vergine di Oliva)，所散發出的美味也令人垂涎欲滴。

受人喜愛的佛羅倫斯牛排(Bistecca alla Fiorentina)，是一種忠於原味的燒烤料理，琳瑯滿目的醃肉拼盤(Salumi Misti)，是上好的開胃前菜。而最能代表當地的傳統佳餚，包括美味獨特的青糊菜(Ribollita)、番茄麵糊(Pappa al pomodoro)和醋油蔥拌麵包(Panzanella)。還有一些可口小吃像牛肚(Trippa)、大腸(Lampredotto)等。用完餐還有無法抵擋的魅力甜點，有葡萄餅(Schiacciata con l'uva)、杏仁餅乾沾聖甜酒(Cantuccini di Prato con Vino Santo)；最後再來杯香醇咖啡或卡布奇諾做結，定能滿足你的口腹之慾。

傳統佳肴的番茄麵糊。

聖羅倫佐區

◤從窮人食堂搖身為實惠的酒館

Osteria dei Centopoveri

- Via Palazzuolo, 31r
- (055)218-846
- 火車站步行分6鐘
- €10～30
- 每日12:00～15:00，19:00～23:00
- www.centopoveri.it
- MAP P.141

店名Centopoveri是100個窮人的意思，此店過往是窮人的食堂，如今卻成爲老饕的酒館。特色是海鮮、牛排，還有披薩。中午只要€10就可讓你吃到飽！包含水、酒、咖啡，第一、二道菜。晚上用餐價位也很實惠！而且也有多種菜色，多種選擇。

◤各式新鮮料理集中區

Mercato Centrale

火車站步行分6鐘　11:00～24:00
www.mercatocentrale.it　MAP P.141

位於佛羅倫斯最熱鬧的聖羅倫佐市集，二樓是老饕的小吃天堂；集中所有托斯卡尼風味及特色，全都是新鮮的食材，現炸、現煮、現烤，從海鮮牛排到披薩、麵條，還有品酒區。目前是當地居民及觀光客最喜歡去的美食天堂。

◤簡單又道地的知名小吃館

Gozzi Stefano

Piazza S. Lorenzo, 8r　(055)281-941
聖羅倫佐廣場，僅供午餐
週一～六12:00～15:00
休 週日　€15～35　MAP P.141

烹調簡單又香味俱全的小吃館，時常客滿，甚至連義大利總統2015年來到佛羅倫斯，也慕名前去品嘗。特色是用不同季節的食材，製作出富當地特色的烹調，非常道地好吃。

主教座堂區

◤色香味俱全的中式餐館

漢宮餐館

Via Condotta, 17/r　(055)239-6130
由統治廣場步行2分鐘
12:00～15:00，19: 00～23:00
休 週一　€10以下
MAP P.149

這是一家當地人都知道的中國餐廳，已經開店許久。經重新裝修後，內部變得優雅而潔淨。所提供的菜色，色香味俱全，如沙拉魚鬆、香脆雞腿和砂鍋牛腩都很值得一試。

美味獨特的義大利冰淇淋

玩家交流

佛羅倫斯的冰淇淋，起源於麥迪奇家族的甜點師傅Buontalenti在一次盛宴的餐會上，精心調配的一種稀釋甜點，贏得了當時凱瑟琳(Caterina de' Medici)公主的芳心，所以當她下嫁法國國王亨利二世時，特別將這個做法帶往法國。在一次偶然的機會發現，冷凍後的稀釋甜點更爽口，於是世界知名的義大利冰淇淋便堂堂問世。口味有多種，但Buontalenti的特殊口味卻一定非嘗不可。

Grom

Via del Campanile　(055)216-158　主教座堂區，喬托鐘樓旁的巷道步行1分鐘　MAP P.149

獨特的口味，取決於每月因季節變換來提供新鮮的原料，是非常高品質的冰淇淋，百分百精挑天然材料製成的自製冰淇淋店。

Gelateria dei Neri 特別推薦

Via Dei Neri, 9/11r　(055)210034　主教座堂區，統治廣場步行5分鐘　MAP P.149

懂得吃冰淇淋的佛羅倫斯人所鍾愛的店家，百分之百以天然材料製成的自製冰淇淋店。

Perché no!

Via dei Tavolini, 19r　(055)2398-969　主教座堂區，統治廣場步行2分鐘　MAP P.149

佛羅倫斯最早的一間冰淇淋店(創於1939)，店名翻成中文為「為什麼不！」不施加任何防腐劑或添加物，用四季新鮮水果做成，口味芬芳香甜、選擇多樣，現做現賣又新鮮又叫座，吃了還想再吃。檸檬皮和香草口味最叫座。這家店價位公道，服務親切，一定不要錯過。

兄弟經營紅酒麵包名店

7 Fratellini

特別推薦

Via dei Cimatori 38/r　(055)239-6096
從統治廣場步行約3分鐘
09:00～18:00　休 週日
$ €10以下　MAP P.149

這家佛羅倫斯知名的兄弟麵包店，位於歷史建築小巷裡。不到€4即可品嘗到純托斯卡尼風味的可口熱三明治，再加上一杯紅酒，真的很過癮，在用餐時間通常大排長龍。夏天營業時間會延長到晚上8點，不過若麵包賣完則提早關門。

地窖餐廳增添古典氣氛

Buca San Giovanni

Piazza San Giovanni 8

(055)287-612

聖約翰洗禮堂內，自中央火車站步行約10分鐘

12:00～15:00，19:00～22:30

€40以上

P.149

最早為古羅馬時代主教座堂的聖器室，在1882年設立的一間歷史悠久餐廳，位於地窖，因而留下最原始的磚牆，充滿中古世紀的氣氛，讓用餐時的感覺更加道地。又重又厚的牛排是這家餐廳的招牌菜，佛羅倫斯足球明星和記者的最愛。菜色多重，精緻美味又好吃。

季節特選冬日野山豬肉

Ristorante Il Paiolo

Via del Corso, 42r

(055)215-019

位於聖母百花大教堂與統治廣場之間

12:00～15:00，19:00～22:15

休 週日與週一中午

€40以上

P.149

這家高級又溫馨的餐廳成立於1980年，提供托斯卡尼特色菜肴，菜單每兩個月都會隨著季節變化，主要有素食、魚、牛排及新鮮的菇類，冬季有義大利人最愛的野山豬肉。另外該店自製的可口甜品和多種上選的葡萄酒任你選擇。

佳肴美酒與優質款待相伴

Trattoria Gabriello

Via Condotta, 54r

(055)212-098

從統治廣場步行約2分鐘

12:00～15:00，19:00～22:30

休 週日

€30～40

P.149

典雅的木製裝潢，店員待客服務親切，用起餐來很輕鬆愉快。以托斯卡尼佳肴為主，有拿手的香菜牛片，爽口的蘆筍飯，還有名酒相陪。

飽嘗中、港、日料理的好去處

Miss Song 香港樓

Via dei Servi, 35r
(055)239-8235
由主教座堂步行3分鐘
11:00～05:30，18:00～24:00
€15～25
MAP P.141或P.149

佛羅倫斯第一家中國餐廳的原址，現由香港人經營。內有中國料理、日本料理、港式料理及川菜，其中最有特色的是港式燒烤及川菜料理。

簡單新鮮的原味美食

Ristorante Antico Fattore

Via Lambertesca, 1/3r
(055)288-975
從統治廣場步行約2分鐘
12:00～15:00，19:00～23:00
休 週日
€30～40　MAP P.149

在烏菲茲博物館旁邊的這家典型托斯卡尼餐廳，講究簡單原味的牛排風味，使用新鮮的食材，很受當地企業團體的稱讚。餐廳本身即是一棟很古老的建築，裝潢頗具古典風格。在此推薦你口味極佳的馬鈴薯餛飩、薰香的牛排，以及炸時菜，還有每天店家自製的甜點提拉米蘇，新鮮又好吃。

老橋區

道地托斯卡尼鄉村家常菜　特別推薦

Trattoria Sabatino

Via Pisana 2　(055)225-955
從中央火車站搭6號公車約6分鐘，或若徒步約15分鐘
週一～五12:00～14:30，19:15～22:00
€15～25
http www.trattoriasabatino.it　MAP P.164

位於亞諾河的對岸，是當地頗爲知名的小餐館。以道地的托斯卡那鄉村烹飪方式呈現傳統家常菜，選擇新鮮健康的當季食材，有湯、義大利麵、烤肉和香醇的自家釀葡萄酒，上菜也快，就好像在家用餐般地親切，經濟實惠，很受當地人的喜愛。由於經常客滿，最好先預約。

◤專賣牛肚大腸的可口小吃攤

牛肚麵包攤

✉ Nuovo Mercato del Porcellino
➡ 自統治廣場步行2分鐘
MAP P.164

位於金豬市集角落，佛羅倫斯人指定要吃的古早大腸牛肚麵包路邊攤。便宜新鮮，衛生又好吃，各種配料，要多香多辣，任君選擇。再點一杯紅酒，眞是一大口福。

◤菜肴多變化的迷人餐館

Trattoria Bordino

✉ Via Stracciatella, 9r　☎ (055)213-048
➡ 過老橋步行3分鐘
🕒 12:00～14:30，19:00～22:30
休 週日　$ €20～30　MAP P.164

這家餐廳所提供菜色時常更新，用餐時也會爲客人點上迷人的蠟燭，相當有情調。這裡的牛排直接以木炭烘烤，有股特別的木炭香，多年來已成爲牛排愛好者最常光顧的餐館。

◤共和廣場用餐好去處

Mamma Mia

✉ Piazza del Mercato Nuovo, 18r.
☎ (055)280-594
➡ 共和廣場步行3分鐘
🕒 每日11:00～23:00
$ €15～35
http www.mammamiafirenze.it
MAP P.164

店名是「我的媽呀！」的意思。地點方便，吃也方便。中午提供優惠的套餐，除了披薩外，也可以吃到佛羅倫斯特色的牛排餐。

◤提供上等葡萄酒的老饕餐廳

Osteria tripperia Il Magazzino

✉ Piazza della Passera 2/3 (fu' via Sapiti)
☎ (055)215-969　➡ 由碧提宮步行3分鐘
🕒 12:30～15:00，19:30～23:00
$ €20～30　MAP P.164

擁有自家大酒窖的這家餐館，也兼賣傳統的可口小吃，如牛肚、大腸等，是愛吃內臟的老饕最愛。該餐廳乾淨，也是上流社會人士最常光顧的地方，更能享受上等品質的吉安地葡萄酒。點些喜愛小吃搭配合適的葡萄酒，也是一種簡單的味蕾享受。

旅行小抄

佛羅倫斯最好喝的咖啡館

義大利咖啡向來是喜愛咖啡人士的最愛，無論是在簡單的Bar或高檔的咖啡館，都有讓人驚艷的好味道。在此建議下列咖啡你一定要嘗嘗看，才稱得上真正來過義大利喔！

店名	電話、地址	特　色
	主教座堂區	
Il Bottegone	Via dei Martelli, 2/r (055)217-255 MAP P.149	位於聖母百花大教堂旁，邊喝咖啡，邊欣賞窗外古蹟中來往穿梭的現代人，又是另一種感受。
Bar Pasticceria Cucciolo	Via del Corso, 25r (055)287-727　MAP P.149	除了好咖啡外，隨時可以吃到新鮮的甜甜圈。
ChiaroScuro	Via del Corso, 36r (055)214-247　MAP P.149	當地著名咖啡館，各式各樣的咖啡配方，讓人喝得十分過癮！
Rivoire	Piazza della Signoria, 5 (055)214-412 MAP P.149	最有名的是熱巧克力牛奶，位於統治廣場上，美景絕佳。是市長常去流連的咖啡館。
Bar San Firenze	Piazza di S. Firenze, 1r (055)211-426 MAP P.149	位於貢迪皇宮，與老皇宮為鄰。中午備有簡餐，別忘了喝一杯道地的卡布奇諾。
	老橋區	
Giubbe Rosse	Piazza della Repubblica13/14 (055)212-280 MAP P.164	文人聚集的咖啡館，詩人徐志摩曾經是此地的常客。
Gilli	Piazza della Repubblica, 39 (055)213- 896 MAP P.164	成立於1733年，屬於國家級的咖啡館，曾經是貴族們聚會的地方。
Paszkowski	Piazza della Repubblica, 35r (055)210-236 MAP P.164	成立於1846年，與Gilli是同一家咖啡館。甜點與咖啡都很經典。
Caffé Giacosa	Via della Spada, 10/r (055)277-6328 MAP P.164	是名店街內Roberto Cavalli的專屬咖啡館。卡布奇諾尤為絕響，一定要品嘗。甜點為自製。
Ocafé	Via de' Bardi, 54-56r (Ponte vecchio) (055)214-502 MAP P.164	現場自製甜點，新鮮好吃，還可欣賞亞諾河畔對岸美麗的烏菲茲美術館與瓦薩里走廊。

▼樸實美味有實在口感

Yellow Bar

Via del Proconsolo, 39-red
(055)211-766
位於主教座堂博物館與巴傑羅國家博物館之間
12:00～15:30，19:00～24:00
休 週二晚上 $ €20～30 MAP P.169

以披薩餅及義大利麵爲主的Yellow Bar，提供來客物超所值的用餐場所。以店家自行製作新鮮的麵條烹煮，吃起來特別有口感，再搭配各式各樣美味料好的實在醬料，令人吃了回味無窮。

▼健康食材滿足老饕的嘴

Ristorante Boccanegra

Via Ghibellina, 124/R
(055)200-1098
由巴傑羅國家博物館步行約3分鐘
12:00～14:30，19:00～2 3:30
休 週日 $ €30～40 MAP P.169

非常注重健康食材選擇的Boccanegra Ristorante，菜肴經過廚師不斷用心變化菜單，很能滿足老饕挑剔的嘴，是一間廣受當地人喜愛的餐廳之一。在這裡除了享受舒適的用餐氣氛，還能吃到豐富的各種肉類美食，眞是十分超値。

▼極具特色的小吃店

Trattoria Le Mossacce

Via del Proconsola 55r (055)294-361
從巴傑羅國家博物館徒步3分鐘，或主教座堂後面徒步約3分鐘
週一～五12:00～14:30，19:00～21:30
$ €14～25 http www.trattorialemossacce.it
MAP P.169

在佛羅倫斯市區少有的托斯卡尼風味的家庭料理小吃店。這家店面小、座位也有限，但是卻爲每天中午當地老饕的聚桌點。除了供應托斯卡尼傳統的烹飪佳肴外，中午特別推出€14套餐，包括一道主食及礦泉水半瓶。

推薦焦脆、肉汁香甜的丁骨牛

排搭配當季食材以及千層麵，美味且物超所値，所推出的甜點也因應當地時節慶典特色而變化；因座位有限，該店不接受預約。

住宿情報

吸引全世界人嚮往的佛羅倫斯，在「住」的安排上自然也不敢輕忽。位在中央火車站左側的民族街(Via Nazionale)、河流街(Via Fiume)和法恩扎街(Via Faenza)，是旅館分布最密集，也是最廉價的地方，要到貿易展覽場尤為便利。

一般而言，在佛羅倫斯的家庭式旅館經營較便宜。價位上又分為淡、旺季，約有20%～40%的差價。一年當中價位最貴的時節，大約是新年的1月初和6月初的Pitti服裝展期間，漲幅比旺季還要高40%。淡季時，大部分的旅館會做促銷的活動，價位低到你想像不到。

聖羅倫佐區

Hotel Cellai

★★★★

Via 27 Aprile 14, 52/r
(055)489-291 FAX (055)470-387
自火車站步行約10分鐘
www.hotelcellai.it @ info@hotelcellai.it
MAP P.141

位於火車站附近，價位比同等級便宜，是一間親切、溫暖、豪華、舒適的酒店。走進即會感受到它特殊的氣氛，一種親密溫馨的魅力。其設計的風格，像是石頭、陶器材質的地板、石拱門，搭配古董家具和藝術家具配件，讓人聯想起古代歐洲的貴族。陽台是「開放的休閒區」，可以俯瞰佛羅倫斯的天際線。早餐室有如冬季花園，並播放古典優美的音樂，「自助咖啡下午茶」服務從15:00一直到19:00。每個月都會主辦當代的藝術展覽。在佛羅倫斯，是一間獨特且藝術品味很高的酒店。

Hotel L'Orologio

★★★★

Piazza Santa Maria Novella 24
(055)277-380　FAX (055)277-38199
自火車站步行約5分鐘
www.hotelorologioflorence.com
info@hotelorologio.it
MAP P.141

提供舒適現代品味的四星高級酒店，位置優越，座落在火車站對面的聖母福音教堂廣場上。布置典雅精緻，充滿熱情的氛圍。旅館之所以取名爲L'Orologio「時鐘」，是因爲創建此旅館的負責人喜愛收集名錶之故。旅館設有閱讀室、會議廳及無線網路，可以多加利用。這是一間嶄新的旅館，費用包含美式豐盛的早餐，且用餐時可欣賞整個美麗的教堂廣場景致。

Domus Florentiae

★★★★

Via degli Avelli, 2
(055)265-4645　FAX (055)277-6429
自火車站步行約5分鐘
www.domusflorentiahotel.com
info@domusflorentiahotel.com
MAP P.141

整棟旅館僅設有14間客房，是一間兼具傳統與精緻的旅館。座落在火車站對面的聖母福音教堂廣場，地點非常便利，除了附空調配備，還有迷你酒吧，乾淨安全，價位也很公道。包含簡便自助式的早餐，甜點、麵包、果汁等。

Hotel Desiree

★★★

Via Fiume, 20
(055)238-2382　FAX (055)291-439
自火車站步行約4分鐘
www.desireehotel.com
info@desireehotel.com
MAP P.141

很靠近火車站，是屬於家族經營的小旅館，共有18間客房。房間分爲單人間，雙人間和三人間，每間均設有私人浴室及吹風機，訂房時可特別要求視野佳的房間。

圖片提供／Desiee

圖片提供／Desiee

Hotel Erina

★★★

Via Fiume, 17
(055)288-294
FAX (055)284-343
自火車站步行約4分鐘
www.hotelerina.it
info@hotelerina.it
MAP P.141

才於2008年全面裝修，僅提供7間客房，是一間服務熱情又好客的家庭式小旅館。位在火車站旁，地點便利、價位也很便宜。

Hotel Palazzo Benci

★★★

Piazza Madonna degli Aldobrandini,3
50123 Firenze
(055)213-848、217-049
FAX (055)288-308
火車站步行約10分鐘
www. palazzobenci.com
info@palazzobenci.com
MAP P.141

35間房，靠近火車站步行10分鐘，麥迪奇家族小堂對面，地點適中。16世紀的建築，客房設備便潔，混合了現代與古老的建築風格，保有濃厚的歷史情調與賞心悅目的中庭園。

Hotel Sempione

★★★

Via Nazionale, 15
(055)212-462　FAX (055)212-463
自火車站步行6分鐘
www.hotelsempione.info
info@hotelsempione.info　MAP P.141

擁有32間客房的家庭式旅館，位於佛羅倫斯火車站旁的街上，交通便利。所有房間以古典風格的木製地板或佛羅倫斯的陶土舖成，良好的隔音裝備，並有兩間專爲殘障人士使用而設計的客房。櫃臺服務員可以英文、西班牙文、法文溝通。

圖片提供／Hotel Sempione

圖片提供／Hotel Sempione

Hotel Il Guelfo Bianco

★★★

Via Cavour 29
(055)288-330/215-375
FAX (055)295-203
從火車站搭計程車約 5分鐘
http www.ilguelfobianco.it
@ info@ilguelfobianco.it
MAP P.141

這是一間結合現代與傳統的三星級旅館，提供40個舒適又優雅的房間。旅館內還有重要的古董藝術收藏品展示，距離大教堂廣場步行僅需2分鐘，交通很便利。

圖片提供／Hotel Il Guelfo Bianco

First of Florence

住家式套房，★★★價位

Via dei Servi N. 38
(055)215-696
自火車站搭計程車7分鐘
http www.firstofflorence.it
@ prenotazioni@firstofflorence.it
MAP P.141

15世紀文藝復興時期的建築經重新裝修，只提供8間豪華套房，位於聖母百花大教堂和美術學院之間。在這裡住宿，閒暇時可以漫步在美麗古典的老城區街道上，體驗一股濃濃的懷舊風情。備有廚房、料理用品，以及水果、酒等皆可自由選用。

主教座堂區

Granduomo

★★★

Piazza del Duomo,1/7 50122 Firenze
(055) 267-0004　FAX (055)264-6763
火車站步行約12分鐘
http www.granduomo.com
@ info@granduomo.com　MAP P.149

緊鄰聖母百花大教堂旁，18世紀的建築，傳統氣息古典的裝潢，仍保留著原有的魅力及溫馨舒適的環境。四處也可感受到旅館貼心的安排。購物方便，鬧中取靜。屬於自助式的旅館，附烹調設備。

In Piazza della Signoria

無

✉ Via dei Magazzini, 2

☎ (055)239-9546

➡ 統治廣場旁

http www.inpiazzadellasignoria.com

@ info@inpiazzadellasignoria.com

MAP P.149

面對統治廣場，一間恰如其名「Residenza d'Epoca」(意爲「古早居住時代」)的旅館，建築有600年歷史，主人深愛藝術，在長年細心的呵護和整修後，似乎將時光倒流到15世紀，古意盎然又充滿著藝術氣息的擺設，是喜愛古典設計者的最佳選擇。服務親切，讓旅客有賓至如歸的感覺。

老橋區

Hotel Savoy

★★★★★

✉ Piazza della Repubblica, 7

☎ (055)273-51　➡ 共和廣場旁

http www.roccofortehotels.com/hotels-and-resorts/hotel-savoy/

@ reservations.savoy@roccofortehotels.com

MAP P.164

佛羅倫斯城市的中心點，面鄰共和廣場，無論是逛街、飲食、觀光都很方便，價位雖然不便宜，但環境幽雅舒適便利。

Hotel Degli Orafi

★★★★

✉ Lungarno Archibusieri, 4

☎ (055)266-22　FAX (055)266-2111

➡ 自火車站搭計程車7分鐘

http www.hoteldegliorafi.it

@ info@hoteldegliorafi.it　MAP P.164

這裡有最美麗的佛羅倫斯景色，座落在亞諾河畔，比鄰老橋和烏菲茲美術館。

旅館有現代的裝潢及豐富的美式早餐，5樓的Bar是在品味咖啡美酒的同時，盡覽佛羅倫斯之美的絕佳地點。莊嚴的老皇宮及大紅圓頂近在眼前。

Hotel Bernini Palace

★★★★

Piazza San Firenze, 29
(055)288-621
FAX (055)268-272
自火車站搭計程車6分鐘
www.baglionihotels.com
bernini.firenze@baglionihotels.com
MAP P.169

這是間品味極高的四星級豪華旅館，裡面的陳設可媲美五星級旅館。位於麥迪奇老皇宮、統治廣場及烏菲茲美術館的隔鄰，擁有便捷的觀光地理位置。

獨特的摩洛哥風情室內設計，擺飾華麗的天鵝絨和珍貴的黑木椅子與沙發家具，讓你享受現代舒適典雅的休息空間。

圖片提供／Hotel Monnalisa

Hotel Monnalisa

★★★★

Borgo Pinti, 27
(055)247-9751
FAX (055)247-9755
自火車站搭14號公車，約15分鐘
www.monnalisa.it
info@monnalisa.it
MAP P.169

莊嚴且富有魅力的蒙娜麗莎酒店，擁有佛羅倫斯4星級旅店中最優雅的文藝復興時期建築物。有私人收藏的裝飾與家具、原始繪畫和雕塑，並維持原貴族房子的赤陶土地磚。這的確是一個令人住過就十分難忘的地方。

圖片提供／Hotel Monnalisa

圖片提供／Hotel Monnalisa

Hotel Panama

★★★

Via XX Settembre, 80, 50100 Firenze
(055)462-0236
火車站搭公車28,4 ,13約6分鐘
www.hotelpanamafirenze.it
info@ hotelpanamafirenze.it

居家的感覺，坐一趟6分鐘的公車 就可以感受到當地人的生活。20世紀前期的別墅建築物，近年已重新裝修過，服務親切、價廉溫馨又浪漫，有提供腳踏車，步行進市中心約15分鐘，轉個彎步行約5分鐘，即可品嘗到曾經爲黛安娜王妃特製甜點的墨西哥咖啡店(Bar Statuto)，可請老闆Marco沖泡一杯最棒的拿鐵口味。

近郊

Villa Il Paradisino 莊園別墅

住家式套房，★★★價位

Via Cafiero, 57 Sesto Fiorentino 50019 (FI)
(055)449-4824
(055)448-3315
自火車站搭2、28號公車(約30分鐘)到Colonnata站牌，下車的左前方即是小天堂別墅。或搭乘火車15分鐘，於Sesto Fiorentino下車，由旅館人接送
www.villailparadisino.it
info@villailparadisino.it

這是一棟國家古蹟保護級的別墅，15世紀具有歷史意義的建築。小天堂(Paradisino)莊園別墅曾經是麥迪奇家族打獵棲息的地方，之後於1839年被佛羅倫斯當時一位富有的音樂世家所收購。這裡的擺設，都是19世紀的原始古董家具，很值得一看。

莊園裡仍保存許多古物，如拿破崙親筆簽名的證件、2500年前的伊特魯斯基陶土骨灰甕、16世紀佛羅倫斯的古典油版畫、19世紀的「斑痕」(Macchiaoli)藝術繪畫、名音樂劇《杜蘭朵》(Turandot)的劇作者普契尼(Giacomo Puccini)親筆簽名的紀念留照等，眞是不勝枚舉。

這裡提供了一個簡單舒適既古典又優雅的度假環境。擁有50,000平方公尺的綠地，配上一年四季的花草香和山丘上的游泳池，將景色繪成一幅美麗的圖畫。

可以品嘗自釀的美酒與醇油，服務相當親切，讓你有賓至如歸的感覺。在此特別推薦給嚮往托斯卡尼綠意盎然的田野生活遊客。

位於義大利中部名聞全球的斜塔，是這座比薩城市的標誌，也是世界七大奇景之一，吸引成千上萬的觀光客前來欣賞。大家好奇的是，這座斜塔究竟會傾斜到何種程度？若是倒了就無緣一見，還是先睹為快吧！

奇蹟廣場(Piazza dei Miracoli)即是奇蹟田園(Campo dei Miracoli)，裡面盡是一片綠油油的草坪。1987年被評定並列入世界文化遺產，包括了四項主要的建築物：主教座堂、洗禮堂、斜塔和墓園古蹟。

奇蹟廣場

世界文化遺產

Pizza dei Miracoli

- Piazza del Duomo
- (055)560-547，835-011
- 可於中央火車站搭火車從佛羅倫斯前往比薩，平均班次20～30分一班，交通時間約1小時
- 1～2月、11～12月09:00～16:30；3月、10月09:00～17:30；4～9月08:00～19:30
- 休 1/1、12/25
- €18，一次只能參觀35分鐘，預約費€2，參觀墓園€5、洗禮堂€5，墓園+洗禮堂優惠€7，主教座堂免費，但必須到售票處拿入場票
- MAP P.194

世界七大奇景之一的比薩斜塔。

比薩斜塔Torre Pendente

斜塔之所以能成爲世界七大奇景之一並列入世界文化遺產，是因其本身的斜度已超過力學上離中心點最大角度而仍能屹立不搖，成爲世界建築學上一項不可思議的奇蹟。而傾斜的原因，據說是因爲一部分的地基下陷而造成的。

斜塔最早是由伯納諾・比薩諾(Bonanno Pisano)在1174年設計，以仿羅馬式風格的建築，在建築的過程中地基即有塌陷的現象，造成建塔工程進度緩慢。1292年另一位盛名的建築師約翰・西門(Giovanni di Simone)曾設法修正，但效果不彰，因此建築工程一度停頓。

到了14世紀末，由建築師托馬索・比薩諾(Tommaso Pisano)在測量計算多次後，證實塔雖然傾斜，

前方的圓頂建築是洗禮堂，主教座堂與斜塔位於後方，都擁有環繞的拱形柱廊。

但無倒塌的危險，因此繼續按照原來的設計圖完成。幾世紀以來，斜塔以每年一厘米速度繼續傾斜，引起全世界建築專家的關心，開始進行如何不讓斜塔繼續傾斜工程。

1990年1月7日停止開放參觀，由波蘭籍的工程師爲主導，在北側地下灌注很深的鋼筋混凝土，然後以很粗的鋼繩牽拉，使塔不再朝南傾斜。這項工程艱巨浩大，前後花了12年的時間才修繕完工，共耗資2,500萬美元，終於在2001年12月15日再次對遊客開放參觀。

主教座堂Duomo

由建築家布切托(Buchetto)於1063年設計的羅馬風格主教座堂，以白色大理石砌成，一直到1118年才完成。12世紀後期，由建築家拉尹那多(Rainaldo)修建主教座堂，採用拉丁十形。

教堂正面是一片白色大理石縱橫著灰色線條，共分爲5層，還有3扇青銅大門，均鑲有精緻的藝術浮雕。教堂內部分爲5個殿堂，教堂中最珍貴獨特的是由約翰．比薩諾在1302～1311年精雕細琢的講道壇(il pulpito)，呈六角形，由11根不同的石柱支撐，中柱上有一圈人像，壇柱頂上裝飾有女先知雕像，環繞9幅浮雕刻畫耶穌誕生前的場景及受難後的事蹟，是義大利哥德風格雕塑的代表作之一。

而伽利略燈(Lampada di Galileo)，是科學家伽利略在這一盞擺動規律的油燈上，發現了鐘擺原理。

洗禮堂Il Battistero與墓園古蹟IL Camposanto Monumentale

由建築家迪歐提沙維(Diotisalvi)在1153年開始建造，但只建造底層一部分，於1260年在建築師尼可拉．比薩諾(Nicola Pisano)的指揮下繼續施工，最後在14世紀才由尼可拉的兒子喬凡尼．比薩諾完成整個工程。

喬凡尼．比薩諾將洗禮堂建造成一座既具羅馬風格又有哥德樣式的混合式建築。在基層底部，有著環繞的拱形柱廊是比薩建築的特色，主教座堂與斜塔的周圍也都有類似的設計裝飾。

從主教座堂出來右邊，一排大理石圍牆內，就是墓園古蹟。建於1278年的墓園，由建築師約翰．西門所設計。1277年，一名藝術家將在「奇蹟廣場」下所掘出的棺墓，全部安奉在此，墓園因此而得名。如今成為一座重要的博物館。館內有著名畫家的壁畫，如喬托的弟子塔得歐．卡迪(Taddeo Gaddi)、貝納佐．句佐利(Benozzo Gozzoli)等精美的壁畫作品。

威尼斯分區導覽

Venezia

威尼斯
沒落的貴族，下沉的美景

貢多拉船夫亙古悠揚的歌聲，穿梭迴蕩在一條條迷宮般的交錯運河，華麗面具、七彩玻璃、美酒佳肴，此景非只天上有，這裡是世界水都威尼斯，夢境般的水鄉澤國。

大門接著運河，出入靠船接駁，是威尼斯獨特景象。

歷史沿革

威尼斯之名緣起於西元前1世紀，當時羅馬帝國一個行政區被命名Venetia，但範圍較廣。6、7世紀因受北方外族入侵，居民開始移居威尼斯瀉湖群島。698年，拜占庭帝國選出首任威尼斯總督(Doge)，其後因帝國逐漸衰弱，總督改為人民推選，邁向政治自治，在10世紀成為穩定獨立的威尼斯城邦，聖馬可廣場的有翅獅子即是其成為自治市的象徵。

11世紀後海運興起，威尼斯因處歐洲中繼站，迅速發展成地中海沿岸最大貿易勢力，有「亞德里亞海女王」之稱。13到16世紀，靠與東方貿易成為歐洲最富有強國。但其發展歷史並非都是昇平盛世，1348年歐洲爆發黑死病，威尼斯曾因此死亡一半人口，與宿敵熱那亞(Genoa)城邦的幾次嚴重戰

役，也讓它付出慘痛代價。

到文藝復興時代，提香等名家雲集，使它成為繼佛羅倫斯、羅馬之後的第三大藝文中心。但同時因海盜猖獗、戰爭不斷，威尼斯財富也開始耗盡，1620年經濟危機，1630年大瘟疫，威脅共和國統治基礎，18世紀終遭拿破崙攻下，其後歷經奧地利、法國輪流統治，直到1866年才重回義大利的懷抱。

威尼斯迄今仍吸引不少街頭藝術家。

如今威尼斯已成世界知名觀光景點，再現往日榮景，但也因過度開發衍生污染、水患。2009年雨季，威尼斯淹水數日，令許多人憂心日益下陷的地盤，將使水都美景漸成絕響。

知識充電站

由小島組成的水上人家

威尼斯古城區由118個小島組成，超過擁有170條運河，400座以上的橋梁，市區劃分成6個古老行政區：卡納雷究區(Cannaregio)、城堡區(Castello)、聖馬可區(San Marco)、硬壤區(Dorsoduro)、聖保羅區(San Polo)、聖十字區(San Croce)。

客人沒上門，船夫閒聊打發時間。

城市運河貫穿，水上道路是主要聯繫方式，故在此，汽車可說無用武之地，最省事又最能深入探索的方式是搭乘水上巴士(Vaporetto)到某一大站，再下船徒步參觀附近景點。在一些景色優美的運河段，也可選搭貢多拉(Gondola)體驗。

貢多拉裝飾越來越華美。

↗黑白條紋上衣是船夫的招牌。

優惠套票介紹

威尼斯為了方便旅客，推出結合交通和博物館門票的「一卡通」服務，出發前先上網購買，可以省下現場排隊時間。

票券名稱：Venezia Unica

購買官網：www.veneziaunica.it

流程：1.上網選購所需組合(交通券天數／博物館種類數量，價格請依訂購時爲準)

2.付款後透過Email取得訂購代號(PNR Code)

3.抵達威尼斯後，在任何ACTV自動售票機，或是人工售票亭，都可以用代碼立刻取得卡片並啓用。

買票步驟：

Step 1 進入官網，點選立刻購買

(自官網下載)

Step 2 首頁頁面往下拉，可看到「建立個人卡片」(注意：每個旅行者要獨立使用一張)

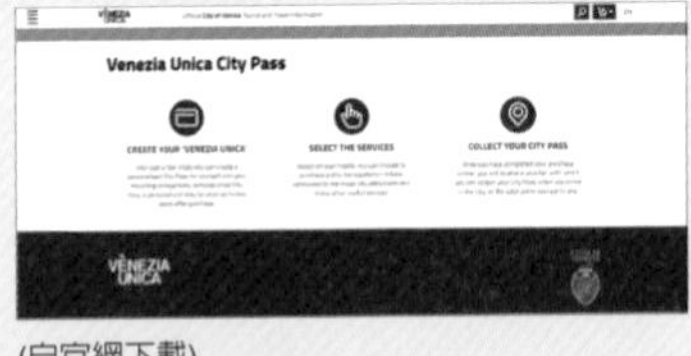

(自官網下載)

Step 3 開始選購行程組合：

剛建立的個人卡金額爲零，如右下角黑圈處。接著可點選左邊欄位，分別有最佳優惠、博物館、交通票、停車和餐廳。

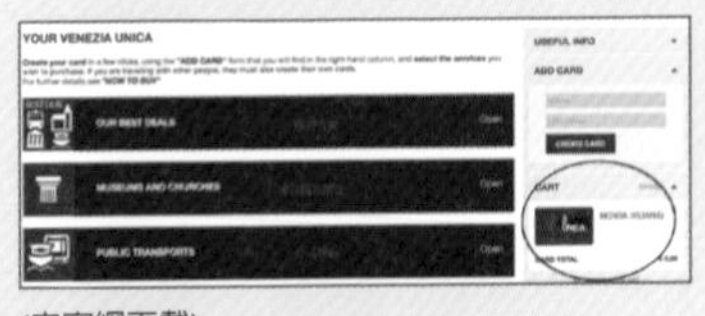

(自官網下載)

◎票券種類

＋博物館票券：

首面點選「VENEZIA UNICA CITY PASS-BUY NOW」後可以看到很多選項，其中3個選項最大眾化。

A.旅遊城市通全票(Tourist City Pass)：涵蓋最廣，包括總督宮與10個市立博物館、16個教堂等，如果預計在威尼斯深度旅遊，或是喜歡逛博物館，這是最好選擇。一人€39.9，6～29歲折扣價爲€29.9，效期7天。購買選項如下圖：

(自官網下載)

B.銀卡城市通(Silver City Pass)：如果活動範圍以聖馬可廣場爲主，待的天數短，可選這種套票，內容包括參觀總督宮、聖馬可廣場的3個博物館，外加任選3個教堂，6歲以上價格皆爲€27.9，效期7天。

C. 博物館通(Musei Civici di Venezia)：

如果待的時間較長，不參觀教堂，專攻博物館，可以購買這種套票，內容包括總督宮和其他10個博物館，全票價格€24，折扣票€18，有資格購買折扣票的，除了25歲以下學生或65歲以上長者，還有攜帶6～14歲小孩的父母，票券效期6個月。如果選擇只買總督宮與聖馬可博物館門票，價格是€18，效期3個月。

威尼斯市立博物館如下：

- 聖馬可廣場周邊：總督宮(見P.208)、柯瑞爾博物館(見P.209)、國家建築博物館(Archaeological Museum)、瑪奇安娜圖書紀念室(Monumental Rooms of the Biblioteca Marciana)。
- 其他地區：雷左尼科宮(見P.233)、佩莎羅宮(見P.223)、莫切尼哥宮(Palazzo Mocenigo)、哥朵尼故居(見P.225)、自然歷史博物館(Museum of Natural History，見P.223)、姆拉諾島玻璃博物館(Glass Museum)、布拉諾島蕾絲博物館(Lace Museum，見P.239)。

D. 其他：選購項目眾多，例如鳳凰歌劇院導覽，也可以預先在此購買。

+公共運輸：

A. 交通券(Public Transport－Tourist Tickets)：

點選OPEN之後，按照需求天數購買票券，包括1日券€20，2日券€30，3日券€40，7日券€60。單程票一次€7.5(75分鐘內有效)。6～29歲有折扣方案，3日券加藝文活動優惠卡，共€29。5歲以下孩童搭乘免費。

注意事項：

1. 票券可搭乘威尼斯所有公共汽船(Vaporetti)和路面巴士，以及往返附近梅斯特雷(Mestre)、馬蓋拉(Marghera)的巴士，但不包含往返機場的交通。
2. 只有首次啓用時，需要打票，效期從啓用起算，例如3日券可有效使用72小時。

B. 博物館+交通的金卡城市通(Gold City Pass)

包含博物館通用票，大眾運輸三日通用卷，24小時WIfi使用權，全票€80.9，6～29歲旅客可享青年優惠價€58.9。如果要再加上馬可波羅機場到本島的往返船票，及鳳凰歌劇院門票與導覽，可升級爲白金城市通(Platinum City Pass)，青年票價€85.9，30歲以上成人€140.9。

+停車與服務：

停車費：如果租車旅遊義大利多個城市，可以把車停在聖露西亞火車站旁邊的羅馬廣場停車場，事先網購的停車費是€23.4／天 。

旅行小抄

內急怎麼辦？

威尼斯公共廁所是要付費的，甚至事前就可上網購買通行證，1日券€3，一天可以使用2次，另一種是7天內可使用7次。不過除了要付費，臨時要找公廁也不方便，因此遊客在逛博物館、用餐時，可盡量利用免費廁所。

特色節慶

嘉年華(Carnival)

想一覽最夢幻的威尼斯，就不能錯過舉世聞名的威尼斯嘉年華，也有人稱其「面具節」，因為在這段期間滿街人們都戴著當地傳統面具，臉上塗滿色彩、插著羽毛，裝扮猶如參加化裝舞會。聖馬可廣場是傳統慶典中心，因每年歡慶主題都不同，儘管是例行節慶，依舊充滿驚喜。

嘉年華在每年2月中舉行，為期約10天。不過此時旅館價格屬旺季，且通常前幾個月就會大爆滿，有意湊熱鬧的遊客必須提早預定，或選擇較遠的離島旅館。

救贖主慶典(Redentore Feast-day)

每年7月的第三個週末舉行，又稱煙火節。此節慶來源是16世紀時，威尼斯因黑死病死了5萬居民，於是當時的共和國總督決定蓋一間救贖主教堂，不久黑死病疫情真的停止，人們便延續慶祝謝恩習俗迄今。

通常這天晚上有大批遊客租用裝飾氣球、鮮花的貢多拉船，一邊品嘗美食，一邊等待聖馬可教堂、大運河的壯觀煙火。煙火從週六23:30開始釋放，直到跨過午夜。

賽舟節(Historical Regatta)

每年9月第一個週日舉行。威尼斯人划貢多拉船的技術常讓遊客驚歎不已，可以輕易穿越小巷，在擁擠水運中來去自如。若想一次看夠划船技術，親臨體驗一下源自13世紀的賽舟節是很好選擇，此時各家好手雲集，大運河上可見五顏六色船隻，還分大船、小船、男子女子組競賽。4～9月都是威尼斯的競船旺季，除市府舉辦的大型賽舟節，民間俱樂部也隨時會辦各類競賽。

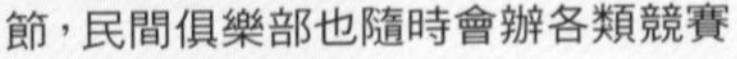

戲劇節(Venice's Theatre Season)

10月1日開始的戲劇節，是另一展現威尼斯歡樂、奢華的節慶。感謝當地貴族砸金引進，威尼斯在17世紀就蓋了16間戲劇院。其中最有名者，就是富麗堂皇的哥朵尼劇院(Goldoni Theater)與瑪莉布蘭劇院(Malibran Theater)。此外2003年整修後重新開張的菲尼切歌劇院(Fenice Theater)，也值得一看。

情報員龐德的水上追逐就發生在此。

與007一同歷險

許多看完《007首部曲：皇家夜總會》最後一幕的觀眾都急著想知道，那個場景到底是在哪個絕美之處拍的。拍攝花絮透露，該場景就在威尼斯，事實上，該片在威尼斯拍攝了許多街道場景，也包括著名的聖馬可廣場。

值得一提的是，男女主角在劇中駕駛快艇行經雷雅多橋一帶，是經過申請獲得「特別許可」，這可是數百年來首次有快艇駛入大運河呢！

深入莎士比亞名著

喜好文學作品的遊客，絕不會忘記這個從中世紀就相當興盛的水都，在500年前更啟發了文豪莎士比亞的靈感，寫出膾炙人口的《威尼斯商人》(The Merchant of Venice)。2004年該劇本重新搬上大銀幕，找來一向扮演黑幫老大出名的艾爾帕西諾飾演劇中奸詐狡猾的猶太商人，重新掀起一波反猶太論戰。

浪漫愛情的發生地

德國作家托馬斯曼的《威尼斯之死》(又譯魂斷威尼斯)，替水都留下另一筆美麗蒼涼的傳說。故事描述一位德國作家到威尼斯度假，下榻麗都島的奢華旅館，迷戀上一個有如希臘雕像般的絕美少年，最後老人卻因感染霍亂孤獨死亡。小說在1971年經義大利大師導演威斯康提拍成電影，原著獲選為20世紀全球最佳百大同性戀小說。

其他相關電影

威尼斯的花邊韻事還包括，18世紀有一位義大利出名的花花公子卡薩諾瓦，最後愛上了一個威尼斯女子。2005年，導演找來希斯萊傑重新詮釋此一經典傳奇，觀看這部電影《濃情威尼斯》(Casanova)，也可預覽多個威尼斯著名景點。

1997年的著名電影《慾望之翼》，則描述一趟威尼斯旅程當中，一段愛慾與金錢糾葛的三角戀情。看來在浪漫水都威尼斯，永遠有等待發掘、傳頌的愛情進行式。

乘坐貢多拉穿梭小巷弄，有如身處《威尼斯商人》的時代。

威尼斯

聖馬可區

San Marco

聖馬可區以聖馬可廣場為中心，千年來都是威尼斯政治、旅遊的中心。早年聖馬可廣場並沒有今日這麼大，因為中間有一條小運河，12世紀為了接待教宗亞歷山大三世、皇帝菲特列一世，把運河填平、廣場擴大，14、15世紀又更進一步改建了廣場上的總督宮與教堂。

16世紀威尼斯共和國展開更大規模的翻新計畫，要讓廣場符合威尼斯的偉大，建築師尚索維諾被指派負責，他找來名家斯卡莫奇(Scamozzi)、隆蓋納，花了30多年打造完工。

知識充電站

威尼斯共和國體制

威尼斯共和國是混合君主、貴族、民主機制的特殊政體，由貴族階級、大議會、參議院、總督等組成。其中總督是由大議會選出，通常選出的都是有聲望的家族成員，至少70歲。總督象徵性大，統而不治，轄下另分成6區選出6位顧問大臣，任何決議都需要徵詢6位大臣。

總督宮上有威尼斯守護標記聖馬可翼獅。

聖馬可區

雷雅多橋
Rialto
Hotel Rialto
Rialto
Caffè al Ponte del Lovo
哥朵尼劇院
N
S. Angelo
Calle Cavalli
Calle del Carbon
Casa Petrarca
Hotel Serenissima
Cavalletto Doge Orseolo
Calle Specchieri
Spadaria
Ferrari
Sermoneta
Calle Larga San Marco
Ristorante Rosa Rossa
Calle del Pestrin
Calle de la Veroria
Chat Qui Rit
Calle Fiubera
Hotel Ai Do Mori
Hotel Becher
Frezzaria
Quardri Caffe
時鐘塔
聖馬可教堂
Osteria Vino Vino
Ristorante Antico Martini
柯瑞爾博物館
Museo Correr Caffetteria
鐘樓
嘆息橋
菲尼切歌劇院
Jesurum
Piazza San Marco
聖馬可廣場
總督宮
圓柱
S. Samuele
St. Zaccaria
Calle Vetturio o Falier
Hotel Anastasia
Calle Larga 22 Marzo
Calle del Traghetto
Calle Vallaresso
Harry's BAR
Lavena
San Maurizio古董市集
威尼斯精品名店街
Florian
Santa Maria Zobenigo古董市集
Il Papiro
S. Marco
街頭畫家
Westin Europa & Regina
Hotel Monaco Grand Canal
Santa Maria del Giglio
Bauer Hotel
景點
餐廳
旅館
商店
汽船站

熱門景點

聖馬可廣場

Piazza San Marco

- Piazza San Marco
- 搭1、2號汽船到St. Zaccaria或S. Marco站步行3分鐘
- MAP P.205

聖馬可廣場也是威尼斯最大廣場，被拿破崙形容是「歐洲最高雅的客廳」，世界聞名的嘉年華會也是以此爲主。廣場上一年四季都充滿遊客，最主要參觀景點是聖馬可教堂與總督宮，其他包括鐘樓、鐘塔、柯瑞爾博物館、戶外管絃樂隊、百年高級咖啡廳，都是當地地標。

行色匆匆的人群在廣場上來來去去。

由高處俯瞰聖馬可廣場。

聖馬可教堂

Basilica di San Marco

- Piazza San Marco
- 搭1、2號汽船到St. Zaccaria或S. Marco站步行3分鐘
- 11～5月週一～六09:30～17:00，週日、假日14:00 ～16:30。6～10月週一～六09:45～17:00，週日、例日14:00～17:00
- 教堂內部免費，但要進入博物館參觀門票€5，黃金祭壇€2，聖器室€3
- www.basilicasanmarco.it
- 不能帶行李進入。進教堂不能喝飲料、照相、帶寵物、講手機。穿短褲背心會被要求披上教堂準備的紙巾遮蓋 MAP P.205

教堂正面繪畫的聖馬可生平。

東方拜占庭文化的影響

828年兩個商人從亞歷山大取回聖馬可的遺骨，宣稱聖馬可是威尼斯的守護神。遺骨起初隨便放在總督宮蓋的禮拜堂，10世紀時威尼斯財富達到高峰，醉心興建各種建築，開始興建聖馬可教堂。

威尼斯因為地處東西交會口，融入大量拜占庭文化，興建教堂時也仿效君士坦丁堡教堂的模式，樓面採用了希臘十字架。11到15世紀間，教堂外觀做了大量改變，很多裝飾是威尼斯商人從東方取得，或十字軍東征的戰利品，使得教堂建築融合了東、西方特色。海外搜羅的裝飾寶貝，包括大門上的4匹青銅駿馬，原作品是1204年從君士坦丁堡帶回來的，目前教堂上的是複製品，眞品放在教堂樓上展覽館。拜占庭文化的影響也忠實表現在馬賽克的使用上，教堂內運用大量黃金，因此又被稱為「黃金大教堂」。

馬賽克的巨大聖經繪本

進入大廳先會經過一個門廊，這也是東方教堂的特色。整個教堂內部裝飾，像是一個馬賽克製作的巨大聖經繪本，描述各種聖經故事。右手邊有一個用深色岩石雕刻的「四人執政團」(Tetrarca)，是4世紀埃及的作品。

主祭壇後方有黃金祭壇屏，是14世紀金匠創作，用250塊鑲板拼成，上面有許多珍珠寶石，

聖馬可教堂是威尼斯哥德風格的代表。

玩家交流

最佳配角——鴿群

聖馬可廣場上肥嘟嘟的鴿子也變成旅客很愛捕捉的背景，預先準備一點麵包屑或飼料，就可以吸引成群鴿子，製造像是明信片一樣的歐風照片。廣場上還有些攝影師當場幫人拍照，花€10，他會幫你取景、吸引鴿群，現場沖洗照片，甚至一些大明星來參加威尼斯影展時，也在廣場留下過類似的照片。

旺季參觀抓準排隊時機

很多觀光客被聖馬可廣場景點大排長龍的人潮嚇到，只好走馬看花，放棄進入任何景點。但其實若抓住些竅門，即使旺季參觀也可以事半功倍。例如總督宮套票千萬別到總督宮票櫃買，那裡人潮永遠爆滿，先在火車站遊客中心，或到附近人潮較少的柯瑞爾博物館買，就可以免排隊直接入場。

聖馬可教堂因為進入免費，排隊的人更多，最好選擇一大早開放前或用餐時間去排隊。開放時間到21:00的鐘塔則可以留待晚上再去，此時看夜景別有一番滋味。

第一次來廣場，一定想到那些百年咖啡店朝聖。不過要注意，外頭站著喝一杯只要€1～2的咖啡，在這些店內坐下喝一杯可要價€15，因為招牌響亮遊客多，服務生態度也經常欠佳。

若只想留念，也可以過去拍照，然後選擇巷子內的道地咖啡館。單就地點與飲食品質相較起來，柯瑞爾博物館2樓的藝廊咖啡，有空調，收費合理，會更物超所值。

教堂內聖器室收藏許多古老聖杯。

拿破崙曾經取走其中部分珠寶。主祭壇後另有一個《帶來勝利的聖母像》(Madonna di Nicopeia)，是1204年的戰利品，也是威尼斯最受尊崇的聖像。

旅行小抄

兼容美感的威尼斯哥德建築

威尼斯因為在中世紀是歐洲與東方貿易的港口，其建築也發展出了獨特的融合東西風貌，被稱為「威尼斯哥德」風格。建築在傳統的歐洲哥德式之外，採納了拜占庭式圓頂與清真寺尖塔。

11世紀的聖馬可教堂是西歐最精美的拜占庭式教堂代表作，教堂上方冠有5座洋蔥型大圓頂，中央大門是模擬羅馬凱旋門興建。其他具有威尼斯哥德風貌的建築還包括黃金宮、佩薩羅宮等。

粉紅色大理石的外牆。

3樓是主要的會議大廳，連天花板都鑲滿畫作，也必須經常維修。

總督宮

Palazzo Ducale

- San Marco 1　(041)271-5911
- 搭1、2號汽船到St. Zaccaria或S. Marco站步行3分鐘
- 4/1～10/31：08:30～19:00，11/1～3/31：08:30～17:30
- 休 1/1、12/25
- 適用套票總類：Venezia Unica City Pass ADULT, JUNIOR, SAN MARCO / St.Mark's Square Museums / Museum Pass
- www.museicivicivenezian i.it
- P.205

奢華的總督宮另一頭是通往監獄。

總督宮從5世紀西羅馬帝國滅亡後，就一直是威尼斯的公共事務處理中心，歷代總督也不斷改建宮殿。目前形貌大概奠基於13世紀末期，外觀是哥德式建築，裝飾富含14、15世紀文藝復興的色彩。

建築主體是用粉紅色的大理石打造，基座爲了營造輕盈之感，突破傳統大膽蓋在白色的拱廊之上。儘管總督宮外觀已經很漂亮，但進入參觀會更覺驚嘆，隨著參觀動線，一路可來到內部黃金階梯、大議會廳、武器室、元老廳、執事議政廳、羅盤廳等，讓人驚歎當時威尼斯共和國分工的詳細，以及國力鼎盛時，裝飾有多麼富麗堂皇。

例如很特別的是，在各會議廳還設有很多讓等候召見賓客休息的區域，放了椅子跟美麗圖畫。而在總督的小房間有祕密樓梯，可以讓他迅速走捷徑通往會議室，都可看出當初建築的巧思。

總督宮內充滿提香、丁多列托、維多利亞、提耶波洛等威尼斯畫派名家之作。從總督宮還可以直接經過嘆息橋，參觀隔壁的監牢，不需要另外購票。

旅行小抄

在威尼斯看見台灣

總督宮旁的監獄(Palazzo delle Prigioni，又稱普里奇歐尼宮)經常舉辦各種展覽，連續幾年「威尼斯雙年展」的台灣館作品也都在此地展出，展出時間約為6～11月。遊客經過可注意門口海報，或許可發現有興趣的音樂會、表演。

嘆息橋
Ponte dei Sospiri

- Ponte dei Sospiri
- 搭1、2號汽船到St. Zaccaria或S. Marco站步行3分鐘
- 橋內同總督宮，橋外無限制
- 在外拍攝嘆息橋免費，入內參觀票價涵蓋在總督宮套票中(P.208)
- MAP P.205

在19世紀後，這個橋才有了浪漫的嘆息橋之名。這座橋一邊連結總督宮，另一邊通往監獄，故據說許多囚犯在總督宮法院被判有罪時，通過這條橋被送往地牢，想起從此就要進入不見天日的牢獄生活，經常忍不住透過橋上的小窗縫隙窺視外頭藍天、運河美景，發出長長的嘆息。

這座橋是以石材建築，採巴洛克風格，不過2009年威尼斯政府整修總督宮與嘆息橋時，接受商業贊助，在外牆掛上海報，引起很多遊客撻伐。

柯瑞爾博物館
Museo Correr

- San Marco 52　(041)240-5211
- 搭1、2號汽船到St. Zaccaria或S. Marco站步行3分鐘
- 4月～10月10:00～19:00，11月～3月10:00～17:00
- 休 1/1、12/25
- 適用套票：Venezia Unica City Pass ADULT, JUNIOR, SAN MARCO / St.Mark's Square Museums / Museum Pass
- MAP P.205

位於廣場最尾端，頂樓有頌揚拿破崙的雕像和裝飾。博物館名稱是紀念威尼斯士紳柯瑞爾(Teodoro Correr)，他1830年過世時把所有收藏捐給市政府。

館內有精美的卡諾瓦(Antonio Canova)雕刻作品。也有非常完整的13～16世紀威尼斯派畫作，例如貝里尼的《形體變化》(Transfiguration)、《聖母與聖嬰》，廣泛地紀錄威尼斯日常的生活畫作，包括貴族請家教到家學習舞蹈，或替貴婦畫像，可看出當時繁華的生活。

雖然柯瑞爾博物館也位在遊客眾多的聖馬可廣場，但相比總督宮跟教堂，它很容易被遊客自動跳過。威尼斯政府特別把它包含進入總督宮的套票，鼓勵遊客參觀，但效果並不顯著。不過這卻給去的遊客一個意外福利，因爲其2樓的藝廊咖啡有俯瞰整個聖馬可廣場的絕佳景觀，坐下喝一杯飲料的價格，也比聖馬可廣場合理許多。

鐘樓

Campanile

Piazza San Marco

搭1、2號汽船到St. Zaccaria或S. Marco站步行3分鐘

冬天(11～4月)09:30～17:30，夏天(5～8月)08:30～ 21:00 ，秋天 (9～10月) 09:00~18:00或19:00。開放時間不定，可能有半小時誤差，可前一天上網查閱。

搭電梯上頂樓參觀價格€8　MAP P.205

名作家哥德建議遊覽威尼斯者不要忘記爬上鐘樓俯瞰威尼斯。鐘樓建於9世紀，足有315呎高，特色是金字塔般的尖頂，加上隨風向轉動的金色天使風標，報時起來鐘聲響亮。這個鐘樓有5個鐘，意義各不相同，最大的鐘名稱等同「工人」，早晚各敲一次，代表上下工時間；最小的鐘用來宣布死刑。

另3個鐘用途分別是「9點公禱報時」「召喚議員到總督宮」「爲行政首長進入總督宮開道」。1902年舊鐘樓崩毀，後來決定在原地點用相同建材蓋了一個一模一樣的復刻版。

筆直方尖的鐘樓。

廣場上的圓柱

聖馬可廣場旁、面對運河的是皮亞札塔廣場，上面有兩根醒目的巨型圓柱，叫做「馬可」與「托達洛」(Todaro)柱。一根柱子頂端人像是威尼斯早期守護神泰奧多雷，雕像踩著一支很像鱷魚的動物，代表他降服惡龍。這雕像是仿製品，真品放在總督宮內。

另一根石柱頂端是有翅膀的聖馬可之獅，這是繼泰奧多雷之後的威尼斯守護神。其來源衆說紛紜，有人說來自比羅馬人更早占領此地的艾斯特魯坎人，有人說來自西元前4世紀的波斯人或西元前5世紀的亞述人，甚至有人認為這是中國的噴火龍，後來才加上翅膀。在威尼斯還只靠海運的古代，濱海的兩根柱子是唯一出入口，囚犯也都在這裡處死，因此古代威尼斯人迷信，通過兩根柱子之間會帶來厄運。

廣場上的咖啡館

玩家交流

廣場上歷史悠久的咖啡館也是觀光景點之一。佛羅里恩(Florian)咖啡廳創設在18世紀，作家哥朵尼(Goldoni)、哥齊(Gozzi)兄弟、卡諾瓦、巴爾札克都是常客。巴爾札克寫到佛羅里恩咖啡廳的時候，形容「有些女人對先生所作所為一無所知，因為先生一要寫作就去咖啡廳。」

廣場上的咖啡館，特色是有露天音樂演奏，但因為前來朝聖的遊客眾多，價格也飆漲到令人咋舌的地步，菜單價格，坐下喝一杯卡布奇諾，要價€11，每人還要另付€6的音樂聆聽費。

2013年，有遊客喝了四杯咖啡、三杯苦艾酒，收到€100的帳單，他把帳單照片貼上臉書，還因此鬧上新聞。雖然很多人抨擊店家漫天要價，但店家堅持價格都列在菜單上，沒有欺騙顧客，也繼續維持高價。到底值不值？就看遊客自己衡量預算了。

廣場上的瓜得利咖啡館有現場露天樂隊演奏。

菲尼切歌劇院

La Fenice

- Campo San Fantin, 1965
- (041)786-511
- 搭1號汽船在Santa Maria del Giglio下船
- 劇院有開放購票參觀，時段一般是從09:30～18:00，但可能隨表演節目調整，喜歡歌劇的遊客，可先上網查看訂票
- 全票€10，26歲以下學生或65歲以上，享折扣價€7，6歲以下兒童免費
- www.teatrolafenice.it
- 喜歡聽歌劇者，出發前就可預先查節目表上網訂票
- MAP P.205

1774年威尼斯首席劇院聖本篤(San Benedetto)劇院焚毀，爆發重建法律糾紛，劇團決定在聖方丁廣場(San Fantin)興建新的歌劇院。1792年劇院完成後取名爲菲尼切，意指浴火鳳凰。

自19世紀起，菲尼切劇院享譽歐洲，羅西尼、貝里尼都有兩齣重要歌劇在此演出，東尼采堤(Donizetti)睽違威尼斯17年後，也選擇菲尼切作爲重返表演場地。威爾第從1844年開始跟菲尼切劇院合作，曾在此演出《阿提拉》等多部重要作品。20世紀之後，菲尼切更吸引許多偉大國際指揮家、歌手來此演出。

←取名菲尼切帶有浴火重生的鳳凰之意。

↓近年來吸引許多國際級演出家來此。

時鐘塔
Torre dell'Orologio

- Piazza San Marco
- Call Center (041)520-9070
- 搭1、2號汽船到St. Zaccaria或S. Marco站步行3分鐘
- 只接受預約參觀，預約必須至少在一天前。英文導覽時段：週一～三10:00、11:00，週四～日14:00、15:00。預約方式：可直接上網購票，選擇日期與時段
- 休 12/25、1/1、5/1
- http torreorologio.visitmuve.it
- $ €12 　MAP P.205

這是威尼斯最重要的文藝復興建築之一，由柯度西(Mauro Codussi)在1496年設計，塔上鑲嵌巨大時鐘，上面顯示月亮、太陽、黃道帶等圖樣，充滿童話感與奇幻意味。時鐘上方的獅子雕像、聖母瑪莉亞像、兩個鈴鐺也都遠近馳名，整體構成威尼斯獨特地標。

提前預約可進入鐘塔參觀，登上塔頂還可俯瞰聖馬可廣場美景。不過塔內空間狹窄，每天英文導覽時段只有兩、三個場次，一場次只能容納12人，入內需爬狹窄樓梯，故懷孕、大包小包、穿高跟鞋、裙裝都不方便。

造型獨特的時鐘塔，上方有聖母像、獅子像。

哥朵尼劇院
Teatro Carlo Goldoni

- San Marco 4650 – Venezia
- (041)240-2011
- 搭1號汽船在Rialto站下船
- 售票中心10:00～13:00
- http www.teatrostabileveneto.it/goldoni
- MAP P.205

劇院前身叫做溫德拉敏劇院(Teatro Vendramin)，成立於1622年，1652、1684年因爲大火經歷兩次修復，在1859～1866年菲尼切歌劇院因爲大火關閉時，成爲威尼斯正式表演最重要的場地。

1875年，爲了慶祝哥朵尼誕生紀念在此盛大演出，劇院改名爲哥朵尼。後來從溫德拉敏家族幾經轉手，最後賣給一家公司，同年獲選爲威尼斯音樂節的舉辦場地。

與傳統戲院不同，十分現代化的大門。

威尼斯

城堡區 *Castello*

這區在威尼斯的最東邊，早年有威尼斯的造船廠，是開始發展的關鍵。威尼斯從前有歐洲最大的海軍，船廠附近陸續蓋了許多工人與水手的房舍。北部則是天主教道明修會、方濟會的地盤，區內包夾一個橄欖島，上面有聖彼得教堂，是威尼斯主教區的所在地。

熱門景點

聖薩迦利亞教堂
Chiesa di San Zaccaria

- Castello 4693
- (041)522-1257
- 搭1、2號汽船到St. Zaccaria站步行3分鐘
- 10:00～12:00，16:00～18:00
- €1
- P.213

創建在9世紀，15世紀改建成哥德樣式，舊教堂內聖阿塔納席歐(S. Atanasio)禮拜堂有丁多列托的《施洗者約翰誕生》，聖器室有貝里尼的《聖母聖子與天使》。

哥德樣式的聖薩迦利亞教堂。

↑教堂外牆也嵌著紀念棺木。
←教堂正面外觀。

聖喬凡尼與保羅教堂
Basilica di Ss. Giovanni e Paolo

- Campo S.Giovanni e Paolo, 6363-30122 Venezia
- (041)523-7510
- 搭41、42號汽船在Ospedale站下船
- 平日09:00～18:00，假日12:00～18:00
- 遊客參觀€2.5，學生€1.5，信徒望彌撒免費
- www.basilicasantigiovanniepaolo.it
- P.213

威尼斯人簡稱這座教堂爲聖詹尼波羅(San Zanipolo)。約建於13世紀，正面外觀分成3部分，由中心大圓跟兩側眼睛組成。正面底部最大特色是有6個嵌著棺木的壁龕，細長型窗戶、挑高圓頂，表現了威尼斯哥德式建築的雄偉。內部有許多姆拉諾島工匠製作的彩繪玻璃。

這裡又被稱做威尼斯的「萬神殿」，因爲從15世紀開始，行政首長的葬禮必定在此舉行，故歷代總督棺木皆由隆巴度等大師雕刻埋葬在此。

教堂內有貝里尼的《聖文生．費里耶》三聯畫，洛托(Lotto)的《聖安東尼歐的救贖》，皮亞扎塔(Piazzetta)的《聖道明的榮耀》。

葡萄園的聖方濟教堂

Chiesa di San Francesco della Vigna

- Ramo S.Francesco　(041)270-2464
- 搭41號汽船在Celestia站下
- 08:00～12:30，15:00～19:00
- 免費參觀，但是部分畫作必須投幣才會打燈，否則看不清楚
- MAP P.213

這是除了聖方濟會榮耀聖母教堂之外，威尼斯另一個聖方濟會的教堂。教堂所在的地方過去葡萄園密布，威尼斯貴族常在這裡射箭騎馬，到1253年才由總督贈給聖方濟修士興建教堂。

建築採用古典主義，祭壇旁有貝里尼的傑作《神聖對話》(La Sacra Conversazione)，內部另一禮拜堂有貝里尼的《聖母聖子聖人畫》(Vergine col Putto, Santi e Donatore)，教堂內還有幽靜漂亮的中庭。

↓教堂內貝里尼的畫要投幣才會有燈光照射。

聖喬治信眾會堂

Scuola Grande di San Giorgio degli Schiavoni

- 3259/a, Calle dei Furlani-Castello-Venezia
- (041)522-8828
- 搭1、41、42、51、52、LN在S. Zaccaria站下，之後步行
- 09:30～12:30，15:30～18:30，週日只開放上午時段
- 休 週一休息　$ €3　MAP P.213

這個會堂雖然不大，不過在威尼斯歷史上有一定地位，因為它見證了威尼斯全盛時期曾經控制的達馬堤亞海岸(Dalmatia，現在的克羅埃西亞)。Schiavoni就是義大利暱稱的斯拉夫。威尼斯長期跟斯拉夫貿易，許多人移居到此，感覺需要建立自己的宗教禮拜場所，就在1451年蓋了這個會堂。

喜歡卡巴喬作品的人可以造訪這個建築並不起眼的會堂。15世紀末會堂興建時，請卡巴喬繪製10幅畫放在樓上迴廊，後來畫作移到一樓，仍被完整保存。卡巴喬畫作中有兩幅關於聖喬治的傳說，就是有名的《聖喬治斬惡龍》，可說是繪畫史上把聖喬治畫得最俊美生動的。

外表樸實不太起眼的聖喬治信眾會堂，卻藏有《聖喬治斬惡龍》這幅名畫。

聖母恩慈教堂
S. Maria Della Pietà

Castello 3701, Venice 30122
(041)522-2171、523-7395
搭1、41、42、51、52、LN在S. Zaccaria站下，之後步行
週二~五10:15~12:00，15:00~17:00
週六~日10:15~13:00，14:00~17:00
門票€3，加導覽€10
www.pietavenezia.org
MAP P.213

現在的外觀是18世紀馬薩里所做，內有3幅提耶波洛的壁畫。特色是沒有禮拜堂，有鐵作的唱詩樓，內部回音、隔音效果非常好。

教堂與音樂關係密切，隔壁孤兒院從17世紀就改成音樂學校，1703年到1740年，韋瓦第任教於此，教授小提琴、合唱，也是常駐作曲家，因此這教堂被很多人暱稱是「韋瓦第的教堂」。

韋瓦第在這裡除了創作了大量歌劇，也做了60首以上宗教音樂，250首以上小提琴協奏曲。不幸19世紀末音樂學院關閉，如今只能在此憑弔韋瓦第才華洋溢的歷史事跡。韋瓦第誕生在威尼斯，在城堡區靠近造船廠附近有一個教堂，是他受洗的教堂。

↓↘牆上有標示這是韋瓦第受洗教堂。

如今的海軍基地的大門。

雙年展在Arsenale的場地。

造船廠
Arsenale di Venezia

Arsenale
搭1、41、42號汽船到Arsenale站下
造船廠北邊部分區域，以及展示廳，週一~五都開放參觀，時段是09:00~18:00
arsenale.comune.venezia.it
maristudi@marina.difesa.it
軍事區域則仍需要預約參觀，以學校或機構名義，在1個月前透過電郵向海軍提出書面申請
MAP P.213

威尼斯造船廠由來已久，確切日期不可考，但至少可追溯到13世紀，在但丁神曲內就有提到。17世紀末之前，威尼斯人都還專注在槳帆船製造，18世紀開始轉而生產槍砲快速帆船，發展出量產跟供應全國的能力。但隨著共和國瓦解，造船重鎮也走入歷史，後來造船廠內部不少重要設施被拿破崙摧毀。重建後現在是義大利海軍基地，在雙年展期間，部分區域也當作展覽場地。

大門拜占庭風格的童話般建築，常讓人以爲是觀光景點誤闖，所以門口還特別貼上標示，表明這是軍事重地、閒人勿進，也有軍人在門口站崗保護。最主要大門(Porta Magna)興建於1460年，大門口兩隻獅子雕像來自希臘，是1687年安置於此。

海軍博物館

Museo Storico Navale di Venezia

- Riva S. Biasio Castello, 2148-30122 Venezia
- (041)244-1399
- 搭1、41、42號汽船到Arsenale站下
- 週一～四08:45～13:30，週五08:45～17:00，週六、日與國定假日10:00～17:00
- 休 週日與假日
- $ €5(未買套票者)
- http www.marina.difesa.it/venezia/museo.asp
- MAP P.213

海洋博物館前面有兩個巨大的錨做為標誌。

造船廠附近由奧地利海軍發起蓋了一個海軍博物館，有25,000件展覽品，包括一些17、18世紀的船隻模型，可說涵蓋了義大利海軍歷史縮影。博物館前方主要是大型船舶的停泊、卸貨處，在此可以看到一些漂亮的大型遊輪。

高水位書店

Libreria Acqua Alta

- Calle Longa Santa Maria Formosa | 5176 – Castello
- MAP P.213

城堡區還有一個特色景點，被BBC選爲全世界最美的十間書店之一，老闆是個愛書人，健談而有個性，總是跟他的黑貓一起坐在櫃臺，背後掛著時鐘，跟正常時鐘方向顚倒，他說這代表希望時光逆轉。

他收藏許多舊書，展示架包括一艘貢多拉船、浴缸、桶子。書店稱作高水位，因爲後門對著的河道，一到冬天高水位季節，水就會漫進書店。一般書店怕書潮濕都來不及，這裡濕軟泛黃的書籍，那股懷舊味，卻反倒引起不少藏書人專程來尋寶。

聖依蓮娜綠地與雙年展會場

Quartiere Sant'Elena

在聖彼得教堂下方靠海處，拿破崙抽乾沼澤地，是威尼斯最大的公共公園，常舉辦音樂會、單車比賽。花園內有一建築，是「威尼斯雙年展」地點，1893年威尼斯當局決定，每兩年舉辦一次藝術展，迄今演變成國際的重要藝術展。

威尼斯

卡納雷究區

Cannaregio

卡納雷究區指的是威尼斯車站以東的區域，這塊區域相當大，占了威尼斯約三分之一人口。此區名稱來源有兩個說法，一說「canal regio」指的是皇家運河，因為此區是運河連結鐵路、道路，通往其他城市內陸的通道。另一說名稱源自蘆葦，因為過去此區長滿蘆葦與甘蔗。

猶太博物館。

此區不算威尼斯主要觀光區，因此大家耳熟能詳的景點較少，比起城市中央寬廣的大運河，此區運河河道多較狹窄，窗戶上可能還吊著衣服，故反倒是個觀察威尼斯在地真實生活的地點。

猶太特有的標示牌。

卡納雷究區

S. Alvise
Orto
Osteria Bentigodi
Fondamenta Contarini
Calle de la Rotonda
Locanda del Ghetto
Glatt Kosher Restaurant
Fondamenta della Sensa
Calle Loredan
菜園聖母院
Fondamenta del Battello
Fondamenta San Girolamo
Fondamenta de le Capuzine
Calle Brazzo
Sacca Della Misericordia
Fondamenta di Cannaregio
猶太人區
Corte Vecia
Fondamenta de l'Abazia
Fondamenta Nuove
Fond. Nouve
Calle Cendon
Calle Due Corti
Calle Riello
Fondamenta Pescheria
Fondamenta Venier
Rio Terà San Leonardo
Calle de l'Aseo
Rio Terà de la Madalena
Rio Terà Farsetti
Calle Pesaro
Archie's house
Calle de la Raccheta
Calle Correnti
Calle Venier
Hotel Abbazia
S. Marcuola
Rio Terà Barba Fruttarol
Strade Nova
Hotel Vecellio
Rio Terra dei Birri
Calle del Squero
Calle della Testa
S. Lucia 火車站
黃金宮 (法蘭蓋提美術館)
Ca'd'Oro
Hotel Bernardi Semenzato
金口聖約翰教堂
Hotel Malibran
瑪莉布蘭劇院
Rialto

景點
餐廳
旅館
商店
汽船站
火車站

熱門景點

菜園聖母院

Chiesa della Madonna dell'Orto

- Cannaregio 3512, 30121 Venezia
- (041)719-933
- 搭41、42、51、52號汽船在Orto站下
- 平日10:00～17:00，假日12:00～17:00
- 休 週日、1/1、復活節、8/15聖母升天節、12/25
- 免費參觀
- www.madonnadellorto.org
- MAP P.219

這座哥德式教堂興建在14世紀中期，原本是紀念守護旅人的聖克里斯多福，希望庇祐當地船夫。不過15世紀因在附近菜園發現了傳說能顯神蹟的聖母像，遂改名菜園聖母院，奉獻給聖母瑪莉亞。被發現的奇蹟聖母像目前安置在教堂內的禮拜堂。

教堂內有爲數極多的丁多列托(Tintoretto)傑作，幾乎整個教堂內部多數裝飾都是出自丁多列托之手，其中《最後的審判》被英國評論家John Ruskin譽爲唯一成功描寫出眞實景象的傑作，據說他妻子看了此畫作還當場嚇得奪門而出。

丁多列托一家墓碑都葬在此教堂，禮拜堂內有一幅《獻祭金牛犢》，據說第四個牽牛的就是畫家本人。

簡樸而不失莊嚴的教堂外觀。

猶太人區

Ghetto

Cannaregio 2902\b (041)715-359
搭1號汽船在S. Marcuola下
博物館6～9月10:00～19:00；10～5月10:00～17:30
休 每週六、1/1、5/1、12/25
門票€8，加導覽行程€12
www.museoebraico.it/home.asp
入內參觀必須衣著整齊，女性不可穿著暴露
P.219

這是全歐洲第一個集中猶太人居住的區域，猶太隔離區的義大利文「ghetto」一詞也漸成之後全歐通用語。

猶太區是個歧視與隔離的產物。1516年在威尼斯共和國政府強制要求下，把猶太人集中遷居，每晚關閉連通本島的橋梁，實施宵禁。猶太人直到義大利統一才獲得與其他威尼斯市民一樣的平等地位，但不久法西斯政權又集中囚禁猶太人，這區許多繪畫、建築見證了猶太人所受的苦難。

廣場上有一個小的遊客中心。

這裡有其他區看不到的高樓。

本區跟威尼斯其他地方很不一樣，進入本區首先會感覺到建築比本島明顯高大，這是因應當時猶太人口越來越多，不斷往上加蓋。路上的路標、招牌也開始出現希伯來文，甚至會經常在街頭遇到穿著傳統服飾的猶太青年，感覺進入另一世界。相較其他區域，這裡遊客足跡較少，但有不少歐美猶太後裔特地回來尋根。

此地參觀重點包括在猶太廣場(Campo Ghetto Nuovo)一角的猶太博物館(Museo Ebraico)，內有傳統猶太祭祀服裝、精美銀製飾品。另有許多猶太會堂(Sinagoghe)、猶太特色商店。

瑪莉布蘭劇院

Teatro Malibran

Sestiere Cannaregio 5873 – Venezia
(041)786-511 搭1號汽船在Rialto下
跟菲尼切劇院相同www.teatrolafenice.it
P.219

據傳這棟建築是馬可波羅部分故居所在。劇院原本名稱是聖約翰金口劇院(Teatro San Giovanni Grisostomo)，在17、18世紀是威尼斯的重要表演場地。現在劇院名稱是爲了紀念一位西班牙女高音瑪莉布蘭，因爲該劇院在19世紀初一度發生財務危機幾乎倒閉，瑪莉布蘭知道此事後舉辦了一場贊助音樂會，終於保住了劇院。20世紀初戲院再度重新裝潢，如今經常舉辦盛大音樂會、歌劇表演。

黃金宮(法蘭蓋提美術館)
Ca'd'Oro (Galleria Franchetti)

- Cannaregio n. 3932 (Strada Nuova)-Venice
- (041)520-0345
- 搭1號汽船在Ca'd'Oro站下
- 週一08:15～14:00，週二～日08:15～19:15
- 休 1/1、5/1、12/25
- $ €8.5(線上預約加€1.5)
- http www.cadoro.org/sito/home.html
- MAP P.219

黃金宮建造於1420到1434年，起初委託貴族提出的要求，即是要建造一個本區最華麗的居所，因此這棟極盡繁華的哥德式建築，除了有當時最巧妙的手工雕刻，用的也是金箔、珠砂等最昂貴的塗料。可惜1846年被俄國王子買下送給一位芭蕾舞伶，黃金宮內部石工被粗魯整修破壞殆盡。

19世紀末期法蘭蓋提男爵出面買下捐給國家，1916年後改成法蘭蓋提美術館對外開放參觀。

典雅華麗的外觀。

金口聖約翰教堂
Chiesa di San Giovanni Crisostomo

- Salizada S. Giovanni Grisostomo 5889 Cannaregio-30131 Venezia
- 搭1、2號汽船在Rialto下，之後步行
- 週一～六10:00～17:00，週日13:00～17:00
- MAP P.219

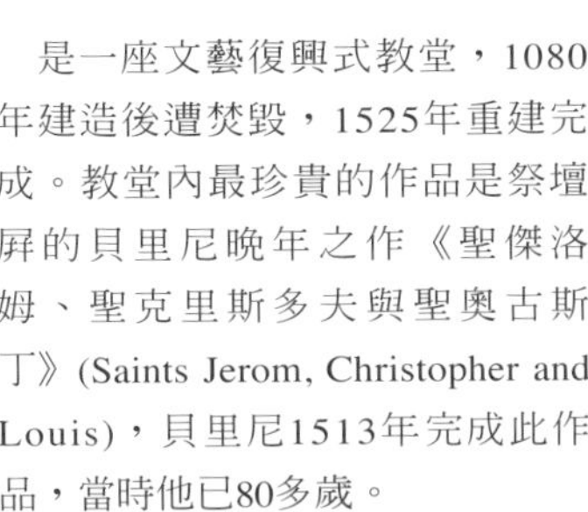

是一座文藝復興式教堂，1080年建造後遭焚毀，1525年重建完成。教堂內最珍貴的作品是祭壇屏的貝里尼晚年之作《聖傑洛姆、聖克里斯多夫與聖奧古斯丁》(Saints Jerom, Christopher and Louis)，貝里尼1513年完成此作品，當時他已80多歲。

教堂藏身小巷內不容易找。

祭壇的貝里尼之畫。

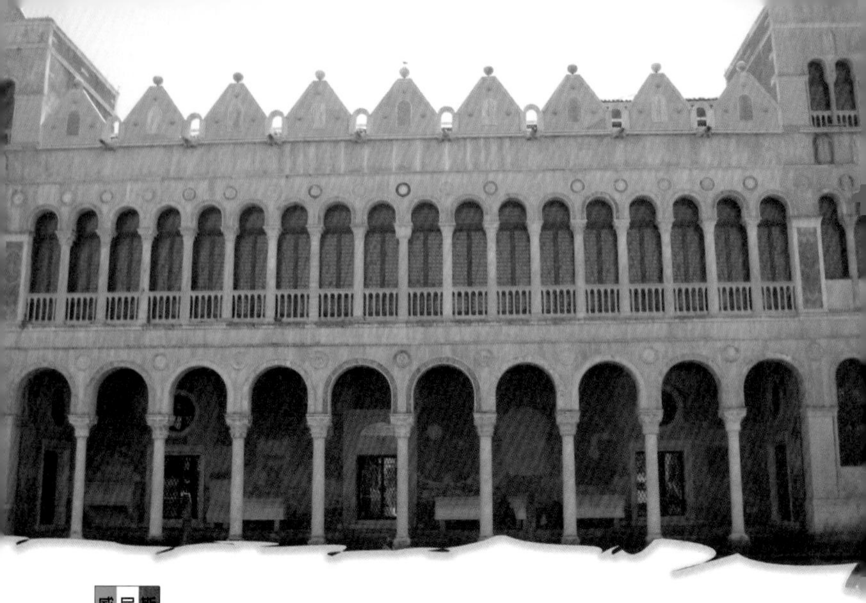

威尼斯

聖十字區 *Santa Croce*

聖十字區是指威尼斯車站、卡納雷究區對岸的區域，隨著大運河彎曲弧度，從羅馬廣場(Piazzale Roma)延伸到接近雷雅多橋一帶，也有人按音譯翻成「聖卡羅切區」。

如果開車或搭巴士到威尼斯，第一個抵達的地點就是本區西部，開車必須把車停在停車塔，再搭船到其他景點遊覽，搭巴士則會在距離停車塔一站船程的羅馬廣場下車。本區主要參觀景點是東部一些古老華麗的建築，如果時間不夠，可以搭船遠看外觀。

熱門景點

土耳其貨倉(自然歷史博物館)

Fondaco dei Turchi

- Santa Croce 1730, 30135 Venice
- (041)275-0206
- 搭1號汽船在San Stae站下
- 6～10月10:00～18:00；11～5月09:00～17:00
- 休 週一、1/1、5/1、12/25
- 單買全票€8，適用套票包括Venezia Unica City Pass ADULT, JUNIOR / Museum Pass
- http msn.visitmuve.it　MAP P.222

緊臨水岸旁的土耳其貨倉。

第一座宮殿大約在13世紀初興建，既是華美住宅，又位於大運河旁方便裝卸貨物，兼具貨倉功能，是當時威尼斯很典型的富商建築。1621年租給鄂圖曼商人當作交易場所，改建成24間店鋪，結構大爲變化，添加52間房間，也改稱土耳其之屋。之後隨著鄂圖曼帝國衰退成爲廢墟，到1858年由政府出面買下，改爲威尼斯的自然歷史博物館。

佩莎羅宮(東方博物館)

Ca' Pesaro (Museo Orientale)

- Santa Croce 1992, 30125 Venice
- (041)721-798
- 搭1號汽船在San Stae站下
- 4～10月10:00～18:00；11～3月10:00～17:00
- 休 週一、1/1、5/1、12/25
- 單買全票€14，適用套票Venezia Unica City Pass ADULT, JUNIOR, SAN MARCO / Museum Pass
- http www.museiciviciveneziani.it
- @ mkt.musei@comune.venezia.it
- MAP P.222

這座宮殿是替威尼斯貴族佩莎羅家族(Leonardo Pesaro)興建，興建時期在17世紀中。這是隆格納設計的最後一棟建築，宮殿內華麗的光影技巧、裝飾雕刻展現了威尼斯巴洛克風格的巔峰。

19世紀宮殿被一位馬薩公爵(La Masa)買下，展出一些尚未成名的藝術家作品。1889年宮殿被捐給政府，在1902年成立現代藝術美術館，給一些新銳藝術家表現機會，目前陳列多爲19、20世紀作品。

精緻雕琢的外觀，現多展覽現代藝術。

這棟建築從1928年開始被當作「東方博物館」，專門展示亨利王子(Henri de Bourbon-Parme)等貴族當年前往遠東各國遊覽時帶回來的藝術品。展覽品高達3萬多件，其中包括不少日本江戶時期的工藝品，例如盔甲、刀、琵琶、畫作等。館內也收藏來自中國、印尼等地的作品。

離開前，可在出口的咖啡吧小憩一下，這裡的座位提供了遙望大運河的絕佳景觀。

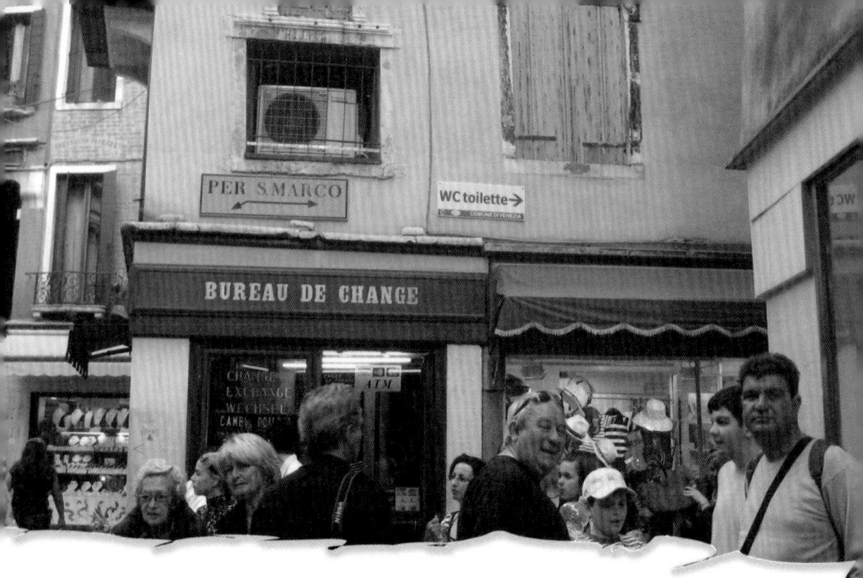

威尼斯

聖保羅區 *San Polo*

聖保羅區被大運河圍繞，雖面積是6個行政區最小的一個，因其位於威尼斯最中心，是自古以來市集最繁盛的熱鬧區域。雷雅多橋一帶是威尼斯商業的發源地，13到15世紀販賣香料、布料，因為威尼斯共和國鼓勵商業，對外國商人很寬鬆，這裡自古也是外國人聚集之處。本區古蹟、小店多，適合步行參觀。

VENEZIA

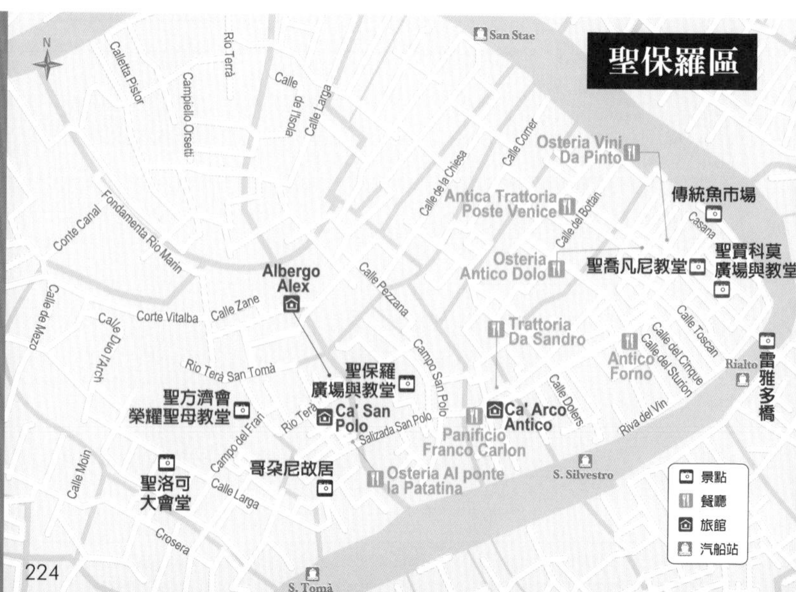

熱門景點

聖保羅廣場與教堂
Chiesa di San Polo

- Campo S. Polo, 2102 San Polo cap 30125
- (041)275-0462、275-04940
- 搭1、2號汽船在S. Tomà站下船後步行
- 週一～六10:00～17:00，12/24、12/31只開放上午10:00～13:30；1/6只開放下午13:00～17:00
- 休 週日、1/1、5/1、8/15、12/25
- €3
- www.chorusvenezia.org
- MAP P.224

聖保羅廣場是威尼斯第二大廣場，過去就是嘉年華、比賽、宴會舉辦的場地，現在則不僅仍是嘉年華的主場之一，更是威尼斯影展放映影片之處。

聖保羅教堂與廣場，廣場上也有不少咖啡廳。

教堂側面狹窄卻熱鬧的街道。

聖保羅教堂是一座歷史悠久但建築風格變化多端的教堂。9世紀創建初期是拜占庭樣式的教堂，15世紀改建成哥德樣式，1804年又改建成新古典主義樣式。參觀重點是哥德式大門，以及鐘塔底部的仿羅馬獅子像。

教堂內展示不少值得觀賞的畫作，正面內側有丁多列托的《最後的晚餐》，北側廊有提耶波洛的《聖母瑪莉亞顯現》，小禮拜堂內則有提耶波洛兒子香德梅尼哥之作品《十字架之路》，以14幅連續圖畫描述基督受刑，畫中背景可看到許多當時威尼斯生活的寫照。

哥朵尼故居
Casa Goldoni

- San Polo 2794, 30125 Venezia
- (041)275-9325
- 搭1、2號汽船在S. Tomà站下船後步行
- 11～3月10:00～16:00；4～10月10:00～17:00
- 休 每週三、1/1、5/1、12/25
- €5
- carlogoldoni.visitmuve.it
- MAP P.224

面對大運河南邊有一棟漂亮的哥德式建築，這是有「義大利莫里耶」(Molière)之稱的編劇家哥朵尼的故居。後來這棟建築被捐給市政府，1952年後成為戲劇研究機構跟博物館。

帶有異國風味的哥朵尼故居。

雷雅多橋

Ponte di Rialto

✉ Ponte di Rialto
➡ 搭乘水上巴士1、82號到Rialto站，徒步3分鐘可達
MAP P.224

雷雅多橋歷史悠久，最早可追溯到13世紀，當時是木造設計，帆船通過時，橋還可掀起以方便通行。15世紀中擴大興建，橋上設立許多商家，不過木造橋終難逃過腐蝕的命運。16世紀，安東尼奧達邦重新將它改建成大理石橋。

這座全長48公尺長的白色大理石橋被視爲威尼斯城市的象徵，位於大運河中段最狹窄處，在1854年另一座學院橋建成之前，是唯一跨越大運河的陸橋，此區也成爲威尼斯最早有人居住的區域之一。

逛雷雅多橋對喜歡蒐集小物者是一大享受，因爲橋內藏著一間間特色小商店，威尼斯面具、小木偶、皮包、玻璃製品什麼都賣，有興趣者別忘了留點時間仔細「尋寶」。

旅行小抄

河邊的海鮮餐廳

雷雅多橋畔沿著運河開了很多海鮮餐廳，服務生見到觀光客就會熱情拉客。但如果你希望坐在靠運河第一排位置，餐廳會要求你必須點全套餐點(亦即每人必須點從開胃菜到主菜，至少兩到三道)。如果單點披薩、飲料會被要求搬到室內或離運河遠的座位。

運河沿岸餐廳要價不斐，整套用餐每人至少要€50～60。若不想花冤枉錢，可選擇非用餐時間點飲料小歇就好，正餐則推薦多走幾步路，到巷內找道地又平價的餐廳。

河邊餐廳經常擠滿遊客。

橋上有許多的小商店。

步行探索更有樂趣

玩家交流

聖保羅區其實不大，大概步行3小時就可逛完全區，因此與其花時間等汽船，不如穿雙好走的鞋子，自在地探索小巷弄。

如果是早上開始逛，建議先從S. Toma下船，而非選擇觀光客更多的雷雅多橋，因為聖洛可會堂或I Frari教堂等需要入內參觀的景點，都在傍晚就關門，相對雷雅多橋沒有關門時間，附近店家也開放到晚上。

許多團體或個別遊客會因為聖洛可會堂不起眼的外觀，錯過了這個景點，同樣I Frari教堂的提香珍品，也讓人更能心領神會威尼斯那段繁華歷史。閱覽一個城市不能脫離它的文化脈絡，撥些時間入內參觀，就更能領略為何普魯斯特會在《追憶似水年華》裡頭形容：「等等，那會使我心醉神迷，就彷彿在威尼斯乘小船去弗拉利教堂欣賞提香聖母像」。

本區最佳晚餐選擇就是在雷雅多橋附近，因為有魚市場，可以吃到傳統手法料理的新鮮魚材。

不過有些運河邊餐廳素來以敲詐觀光客惡名昭彰，服務態度非常惡劣，作者就曾親身有兩次不愉快經歷，一次是有服務生嬉戲丟擲冰塊，碎片砸到餐盤內，餐廳卻不願道歉更換。一次是餐廳要求只點披薩的鄰桌客人自己端著盤子移坐室內。若不堅持坐在運河第一排，可找巷內道地餐廳，避免破壞遊性。

周邊景點

❶ 聖賈科莫廣場與教堂 Campo San Giacomo

廣場上有不少水果、蔬菜、零食的小販，清涼的水果杯是夏天不錯選擇。一說賈科莫教堂是全威尼斯最古老的教堂，雖然無法考證，但可確信的是該教堂在1071年重建，跟歷史悠久的聖馬可教堂重新裝修的時期，剛好是差不多時間。教堂上迄今還刻著提醒威尼斯商人「誠實做生意」的金科玉律。

攤位附近的古老教堂。

❷ 傳統魚市場Pescheria

附近的傳統魚市場是體驗當地民情的好地方。運氣好會看見「運貨船」正在卸貨的趣味情景，順便感受一下義大利人圍著魚攤販吆喝殺價的熱鬧氣氛。當然觀光客很難買生鮮回旅館料理，不過逛得嘴饞沒關係，鄰近就有不少道地餐廳，隨時都能坐下大快朵頤。

魚市場旁的布告欄貼滿餐廳簡介。

❸ 聖喬凡尼教堂 San Giovanni Elemosinario

這個重要的紀念教堂完美地隱身在四周建築中，只有西元400年建築的古老鐘樓讓人注意到它的存在。教堂內有Palma il Giovane、Leonardo Corona的多幅作品，但最值得一看的是祭壇的提香(Tiziano)之作。

聖方濟會榮耀聖母教堂

Santa Maria Gloriosa dei Frari (當地簡稱*I Frari*)

Campo dei Frari, San Polo, Venice
(041)275-0462
搭乘水上巴士1、82號到S. Tomà站
週一~六09:00~1800，週日13:00~18:00
休 1/1、復活節、8/15、12/25
www.basilicadeifrari.it　€3　MAP P.224

1338年由天主教聖方濟會興建完成，建築期長達100年，因它樸素外觀呼應聖方濟會守貧的戒律，因此裝飾性較少。14世紀末才完成的鐘塔是威尼斯第二高，高度僅次於聖馬可廣場的鐘塔。

相對樸素的外觀，教堂內的收藏卻大有可觀， 此處也是除了安康聖母院、學院美術館之外，收藏一件以上提香傑作的地方。走廊左邊有提香的《佩莎羅宮聖母像》(Madonna di Ca' Pesaro)，畫中聖母據說是以提香之妻樣貌描繪，紀念她因難產過世，提香本人的墓也安置於此教堂。主祭壇的提香《聖母升天像》(L'Assunta)一度因用色過於大膽，教會難以接受，尤其是其上的提香紅色署名，不過現已成爲遊客朝聖主要標的。

其他非常值得一看的作品還包括，佩莎羅禮拜堂內有貝里尼(Giovanni Bellini)的三聯畫《聖母聖子與聖人》(Madonna and Child with Saints)，Henry James形容這是一幅既嚴肅又奢華的奇妙作品。教堂最內側禮拜堂內有維瓦里尼(Vivarini)的祭壇畫；另一禮拜堂有佛羅倫斯大師唐納太羅(Donatello)在威尼斯的唯一作品：施洗者約翰木雕。

教堂內還設有威尼斯的國立檔案室，儲存從4世紀以來有關威尼斯行政、法庭、外交等各種資料，從事研究或有興趣者可到此尋找相關素材。

主祭壇，中間就是提香名畫聖母升天像。

提香的《佩莎羅宮聖母像》。

↑↗大會堂外觀看來並不是很搶眼，進入內部卻十分華麗。

聖洛可大會堂

La Scuola Grande di San Rocco

- San Polo 3052　(041)523-4864
- 搭1、2號汽船在S. Tomà下，步行3分鐘
- 09:30～17:30
- 休 1/1、復活節、12/25
- $ €10
- http www.scuolagrandesanrocco.it　MAP P.224

這座會堂是為了紀念聖徒聖洛可，於1515年開始動工，經費多來自威尼斯人捐獻。聖洛可奉獻一生幫助瘟疫病患，信徒相信興建會堂可獲庇祐，因此它是威尼斯經費最充裕的教堂之一，也得以延攬許多當時的名家參與裝修工程。

知名評論家Ruskin把這個會堂與梵蒂岡的西斯汀禮拜堂、比薩的墓園古蹟並列為全義最珍貴的三大建築。其中牆壁與屋頂都出自丁多列托之手。藏畫之豐甚至可狂妄地說，如果沒來過威尼斯，尤其沒來過聖洛可會堂，就不算見過丁多列托的作品。他在教堂總共留下超過50幅作品，目前皆展示在地面樓入口的展覽廳與上廳(Upper Hall)的迎賓廳。

地面樓有8幅描述聖母生平的繪畫，從聖靈懷孕的《天使報喜》開始，結束自瑪莉亞成聖的《聖母升天圖》。

丁多列托在上廳繪畫了舊約故事，中央3幅巨圖主題來自聖經出埃及記裡的三項神蹟，分別是摩西擊磐石出水、銅蛇奇蹟、沙漠天降嗎哪，顯示這個教堂的興建就是為了祈求上帝減少人間疾病與飢渴。他畫的《耶穌釘十字架》細膩生動，也被畫評家認為是史上難得一大傑作。

迎賓廳入口有一提香的《天使報喜》。上廳的《耶穌背負十字架》也被認為是提香年輕時的作品之一。

聖洛可大會堂同一廣場，還有一個聖洛可教堂(Chiesa di San Rocco)，內部陳列丁多列托畫作，描述聖洛可生前事蹟。

整個天花板布滿畫作，令人目不暇給。

威尼斯

硬壤區 *Dorsoduro*

硬壤區在威尼斯南部，是6個行政區中最大的，包括朱玳卡島(Giudecca)。Dorsoduro直接翻譯是硬背脊之意，是因此區地勢較高、土壤較硬。也基於地理條件優勢，這區有威尼斯其他地方少見的現代、高大建築，逐漸變成義大利有錢人置產別墅的地方。

這區白天觀光客聚集的地方是學院橋一帶，學院美術館收藏許多傑出的威尼斯彩繪，宗教建築方面，從建築角度最值得一看的是安康聖母教堂，是威尼斯最大的巴洛克建築。不過從藝術收藏品角度，最值得看的是聖賽巴斯汀教堂、雷左尼科宮。此外，硬壤區也有一個收集20世紀現代作品的重要地點──古根漢博物館，同樣專攻現代藝術，此處比佩莎羅宮的收藏更有看頭。

熱門景點

學院美術館 Gallerie dell'Accademia

- Campo della Carità, Dorsoduro 1050, Venezia
- (041)520-0345
- 搭1、2號汽船在Accademia站下
- 週一08:15～14:00，週二～日08:15～19:15
- 休 1/1、5/1、12/25
- $ €12(線上預訂加€1.5)
- http www.gallerieaccademia.org/sito/home.html
- 大於20x30x15cm的包包必須強迫寄物，費用€0.5。一次最多容納360個觀光客進入，在它的網站就可預購票
- MAP P.230

學院美術館前的木橋也別具特色。

聖馬可廣場、總督宮、學院美術館是威尼斯三大必遊景點。但美術館每次只能容納360人進入參觀，因此如果在夏日旺季來，最好選在早上開館前先來排隊，或趁中午1點大家都去用餐時參觀。

館內收藏眾多，展現威尼斯畫派完整風貌。收藏品是依照年份放在不同展覽室，分別陳列了中世紀的拜占庭風格，14、15世紀的文藝復興風格，以及其後的巴洛克風格。拜占庭主要風格表現在金色背景與中央嵌板。文藝復興畫作則多以華麗細膩畫風闡述宗教主題，呈現聖母、聖子安祥喜悅，或聖經生動故事場景。

第一廳是15世紀作品，收藏知名畫家如偉內錫安諾(Paolo Veneziano)。第二廳是15世紀末到16世紀初作品，收藏知名畫家如貝里尼、卡拉巴喬等。第三到五廳都是威尼斯畫派作品，最可看的是貝里尼、喬治歐尼(Giorgione)、曼德涅(Mantegna)的作品。

六到八廳主要是文藝復興作品，收藏丁多列托、提香畫作。其他廳也展示大量的貝里尼、提耶波洛、巴多羅梅歐等作品。

威尼斯本地原不多巴洛克風格畫家，不過17世紀從鄰近城市帶來不少傑出作品，其中最為有名的是史特羅吉(Strozzi)的《西門家宴》。館內也收藏較為近代的18世紀畫作，例如18世紀威尼斯最有名的提耶波洛，以及一些小品風景畫。

圖片提供© 2008 Ministero per i Beni

圖片提供© 2008 Ministero per i Beni

館內有鑲金箔的拜占庭風格展覽作品。

只蓋完一層的佩姬古根漢博物館。

佩姬古根漢收藏館

Collezione Peggy Guggenheim

- 704 Dorsoduro, I-30123 Venezia
- (041)240-5411
- 搭1或2號汽船到Accademia站下
- 10:00～18:00　休 每週二，12/25
- 全票€15，26歲以下學生€9，10歲以下孩童免費
- www.guggenheim-venice.it
- MAP P.230

這棟18世紀設計的華廈原本預計要蓋4層樓，不過一直只蓋了一層樓，因此被戲稱是「未完成的大樓」。1949年美國女富豪佩姬古根漢買下此建築，收藏並展覽藝術作品。

古根漢女士贊助不少抽象派、超現實的前衛畫家，館內有數百件畫作、雕刻。她除收藏了類似畢卡索這種大師級人物的作品《詩人》，也自己發掘新興甚至爭議的畫家。古根漢女士的骨灰就埋在此處庭園成排的雕塑間，與她的愛犬一起。

威尼斯多數教堂、博物館都收藏文藝復興或中世紀作品，古根漢博物館光線明亮、空間寬敞，從建築到所陳列作品，都與其他地方形成強烈對比，因此也是許多想要「換換口味」的遊客必訪之地。館內有英文流利的解說員，對外國遊客相當便利。

安康聖母教堂

Basilica di Santa Maria della Salute

- Campo della Salute　(041)522-5558
- 搭1號汽船在La Salute下
- 進入教堂免費
- 09:00～12:00，15:00～17:30
- basilicasalutevenezia.it　MAP P.230

在1630～1631年威尼斯爆發黑死病大流行，死了9萬5千人，大約是居民三分之一的人口。參議院決定，如果威尼斯能從這場瘟疫中倖免，就要蓋座新的教堂奉獻給聖母，這就是安康聖母院的由來，當地簡稱教堂為La Salute。

因為建築龐大，蓋了半世紀以上，名建築師隆蓋納(Longhena)接受委託設計時，年僅26歲，教堂建成後一年他就過世了。

每年11月21日舉辦感謝聖母的活動，信徒會點燃蠟燭，從聖馬可廣場橫跨小船搭起的祝願橋梁，跨過大運河走向教堂。此節慶迄今還是威尼斯行事曆上最重要的慶典之一，成千信徒會在此時湧入，替自己或家人的健康祈禱。

這座雄偉巴洛克式教堂的巨大圓頂代表聖母的冠冕，廣大的1樓廳堂象徵孕育生命的子宮。因聳立在大運河河口，曾被比喻是「站在沙龍門口的淑女」。祭壇左邊的聖器室藏有提香的作品。

水都拍婚紗，講中文也通

玩家交流

不少人想到浪漫的威尼斯求婚、拍婚紗。硬壞區有家攝影工作室Bressanello Artstudio，先生Fabio是當地人，太太Vivian原是台灣的空姐，出差時與先生一見鍾情。婚攝方案包括造型、租貢多拉等服務，價格隨客製內容調整。

Dorsoduro 2835/A, 30123 Venezia
www.fabiobressanellophoto.com

偉大的聖喬治教堂
Chiesa di San Giorgio Maggiore

- Isola di S.Giorgio Maggiore-30133 Venezia
- (041)522-7827
- 搭2號汽船在Isola di San Giorgio下
- 09:30～18:30
- 參觀教堂免費，搭電梯上鐘樓€6
- P.230

位在聖馬可廣場對面的島上，教堂外觀最早建築於8、9世紀，其後陸續整修。教堂內有丁多列托作品。搭電梯可以上鐘樓頂端眺望聖馬可廣場，是一個俯瞰威尼斯視野絕佳的地點。運河與教堂構成的美景，也是古代從嘆息橋經過，囚犯從窗外唯一可以看見的景象。

可俯瞰威尼斯的教堂。

雷左尼科宮
Ca' Rezzonico

- Dorsoduro 3136, 30123 Venezia
- (041)241-0100
- 搭1號汽船在Ca' Rezzonico下
- 10:00～17:00(4～10月到18:00)
- 休 週二，1/1、5/1、12/25
- 單買€10，適用套票：Venezia Unica City Pass ADULT, JUNIOR, SAN MARCO / Museum Pass
- carezzonico.visitmuve.it
- P.230

這個壯麗宮殿原本是17世紀中由知名建築家隆格納替當地貴族波恩家族設計，但因波恩家破產，在18世紀中由另一富商雷左尼科(Rezzonico)家族買下，交給折衷主義派名建築師馬薩利(Giorgio Massari)接手完成，使該建築融合兩種不同風格。

雷左尼科家族當時赫赫有名，1758年家族中的卡羅．雷左尼科獲選為教宗克萊門十三世，是家族高峰。現為威尼斯的18世紀藝術博物館。

威尼斯

瀉湖群島區

Lagoon Islands

熱門景點

麗都島

Lido

➡ 搭乘公共汽船1、2、6、8、10、14、51、52都可抵達

⁉ 從麗都島也可搭船往布拉諾，但中間要下船換乘

MAP P.235

麗都島距離威尼斯本島不遠，在19世紀被拜倫、雪萊、莫塞等浪漫作家發現，逐漸蓋起豪宅、飯店、餐廳，成為威尼斯郊區度假與休閒之處。建築多為新哥德、拜占庭、自由派風格，跟威尼斯本島大相逕庭。

在眾多奢華飯店之中，最有名的可說是巴因斯飯店(Hotel des Bains)，它是小說《威尼斯之死》主角下榻的飯店，電影《威尼斯之死》也在此拍攝。威尼斯是一個電影之城，一再有影片選擇威尼斯拍攝，促成國際知名的威尼斯影展誕生。威尼斯影展就在麗

海灘有可供租用的淋浴間、洋傘，設備齊全。

都島舉辦，第一屆影展在1932年舉辦後不久，政府在島上的超級大飯店(Grand Hotel Excelsior)旁興建了電影節宮殿(Cinema Festival Palace)，當作影展的總部。

因當時義大利還受法西斯政權統治，影展被忽略，後來坎城影展設立，兩城有分庭抗禮競爭的意味。多年來雖然歷經政治、商業力量衝擊，威尼斯還是未中斷創建70多年的影展，每年頒發金獅獎，也依舊是電影界注目焦點。

不過不要被電視上眾星雲集的畫面誤導，以爲影展總部平常就是鋪著紅地毯的華麗模樣，在非影展期間，外觀看起來只是個不起眼的白色矮建築，連旁邊的咖啡館都比它氣派。到影展才會加上各種裝飾，上演一場「麻雀變鳳凰」的大秀。

威尼斯影展場地。

超級大飯店占地極廣，在對街一眼望不完。

旅行小抄

島上交通

Lido島說來也不小，如果要靠步行逛完全島並不輕鬆，因此可以考慮步行、公車、自行車搭配的旅遊方式。在碼頭附近的主要大街，有很多餐廳酒吧，適合徒步慢逛，若想到另一頭的海灘，則可搭公車，公車票跟本島的大衆運輸卡是通用的，不用額外花費。

如果住在麗都島上的飯店，不少飯店會提供自行車(甚至協力車)，也是很流行的休閒玩法。沿路都可看到歐美客順著海岸線騎車，碰到喜歡的海景就停下來拍照，或到海灘戲水。

姆拉諾島

Murano

➡ 搭乘3、7、12、13、18、41、42等路線

MAP P.237

姆拉諾島是威尼斯瀉湖群中最大的島，在羅馬時代就已有人煙。10世紀該島以鹽業、水車、漁船興起成爲貿易中心，人煙稠密，總督還要求一些人移民到本島去。13世紀後，姆拉諾歸貴族選出來的執政官管轄，但島內仍維持一定自治。

前衛的玻璃製品。

13世紀末，姆拉諾開始盛行製造玻璃，因爲當時威尼斯房屋多爲木造，出於對火災的恐懼，在1291年，政府把所有玻璃工匠集體遷居姆拉諾島。15～17世紀末，姆拉諾已成爲全歐洲出名的玻璃製造地。也因此變成貴族度假勝地，很多人來此興建別墅。

姆拉諾過去出口玻璃製品最有名的是珠子跟鏡子，後來逐漸脫離牟利的商業製造，也開始做些高階的藝術品。後來又發展出乳白色的不透明玻璃(lattimo)，藉由融合各種玻璃技術，不斷根據時代需要，做出各種創意造型。

17、18世紀，法國大量仰賴威尼斯進口的玻璃製品，讓路易十四

←↓有些店鋪會在招牌註明附設工廠，入內可參觀製造過程。

不得不扶助法國建立有競爭力的玻璃產業。不久北歐研發出水晶產品，威尼斯也模仿推出水晶玻璃。威尼斯做出的成品透明度極高，幾乎跟水晶一樣閃耀，只可惜不適合切割，無法像眞的水晶做出那麼複雜的切面。

聖瑪莉亞與聖多納杜教堂(Santa Maria e San Donato)是整個瀉湖區最古老的建築之一，建立時間約在7世紀。教堂內部是羅馬式，不過外觀仍受拜占庭影響。教堂因不斷修復，造成看起來有點不協調，正面看來樸實，後堂卻反而華麗。

但華麗後堂也反映出威尼斯人對水性的熟悉，因爲從海路抵達的遊客第一眼看見的就是後堂。後堂磚造建築輝映在水面，顯得古典優雅。

各家玻璃店有不同創作品。

旅行小抄

參觀玻璃製作

姆拉諾最有名的就是玻璃工藝，因此到島上不妨參觀一下製作玻璃的過程，有些展示是免費的，甚至店家跟旅館合作，從本島包船帶旅客來參觀。不過參加這樣的行程，要注意可能會面對推銷購物的壓力。另外不少店家提供付費展示，門票大約€5，就可以看到師傅現場做出3樣簡單作品，對小朋友尤其具有吸引力。

布拉諾島
Burano

➡ 1.從本島的Fondamente nove搭12號船
2.從本島的Fonte Nove站搭LN號汽船可達布拉諾島
3.從麗都島搭14號經Punta Sabbioni抵達

MAP P.239

相較麗都島跟姆拉諾島，布拉諾島距離本島較遠，卻因為它特殊的漁村景致，備受觀光客喜愛。此島歷史起源也很悠久，早在羅馬帝國之前就有人居住，阿提諾(Altino)難民逃亡到這個島時，稱呼此島為波列安那(Boreana)，紀念故鄉一座迎向北風的城門，諧音後來演變成今日名稱。

布拉諾在10世紀就已人口稠密，本來是淳樸小村莊，但在16世紀變成威尼斯的蕾絲手工藝製造中心之後，地位越來越重要。多數鄰近小島因為沼澤地深入瀉湖，受到瘴癘之氣肆虐，但是布拉諾島得天獨厚，位處迎風口，蕾絲編織業得以欣欣向榮。直到威尼斯共和國滅亡後，才一度走下坡。

布拉諾最大特色是房子顏色五彩繽紛。島上沒有華麗宮殿，都是一兩層高的類似小屋，正面有方方的窗戶，唯一區別是房子塗上不同鮮麗色彩。據傳說，這是因為布拉諾男人長年在海上工作，婦女把房子油漆鮮豔，才能幫助水手返航的時候，更容易認得自己的家。

走在布拉諾街頭，會發現沿街都是刺繡商店，不過真正的蕾絲花邊製作藝術，現在已經有失傳危機。要製作刺繡花邊是一件非常傷眼力的工作，也需要極大的耐心跟技術。

蕾絲刺繡起源大約在15世紀，威尼斯修道院的修女跟一些家庭主婦開始做這類手工藝，到16世紀之後，布拉諾開始以此聞名。因為製作精緻蕾絲費工耗時，變成高級時尚裝飾，使用它的人也就代表在社會上有身分地位。17世紀中期布拉諾蕾絲還在歐洲掀起風潮，路易十四就在1665年於法國設立

←島上都是五顏六色的房屋。

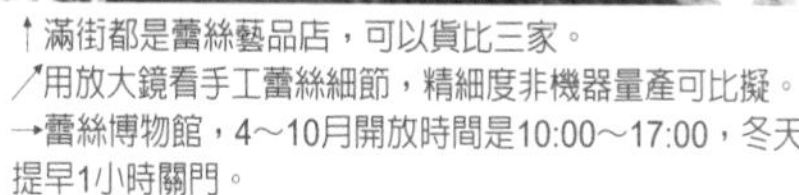

↑滿街都是蕾絲藝品店，可以貨比三家。
↗用放大鏡看手工蕾絲細節，精細度非機器量產可比擬。
→蕾絲博物館，4～10月開放時間是10:00～17:00，冬天提早1小時關門。

「法國皇家蕾絲藝品」。

18世紀布拉諾蕾絲事業一度隨著共和國滅亡衰退，19世紀重振，馬奇洛伯爵夫人在義大利皇后贊助下，在布拉諾開設蕾絲學校，聘請當時唯一還知道製作蕾絲祕訣的梅茉(Francesca Memo)教授。

20世紀，威尼斯與諸島的7個工廠聘請了5千多個蕾絲織工，布拉諾學校在聖馬可廣場等處設分店。但是爲了生財，很多廠商轉而製造劣質產品，因爲一片眞正的布拉諾手工蕾絲桌巾，必須10名婦女花3年製作，導致價格過於昂貴不符合商業需求，也更少人願意花時間鑽研傳統技術。

島上中心有紀念音樂家蓋立皮(Baldassare Galippi)的廣場，旁邊的整條蓋立皮街上都是蕾絲商店，但許多低價商品其實進口自中國。

知識充電站

家有喜訊

在威尼斯有時候會看到，住家門窗上都掛著彩球，這是當地傳統習俗，表示該戶有新生兒誕生，如果是男寶寶，會掛以藍色彩球，如果是女寶寶，則會掛上粉紅色彩球，向大家昭告家有喜訊！

逛街購物

威尼斯商人舉世聞名，而威尼斯得天獨厚的歷史地理背景，更增添了伴手禮的多樣性。其中最受觀光客青睞的，非威尼斯特有的手工藝品莫屬。這類商品雖然實用價值不高，有些價格也不便宜，但因為掛在牆上或裝飾櫥櫃，立刻可以一眼分辨是全世界獨一無二的水都特產，很多遊客都喜歡順手帶上一、兩件紀念。

當然全義都有的精品在威尼斯亦有商品街，這裡小小的店面讓世界精品店看來較為溫馨可愛。

聖馬可區

奢華的上流品味

威尼斯精品名店街

✉ Calle Larga XXII Marzo、le Mercerie、la Frezzeria、Calle Godoni、Calle Vallaresso

➡ 搭1、2號汽船在S. Marco站下 MAP P.205

威尼斯最大商業區是聖馬可周邊一帶。不過遊客在這一帶與其說是採購威尼斯傳統禮品，更多是瞄準義大利精品。根據統計，威尼斯商家每天創造的交易額可以達到百萬歐元，交易金額最大的是義大利名牌精品，例如Gucci、Dolce & Gabbana、Trussardi等。

這些精品在所有義大利觀光城市都有分店，因爲單價高、買氣旺，比起傳統老店，反而可以占據所有市中心最好的銷售點。而威尼斯最有名的精品街就位在聖馬可廣場附近。

主要大街上的義大利精品包括：Versace、Missoni、Bottega Veneta、Max Mara、Trussardi、Gucci、Armani、Prada、Valentino、Dolce & Gabbana、Fendi、Salvatore Ferragamo；較平價的義大利精品像是Benetton、Sisley、Stefanel、Diesel等。

旅行小抄

古董市場尋寶樂

喜歡老東西的人，可以到San Maurizio跟Santa Maria Zobenigo一帶尋寶，這裡常有小規模的古董市集。市集內販賣的不是很貴的古董，而是觀光客可以帶回去紀念的小物，例如舊書、郵票、老銀器、木頭小天使等。

▼賽車世界極速狂飆

Ferrari法拉利商品專賣店

✉ Calle Mercerie San Marco 782, 30124 Venezia

➡ 搭1、2號汽船在S. Marco或S Zaccaria站下

MAP P.205

威尼斯也有法拉利連鎖店，店內用的是搶眼紅色裝潢，還在櫥窗放了一台巨大賽車。

實體大的法拉利F1賽車相當吸引目光。

▼結合花色與時尚的手套店

Sermoneta

✉ Calle Larga San Marco 30124 Venezia

➡ 搭1、2號汽船在S. Marco或S Zaccaria站下

http www.sermonetagloves.com

MAP P.205

各色鮮豔手套在櫥窗一字排開。

義大利知名的連鎖手套店，1960年代創始於羅馬的西班牙廣場附近。以往義大利皮手套多是黑或棕色，注重保暖、實用性，這家店率先製作各種花色手套，引起大流行。店家結合傳統與時尚，使品牌銷往全球，在美國、亞洲都有分店。

▼聖馬可廣場旁的街頭畫家

街頭畫家

✉ San Marco汽船站附近

➡ 搭1、2號汽船在S. Marco站下

MAP P.205

如果不想買死板板的明信片，在聖馬可廣場附近的運河前有整排街頭畫家，可以在這邊買迷你油畫當紀念品。

參觀學院美術館時遊客會發現，歷代藝術家畫作的主題之一，就是隨時記錄威尼斯的每個面貌。而如果從此角度來看，隨著威尼斯逐漸下沉，現在街頭寫生的畫家，也捕捉了獨一無二的視角。一張小油畫大約€10～15，有的主題是知名景點，也有些是某個難以辨識的角落，還可以畫人像。

◤藝術特產紙紀念品店

Il Papiro

✉ Calle della Bissa, S.Marco 5463
☎ (041)241-1466
➡ 搭1、2號汽船到S. Marco站下
http www.ilpapirofirenze.it MAP P.205

這家是聞名全義大利，甚至在世界不少國家都有分店的文具店，1976年創立於佛羅倫斯，專門製造高級手工文具，其靈感是來自傳統托斯卡納手工紙業，也是最早在義大利提倡恢復高級文具藝術的店家。

店內值得買的小紀念品包括相本、記事本、電話本等，還有各種紙類製品，例如信紙、便條紙。

◤手工蕾絲的小型博物館

Jesurum

✉ Calle Largo XXII Marzo, San Marco, 2401, Venezia
☎ (041)523-8969
➡ 搭1、2號汽船到S. Marco站下
http www.jesurum.it MAP P.205

如果行程無暇親自跑一趟布拉諾島，又想買蕾絲紀念品，本島的Jesurum是最有名頂級商店，裡面像是個博物館，有展示間介紹蕾絲製造的歷史，也有各類產品可挑選。

圖片提供／Jesurum

圖片提供／Jesurum

城堡區

◤威尼斯風手工包專門店

Artigianato Atistico

✉ Salizada S. Antonin 3483, Castello
➡ 搭1、2號汽船到S. Zaccaria下 MAP P.213

這是一個當地女性藝術家自己開的小店，專做有威尼斯風味的手工藝術品，例如衣服、包包，也有小首飾，藝術家在店內放著一個工作檯，一邊做一邊顧店，非常有趣。

◤藝術風格的特色瓷器

Questeoequeo

✉ Castello 3542/b Venezia
➡ 搭1、2號汽船到S. Zaccaria下 MAP P.213

同一條街再走幾步路，可以找到這家規模稍大的店，店內主要販賣威尼斯特色的餐具、花瓶、陶瓷器，種類很多，造型特殊，也經常參與一些展覽。

◤小設計街上的創作驚喜

Banco Lotto N.10

Salizada S. Antonin 3478, Castello
(041)522-1439
搭1、2號汽船到S. Zaccaria下
www.ilcerchiovenezia.it MAP P.213

叫這條街Salizada S. Antonin爲威尼斯的「小設計街」也不爲過，這是街上另一間自創設計店，有賣威尼斯風格的衣服、珠寶，還有嘉年華也可以穿的傳統禮服。

硬壤區

◤成功復興傳統面具技藝

Ca' Macana

Dorsoduro 3172
搭汽船1號到Ca Rezzonico下船後步行
www.camacana.com/eng/index.php
MAP P.230

威尼斯最有名的面具店，妮可基曼、湯姆克魯斯所演的電影《大開眼界》(Eyes Wild Shut)中的面具也是這家店的得意作品。半罩面具每個大約€21起跳，全罩面具大約€28起跳。

商店最早是幾個建築系學生開始，因爲嘉年華流行，他們自己嘗試做面具，在廣場販售。因爲威尼斯共和國在18世紀沒落後，製作傳統面具的技藝也跟著流失，他們憑著熱忱翻閱圖書館的線索實驗，再加入現代技術，成功創造出大受歡迎的手工面具。

聖十字區

◤古法製紙的威尼斯文具鋪

Carta Venezia

San Croce 2125
(041)524-1283
搭1號汽船在S.Stae汽船站下，步行5分鐘
www.cartavenezia.it
MAP P.222

這家歷史悠久的店鋪，標榜完全按照中世紀古法製紙，他們的紙是用棉爲主材料，經過長時間處理製成，特別適合藝術創作，例如在上面作畫、剪裁圖形等。他們的紙吸水性良好，也適用各種筆，不管是現代鋼筆，或仿古的羽毛墨水筆。每樣產品都是全手工，所以都是獨一無二的。

本店並非連鎖店，全威尼斯只有一家專賣店。因爲紙是手工製造，不像量產紙有固定大小，邊緣呈現不規則狀，本身就很像藝術品。店家用手工紙製作了書籤、相本，也有仿古印章，非常值得參觀。

◤傳統悠久的華麗玻璃工藝

Barovier & Toso

✉ Fondamenta Dei Vetrai, 28, Venezia
☎ (041)739-049
➡ 搭乘5、13、18、41、42、DM、LN號汽船
http www.barovier.com MAP P.237

一家歷史悠久的玻璃工廠，不過它的產品接近藝術品，通常單價非常高，也不做一些小紀念品，而主要做出口的華麗燈飾。

這個在島上赫赫有名的Barovier家族，製造玻璃歷史最早可追溯到1295年的Jacobello，兩個世紀後Angelo Barovier成為文藝復興時的藝術大師，因為他創造了所謂的水晶玻璃，那種透光性、華麗感完全符合文藝復興時的需求。Barovier所製作的婚禮杯，是當時最昂貴的產品。

店家附設有博物館，即使它的單件產品通常太龐大或太昂貴不適合當紀念品，前往參觀開開眼界還是相當值得的。

◤童叟無欺的頂級專賣店

Murano Collezioni

✉ Fondamenta Manin Daniele, 1/Cd, 30141 Venezia
☎ (041)736-272
➡ 搭乘5、13、18、41、42、DM、LN號汽船
http www.muranocollezioni.com
MAP P.237

這家精緻的店面專門蒐集所有姆拉諾出產的頂級品牌玻璃，包括Venini、Moretti、Barovier & Toso等。店家自豪的是，終於有一家近似展覽廳的店面，讓買家不必為了買各種品牌東奔西跑，而且裡面的價格固定，有保證書，不會被騙而買到非姆拉諾島的產品。

◤藝術精品的玻璃工藝

Berengo Fine Arts

✉ Fondamenta Vetrai 109/A - 30141 Murano, Venezia
☎ (041)5276-364
➡ 搭乘5、13、18、41、42、DM、LN號汽船
http www.berengo.com MAP P.237

這是一家比較前衛的玻璃工廠，工廠老闆Adriano Berengo在80、90年代，找來國內外150多位頂級工匠，合作創造新穎產品，經過20多年努力，奠定它在姆拉諾的大師品牌地位。店家的精神是，把一些原本功能簡單的玻璃製品提升到藝術境界，因此除了製作玻璃器具，在玻璃雕像方面亦是成就卓越。

三代傳承傳統蕾絲工藝

Emilia

Piazza Galuppi 205 Burano Ve

從本島的Fonte Nove站搭LN號汽船可達Burano島

www.emiliaburano.it　　MAP P.239

這家位於布拉諾島主廣場的店家歷史十分悠久，經過三代傳承，仍維持最傳統的手工蕾絲製作。店內可以看見有老太太現場繡蕾絲，裡面還有一個蕾絲陳列館，放著很多價值連城的非賣品，例如整套手工縫製的蕾絲新娘禮服，古代貴族使用的蕾絲桌巾、床罩。

店內準備放大鏡讓大家欣賞這些古董蕾絲製品，今日即使捧著大把錢也買不到，因爲這項手工藝正逐漸失傳，現在已經找不到那麼多女工製作，還懂得這項技藝的多是老太太，也無法承擔那麼大的工作量。

最老牌的手工蕾絲店家

Dalla Lidia, merletti d'arte

Via Galuppi Baldassarre, 215, Burano (VE)

(041)730-052

從本島的Fonte Nove站搭LN號汽船可達Burano島

www.dallalidia.com　　MAP P.239

這家店是布拉諾最老的蕾絲店，也是規模、名氣最大的。老店有自己的蕾絲博物館，店內專業蕾絲編織者會跟觀光客介紹蕾絲製作過程，說明從古以來，這項驚人手藝的祕訣在何處。前往參觀後會了解，店內手工蕾絲跟路邊賣的爲何差異很大，肉眼就可以辨識。

旅行小抄

購買玻璃藝品勿貪小便宜

如果有人提供免費搭船讓你去參觀姆拉諾工廠，最好拒絕，現在有不少穿著體面的威尼斯年輕推銷員在運河邊拉攏遊客，一旦船到了姆拉諾島，就會半強迫要你買一定數量產品。

必須注意的是，島上一些商家為了節省成本，從中國或東南亞進口了大量廉價玻璃製品，要購買當地真貨，記得檢查上面是否有「Vetro artistico di Murano」(姆拉諾藝術玻璃)字樣。

布拉諾手工蕾絲製品

要購買手工蕾絲製品最好的地點是產地布拉諾島，不過必須注意的是，真正手工的製品價格高昂，一般坊間價格較「經濟」的紀念品，都是機器製造的量產品，必須認明是否為「Merletti di Burano」(布拉諾製)。真正手工的經典老牌，雖然價格不便宜，不過想到那些製作者要花的時間跟精神，相對就不算太貴了。

特色餐飲

義大利美食協會曾直言，要在威尼斯享受美食，逐漸已成一種奢侈。因為相較義大利其他城市，威尼斯幾乎全島都是寸土寸金的觀光區，遊客源源不絕，導致昂貴卻未必有相對品質的觀光餐廳林立。

想吃一頓燈光美、氣氛佳的浪漫晚餐，最好有砸大錢的心理準備，想嘗平價道地料理，則通常要鑽到不起眼的小巷弄，或塞在擁擠、裝潢陽春的小店，以及遠離景點的區域。在威尼斯，每人一頓晚餐的「合理」價位約€35。

餐廳種類

酒吧餐館Bacaro

這是一種特殊的BAR(酒吧)，裡面會賣ciccheti(類似鹹點心、下酒菜)，例如橄欖油漬的朝鮮薊、番茄乾、青椒、櫛瓜。有的店家每天也會提供一兩道主食，如海鮮燉飯、肉醬義大利麵。在這類酒吧多數必須站著吃或坐在吧台，但有些新店家為了方便遊客，也開始擺設桌椅。

披薩店Pizzeria

披薩店有分專門外帶或坐下享用的。義大利很流行外帶秤重披薩，只要跟店家用手比畫要哪種口味、大小多大，可一次吃好幾片不同口味。但威尼斯外帶披薩通常品質都不是太好，如果只是午餐想買便宜簡單的東西果腹，可以選擇外帶型披薩，但若嘗好吃的，還是要到有多種口味的披薩專賣店坐下吃。

旅行小抄

善用遊客菜單(menu turistico)

威尼斯多數餐廳都會在正式菜單外另外列一份「遊客菜單」，這種菜單是由餐廳抓一個固定價格，搭配前菜、第一道、第二道、甜點、飲料等組合。隨著價位不同，菜道數會增減，食材也會有差。例如€35的套餐可能包含牛排，€12的套餐就只有義大利麵。有些遊客菜單物超所值，但有些店家專坑外行的觀光客，端出菜色比正式菜單的份量品質都差很多，決定前，可先張望一下四周顧客桌上菜色做比較。

小吃店Osteria

比BAR選擇更多一點的小店，規模通常不大，有的可能只有四、五張桌椅，販售熱食，裝潢較為簡單，價格比正式餐廳(Ristorante)便宜。

特殊料理

威尼斯料理特色是簡單原味的新鮮，許多甚至只有用鹽跟胡椒調味。菜單內必嘗的兩大類是pesce(魚)跟frutti di mare(海鮮)。威尼斯的漁獲主要來自亞德里亞海，或鄰近的河流、湖泊。但不要以為每家餐廳都會供應新鮮魚材，可仔細讀菜單，上面會註明餐廳是否使用冷凍海鮮(surgelato)。

威尼斯綜合海鮮開胃菜主要由蝦(gamberetti)、花枝(calamari)、章魚(polpo)組成，通常用橄欖油、檸檬調味。第一道菜頗負盛名的是用波河一帶產米做的燉飯(risotto)，有海鮮、魚燉飯，或蔬菜類的菠菜、蘆筍燉飯。其他特殊料理還有看來一團漆黑但吃下去口齒留香的墨魚麵、各種魚湯、佐菜的黃澄玉米糕(polenta)等。

威尼斯也有不少傳統甜點。例如杏仁做的點心，嘉年華吃的炸甜點(有無餡或包水果、奶油的多種口味)，還有包著果乾的蛋糕捲。

↑→甜點五花八門，有些是秤種販賣，有些是單價販賣。

◤聖馬可廣場上百年咖啡館第一家

Florian花神咖啡館

Piazza San Marco, Venezia
(041)520-5641
搭1、2號汽船在S. Marco Vallaresso站下
€20～30 www.caffeflorian.com
P.205

位於聖馬可教堂左前方，成立於1720年。花神咖啡館有戶外欣賞音樂的座椅，不過如果光坐在外頭有點可惜，因爲它古典貴氣的內部裝潢，才是讓人有被文藝、奢華氣氛環繞的關鍵。館內分成不同包廂，裝潢主題也不同，如「啓蒙人物之室」(Sala degli uomini illustri)，是以威尼斯畫派的哥朵尼、馬可波羅、提香等肖像油畫裝飾。「東方與中國之室」(Sala orientale, Sala cinese)是以東方風格裝潢爲主。

花神咖啡館另有自己出產一系列伴手禮可買，適用摩卡壺的250G咖啡粉售價€8.8，其他販賣商品包括巧克力、果醬、馬克杯、白酒，甚至還有香皂乳液等保養產品。

超級名店1

不管夜晚或白天，走廊都擠滿觀光客。

◤華格納的咖啡館 超級名店2

Lavena拉維納咖啡館

Piazza San Marco, Venezia
(041)522-4070
搭1、2號汽船在S. Marco Vallaresso站下
€20～30 www.caffelavena.it
P.205

前身叫做「匈牙利皇后」，因爲當時威尼斯受到奧匈帝國統治。後來又改名「皇冠熊」，不過威尼斯人私下都叫他「外國人咖啡館」，因爲館內總是充斥著來自世界各地的商人、遊客。

1860年Carlo Lavena買下咖啡館並更名拉維納，但保留古老建築與古典裝潢，藉著擴大推廣經營，吸引了知名音樂家華格納等大師，也開始揚名整個歐洲，如今可說已在義大利歷史占了一席之地。拉維納同樣有出自己的紀念品，包括戶外交響樂團的CD，瓷盤、咖啡杯。

◤文人名流的社交場所

超級名店3

Quardri Caffe 瓜得利咖啡館

Piazza San Marco,Venezia
(041)5222-105
搭1、2號汽船在S. Marco Vallaresso站下
09:00～23:30　€20～30
www.quadrivenice.com/pages/home.php?ling=EN
MAP P.205

標榜著從1775年創立以來就未曾有太大改變的古典優雅裝潢。創立者Giorgio Quadri偕同他的希臘妻子帶著祖產來到威尼斯，當時威尼斯正開始從土耳其引入喝「滾沸黑水」(指咖啡)這股新風潮，兩夫婦毅然決定把財產投資在此新興產業，頂下廣場上一間古老咖啡館，花大錢聘請當時著名的藝術家裝潢內部。

兩人的投資很成功，因爲不久後，威尼斯上流社會對咖啡的接受度越來越高，以往應酬喝紅酒的習慣，逐漸被白天在咖啡館社交取代。英國詩人拜倫、法國作家大仲馬、作曲家華格納等都成爲座上賓。比較近代曾經光顧的名人則包括前蘇聯領導人戈巴契夫、前法國總統密特朗、美國知名導演伍迪艾倫，以及不計其數去威尼斯影展的國際巨星。

◤靜賞聖馬可廣場的好位置

特別推薦

Museo Correr Caffetteria

Piazza San Marco
搭1、2號汽船在S. Marco Vallaresso站下
€10～20　MAP P.205

聖馬可教堂對面的柯瑞爾博物館2樓藏了一家小咖啡館，窗口位置正對聖馬可廣場，遠眺全景甚至比坐在廣場上更一覽無遺。咖啡館規模很小，靠窗只有4、5張桌椅，但因遊客不多，即使是用餐時間，也可能幸運搶到靠窗位置。

咖啡館是採半自助式的，必須自己到櫃臺點菜，但之後服務生會把餐點端上桌。

↑一個餐桌獨享一個觀景窗。
→簡單可口的輕食餐點。

由於是咖啡館簡餐，沒有現煮熱食，只有三明治、硬麵包漢堡類，不過義大利人午餐也經常就是吃這類簡便食物。坐下品嘗也不另收昂貴的小費，算是非常划算的中餐選擇。

◤以威尼斯名人為調酒命名

Harry's BAR

San Marco 1323, 30124 Venezia
(041)528-5777
搭1、2號汽船在S. Marco Vallaresso站下
10:30～23:00　€20～30
www.cipriani.com/locations/venice
MAP P.205

這家位於聖馬可汽船站口的酒吧，白天看來相當不起眼，又小又舊的門上寫著HARRY，不仔細看很容易忽略。不過它在調酒界可是名聲響亮，因為它是水蜜桃調酒「貝里尼」的發明店，更是名作家海明威旅居威尼斯時最愛光顧的地點，他很多作品在此完成。

哈利酒吧創立於1931年，美式店名是因創始時是美國人哈利出資，由義大利人經營。這裡最有名的是各種果汁調製的香檳雞尾酒，特色是所有飲品都用威尼斯名家命名，例如提香指的是葡萄跟石榴汁。你可以坐在海明威常坐的角落，來這裡點一杯調酒，配薄片生牛肉(carpaccio)。

◤盛裝出席歌劇的最佳選擇

Ristorante Antico Martini老馬丁尼餐廳

Campiello della Fenice, S. Marco 2007–30124, Venezia
(041)522-4121
搭1、2號汽船在S. Marco Vallaresso站下
€40以上(晚餐一個人可能要抓€70左右)
www.anticomartini.com　MAP P.205

如果你盛裝打扮參加了菲尼切歌劇院的音樂會，想在之後享用一頓豪華正式的威尼斯晚宴，此餐廳無疑是最佳選擇。因為它內部裝潢每個細節都很講究，波斯地毯、大馬士革桌巾、手工裝飾的骨瓷餐盤、水晶高腳杯、銀器刀叉、姆拉諾島出產的精美玻璃燭臺，營造出一種電影情節才有的貴氣高檔氛圍。餐廳提供的料理則完全是正統威尼斯式的，每天從魚市場供應新鮮食材。

這家擁有300年歷史的名店，名人光顧錄也是很驚人的，翻開歷史客人名單，你會赫見哥德、伏爾泰、盧梭、巴爾札克、拜倫、狄更斯、普魯斯特、海明威、沙特等數十名作家都在列，來過這家店的義大利、威尼斯貴族更是不可勝數。

◤網站評價前十的酒吧

Caffè al Ponte del Lovo

✉ Ponte dell'Ovo, S Marco 4819
☎ (041)520-8439
➡ 搭1、2號汽船在Rialto站下
$ €20～30 MAP P.205

在聖馬可廣場附近隨便按下快門，都可以拍到一張絕佳的浪漫照片。但是很不幸地，在聖馬可廣場附近隨便找一家餐廳，貴死人不償命的機率幾乎百分之百，卻還可能吃到難吃的微波加熱冷凍食品。

因此想要在這區挖掘出一些相對「物美價廉」的餐廳不是易事。推薦這家小店，是因它歷史悠久，創立於1750，咖啡、開胃小點都有一定水準，並不是外來移民因應觀光才開設的店。該店也被一些義大利旅遊網站評爲威尼斯十大最好的BAR之一，招牌料理是牛肉。

◤備有多款名酒的平民社交場所

Osteria Vino Vino 品酒小館

✉ San Marco 2007/A 30124 Venezia
☎ (041)241-7688
➡ 搭1、2號汽船在S. Marco Vallaresso站下
$ €20～30
http www.anticomartini.com/vinovino_it.htm
MAP P.205

如果覺得老馬丁尼餐廳價格實在太不平民化，在旁邊有一家「品酒小館」，裡面的食物便宜又美味，不過裝潢與氣氛自然比不上老馬丁餐廳的奢華。

敢用兩個Vino(酒)當店名，表示店內藏酒很多，超過350種。這種小酒館亦代表了威尼斯非常有特色的一種文化，浪跡天涯的旅人會在這邊歇腳，跟吧台酒保閒聊幾句；搖貢多拉的船夫也會在此聚集聊天，可說是威尼斯人「拓展視野」重要的社交場所。

◤強尼戴普也來過

Ristorante Rosa Rossa

✉ Calle Mandola, 3709, 30124 Venezia
☎ (041)523-4605 $ €25～35 MAP P.205

這家餐廳周遭旅館眾多，被許多旅客評比爲高回訪率，甚至有人在網頁留言表示，在威尼斯旅行的每天都來光顧，因爲價格合理，口味也不錯。餐廳燈光幽暗，裝潢格調雅緻，強尼戴普在威尼斯影展期間，也曾來用餐並留下合照。

◤推薦給背包客的便宜好店

Chat Qui Rit聊天小站

S. Marco 1131, 30124 Venezia
(041)522-9086
搭1、2號汽船在S. Marco Vallaresso站下
€10～20 MAP P.205

所謂自助不是像吃到飽(buffet)餐廳，而有點像大賣場附設的自助(self service)餐檯。這家店的餐櫃內會擺放一盆盆料理，包括開胃菜、義大利麵、肉或海鮮，顧客只要用手指向要的菜，店員就會裝在盤內，全部點完最後在櫃臺結算總價。

店招牌非常可愛、好辨識，是一隻白貓。

這家算是「背包客餐廳」，許多義大利旅遊網站都推薦，對遊客來說很方便的是，即使完全看不懂義大利文，甚至英文也不太通，都可以「眼見爲憑」，比手畫腳拿到你想吃的菜。

且價格較便宜，開胃菜一盤大約€5～8，第一、二道菜約€8～10。如果多個朋友一起去的話，可以點幾盤不同的來分享嘗試。

◤以龐大海鮮招攬遊客

La Gondola Ristorante 貢多拉餐廳

Calle delle Rasse, Castello 4611
(041)522-4097
搭1、2號汽船在S. Zaccaria站下
€20～30 MAP P.213

城堡區雖然跟聖馬可區就在隔壁，但是兩區餐廳價位卻經常差了三分之一，因而越來越多識途老馬會往城堡區拓展，也使此區餐廳像雨後春筍冒出。

這家餐廳就位於聖馬可廣場後方巷內，巷子雖小，但整排都是餐廳，其中貢多拉餐廳因爲在門口用冰櫃擺了一座海鮮山，讓人想不注意也難。到水都，來到這種餐廳，才會感受靠海人大口喝酒、大啖海鮮的氣魄。

遊客菜單的價格也相當合理，有€19及€22.5兩種選擇，內容包括前菜、主菜、甜點。

玩家交流

確認旅遊時的美食標的

旅行不外乎「吃喝玩樂」，但其中「吃」是最主觀的，故以筆者經驗，想要留下美好回憶，一定要先定位自己本趟旅行的重心。

定位自己是進行「文化苦旅」的背包客，對吃可能不那麼講究，那筆者建議在用餐價格非常昂貴的威尼斯，可以多選擇買外帶披薩，找個廣場、河邊席地而坐，就著眼前無價的美景用餐，浪漫指數依舊可以很高。

如果認為品嘗當地料理也是旅行重要一環，但仍想兼顧經濟實惠，則不妨平常儘量選擇當地人會去的道地餐館吃「午餐」，因為午餐套餐通常比晚餐便宜，且有些餐廳會要求晚餐必須點整套(前菜、第一道、第二道、甜點)，中午單點一盤義大利麵也沒關係。

至於認為「美食之旅」才是旅遊重心，覺得大老遠跑來應該奢侈一下，預算也充足的遊客，建議可在台灣就先鎖定必遊的幾家歷史名店。如果想給另一半驚喜，甚至可以先寫信或打電話跟餐廳預約較好的座位，詢問當天是否能有求婚或慶生特殊安排。

活跳蝦直烤上桌

Corte Sconta 折扣庭

Castello 3886, Calle del Pestrin
(041)522-7024
搭1、2號汽船在S. Zaccaria站下
€20～30

P.213

從名稱看就知道是個平價料理，雖然藏身在小巷子不好找，但這幾乎是義大利各大旅遊網站必推的道地餐廳，因爲它的海鮮非常新鮮。新鮮到了什麼程度呢？例如把活跳跳的蝦子直接放上烤架。

這是一家被比喻爲「海鮮狂」都不能錯過的餐廳。店內招牌是一人份€26的「海鮮開胃菜套餐」，套餐沒有固定內容，完全取決當天有哪些新鮮食材，價格雖不是非常低，但份量相當多，物超所值。

享用開胃菜之後，建議點店內手工做的各種海鮮義大利麵，擔心份量太多可以分食，不一定要一人一份。

與貢多拉船夫一同用餐

Trattoria alla Rivetta麗維達餐館

Ponte San Provolo Castello, 4625, Venezia
(041)528-7302
搭1、2號汽船在S. Zaccaria站下
休 週一 $ €20～30 MAP P.213

這也是一家外觀不起眼，但被許多義大利旅遊網站推薦的道地餐廳。通常辨別是道地餐館或觀光餐廳的指標，就是用餐的威尼斯人多寡，而這家餐廳不只當地顧客多，更是許多貢多拉船夫經常會去吃便餐的地點，由此可見它的料理相當「家常口味」，難得能跟貢多拉船夫一起用餐也別有一番風味。

店內特長是威尼斯傳統海鮮料理，不過肉類餐點口碑也不錯，甜點可嘗試店內自製的提拉米蘇。

現煮義大利麵口感絕佳

Trattoria Al Scalinetto小階餐館

Sestiere Castello 3803, Venezia, Venezia
(041)520-0776
搭1、2號汽船在S. Zaccaria站下
$ €20～30 MAP P.213

這家餐館也是當地人常去的道地餐廳，它的座位並不是很多，氣氛溫馨。餐廳的遊客套餐相當實惠，€25的套餐就包含了海鮮義大利麵、綜合烤盤海鮮、甜點、咖啡，另外也有較簡單的€18套餐，不包括甜點，義大利麵也只能選擇千層麵或傳統肉醬(Ragu)口味。

這家非常難能可貴的是，它的義大利麵都是現煮的。很多觀光餐廳會煮一大鍋，甚至預先煮好冷凍千層麵再拿出來加熱。這家雖需要等候現煮的義大利麵，但燙口的口感絕對與冷凍加熱食品不同。

組合套餐以方便遊客

Trattoria da Nino尼諾餐館

Castello, 4668 - Venezia
(041)523-5886
搭1、2號汽船在S. Zaccaria站下
休 每週四，11/20～1/25長休 $ €20～30
http www.trattoriadanino.com MAP P.213

這家餐館在聖薩迦利亞教堂後方的巷子內，座位不大但用餐氣氛很愉快，價格也十分合理。它的特長是威尼斯料理，例如亞德里亞海特有的魚種，威尼斯口味的肝醬佐玉米糕。

餐廳特色是提供很多樣化的組合套餐，方便遊客。像€18.5的每日套餐，包含了一道基本麵食跟一道肉或炸花枝主菜；€25海鮮套餐包括海鮮義大利麵跟海鮮主菜 。

◤提供素食者多樣性蔬菜料理

Osteria Bentigodi (da Andrea) 班帝哥迪餐館(又名安德烈餐館)

✉ Sestiere Cannaregio, 1423, 30121 Venezia
☎ (041)716-269
➡ 搭1號汽船到S. Marcuola站下後步行
$ €20～30　MAP P.219

推薦這家店的原因是，這是素食者一個很好的選擇。在威尼斯多數餐廳都以海鮮料理見長，這家店則提供了非常多樣的季節性蔬菜料理，有些食材或料理手法對外國遊客來說也是很特殊的，例如朝鮮薊、紅色菊苣(radicchio)，雷雅多市場販售的新鮮南瓜、蘆筍。

卡納雷究區是一個觀光客相對比較少的區域，因此這邊的餐廳不管是價位或是料理，也都比較實惠。這家餐館靠近區域內最主要景點猶太廣場，不是穿著需要正式的高級餐廳，但氣氛溫暖。

◤在猶太餐廳品嘗威尼斯料理

Glatt Kosher Restaurant 葛拉茲科謝餐廳

✉ Cannaregio 2874, Campo di Ghetto Nuovo, 30121, Venice
☎ (041)244-0125
➡ 搭1號汽船到S. Marcuola站下後步行
$ €30～40
http www.kosherclublebalthazar.com　MAP P.219

來到威尼斯猶太區，就像進入另一個國度，路上會遇見穿著傳統服飾的猶太神職人員跟青年，建築也大異其趣。如果想要更深刻感受這種不同風情，在此區也可以嘗嘗猶太人開在猶太廣場的高級餐廳。不過不必擔心吃到奇怪的料理，此區猶太人也住了好幾世紀，菜單還是很有威尼斯傳統味的。

倒是比起一般威尼斯餐廳，這家餐廳內部裝潢優雅卻帶有一些現代感，可以選擇坐在中庭花園，或坐在室內享用燭光晚餐。

◤來客川流不息

Osteria Vini Da Pinto

367 Sestiere San Polo, Venezia, 30125
(041)528-5140
搭1、2號汽船在Rialto站下
€10～20(遊客套餐一份只要€14～17)
P.224

這家位在魚市場旁邊的百年道地小餐館(1890年創立)，門口跟內部都貼滿了各國雜誌跟旅遊書推薦。它之所以這麼受到觀光客歡迎，一方面是地利之便，因為離雷雅多橋很近，很多想要品嘗威尼斯海鮮的人，都會到魚市場附近碰運氣，也很難錯過這家離市場最近的小店。

另一方面是它的服務跟氣氛都很道地，老闆Giovanni Locorotondo有標準的義大利親切熱情個性，儘管應付絡繹不絕的客人很忙，他還是經常到每桌詢問對方哪來的，或推薦幾樣當天新鮮好菜。

餐廳供應多種物超所值的旅遊套餐。

而他每次接受外國雜誌訪問後，還會用心地請對方幫他翻譯成當地語言菜單，因此他這小餐館菜單的「多語性」竟超越了很多五星級餐館，例如他的中文菜單甚至還分成繁、簡體兩種。

這家餐館供應的是當天捕獲的新鮮食材，招牌菜是墨魚，但若缺食材會停止供應。餐館每日旅遊菜單(tourist menu)雖裝盤看來有點隨性，實則頗物超所值，一客€14～17包含飲料、第一、二道菜，只要再添一點錢還可附加甜點、咖啡。

◤本地人熟知的名氣餐館

Osteria Al ponte la Patatina
小馬鈴薯橋餐廳

Venezia S. Polo 2741/A Calle Saoneri
(041)523-7238
搭1、2號汽船在S. Tomà站下
€20～30　www.lapatatina.it　P.224

這家餐廳有個聽來很可愛、很義式風格的名字，它是由威尼斯一個Garbin家族開設，如今已傳到第三代。在充斥著觀光餐廳的威尼斯，這也是少數義大利雜誌、網站推薦的「非觀光」道地餐廳之一，價格相當合理。

餐廳在當地頗有名氣，不少媒體記者、影星光顧，幾乎每天都大排長龍，如果沒有提早訂位，最好在餐廳剛開門就前往，避開晚上19:30～21:00義大利人習慣用餐的高峰時段。該餐廳的專長也是海鮮料理。

店內可通英文，不管是料理或是酒都可請老闆推薦。

▼五百年歷史正統老店

Antica Trattoria Poste Venice 威尼斯郵局餐廳

✉ St. Paolo Rialto Pescheria 1608
☎ (041)721-822
➡ 搭1、2號汽船在Rialto站下
$ €30～40(單點價格較貴，但份量較多且精緻，餐廳也推出€35起的遊客套餐)
http www.postevecie.it/ristorante-venezia.htm
MAP P.224

這是一家非常正統道地的威尼斯餐廳，也可說是威尼斯最赫赫有名的，因為在布滿經典老店的威尼斯，它榮享「最古老」餐廳之銜。這間餐廳成立於1500年，它的另一大特色從餐廳特殊的命名就可窺見，因為餐廳前身是郵局，所以叫做郵局餐廳。

餐廳裝潢保留了16世紀的華麗風格，到了19世紀，餐廳一度轉型成「會員限定」的名流酒館，只讓受邀的文人、藝術家、名流在此聚集社交，高談闊論政治與創作。現今餐館甚至還留有當時成員的肖像畫，因此在其中用餐，有如走進時光隧道，可以充分感受昔日威尼斯上流社會的氛圍。

餐廳招牌是威尼斯傳統料理，包括各種魚料理，還有非常特別的醃漬鱈魚乾(baccalà)，跟餐廳自製傳統甜點。

黑壓壓的墨魚麵料多實在，吃來感覺墨魚比麵多。

▼榮獲米其林美食評鑑口碑

Osteria Antico Dolo 老多洛餐廳

✉ Ruga Rialto, 778 Venezia
☎ (041)522-6546
➡ 搭1、2號汽船在Rialto站下
$ €20～30
http www.anticodolo.it
MAP P.224

這家餐廳成立於1989年，在威尼斯算是相對「年輕」的，但是竄紅速度卻很快。餐廳創立者Bruno Ruffini是土生土長的威尼斯人，他著眼雷雅多橋魚市場附近很熱鬧，又容易取得新鮮食材，買下了一家老餐廳重新改裝經營。他用當地海鮮，融合傳統與自行研究的做法，推出了一些大受歡迎的招牌料理，例如扇貝、生鮪魚薄片、用香料醃漬海鮮調味的小牛肉。

該餐廳很快獲得多個知名美食雜誌推薦，進去用餐會發現牆上掛滿義文、英文，跟一大堆日本雜誌的採訪剪報。它不僅獲得義大利美食圖鑑Gambero Rosso選為推薦餐廳，在2000年也被米其林評鑑給了「非常美味」(Grand Gourmet)的口碑。

◤威尼斯最便宜道地披薩店

Antico Forno老烤爐

Sestiere San Polo, 970
(041)520-4110
搭1、2號汽船在Rialto站下
€10以下　MAP P.224

這家應是遊客可以在威尼斯吃到最便宜又道地的披薩了。它的販售方式是讓顧客帶走或站在路邊享用的「速食套餐組」，一瓶飲料加切片比薩的套餐大概是€4～4.5，有時候還會推出當日特價(offerte speciali)套餐。

在角落可看見很多當地年輕人站著邊吃邊聊天，如果想坐下，帶著披薩走幾步找個廣場或河邊野餐也很愜意。

◤多重甜點撫慰人心

Panificio Franco Carlon 法蘭科卡隆點心店

Ruga dei Speziere, 379, San Polo, 30125 Venice
(041)522-2997
搭1、2號汽船在Rialto站下
€10以下　MAP P.224

義大利各個城市都有傳統甜點，熱愛甜點的人，到了威尼斯這個以節慶聞名的城市，如果不嘗一下甜點會有入寶山空手歸的遺憾。這是一家位在雷雅多橋附近的道地點心店，2008年4月曾獲美國航空雜誌推薦，店內甜點種類很多。

硬壤區

◤堅持銅板價的百年甜點店

Pasticceria Tonolo 法多諾羅甜點店

Calle S. Pantalon, 3764, Venezia
(041)523-7209
搭1號船在S. Toma站下
週二～六07:45～20:00，週日07:45～13:00
休 週一　€10以下　MAP P.230

這家成立於1886年的百年甜點店，雖藏身巷弄，不在主要景點周邊，但在當地卻頗具知名度，除了堅持古法製作甜點，也維持很親民的價格，吧台立食都是「銅板價」，濃縮咖啡€1，小甜點也是€1，早餐和下午茶時間，客人都絡繹不絕。

老闆是當地演員的老餐館

Trattoria Busa alla Torre

✉ Campo Santo Stefano, 3, 30141 Murano, Venezia

☎ (041)739-662　$ €20～30　MAP P.237

姆拉諾島上最老的餐館之一，牆上掛滿店家老闆的照片，原來老闆Gabriele Masiol是當地演員，他常在餐廳用餐，也會到各桌打招呼，因此這家餐廳標榜的除了傳統道地口味，更是親切又熱情的用餐氛圍。

坐擁室外溫馨座位

Ristorante Al Vecio Pipa維奇歐管餐廳

✉ S. Mauro 397, 30012 Burano, Venezia

☎ (041)730-045

➡ 從本島北邊的Fonte Nove站搭LN號汽船可達布拉諾島

$ €10～20

@ infoalveciopipa@virgilio.it　MAP P.239

基本上，只要避開12:30～14:00之間的時段，會比較容易找到好餐廳也不必排隊。

這家餐館是位於運河邊的老店，雖然布拉諾島的運河不像本島那麼寬廣壯觀，但因為島上特色是每家房子都漆成不同顏色，所以坐在溫馨可愛的室外座位，反更有度假的悠閒感。

炸花枝是威尼斯特產。

觀光客不像本島那麼多，島上服務生也更親切，例如這家店的老服務生會說流利的英、法文，即使只有一人光顧也不會受到歧視待遇，只要有空位，點旅遊套餐也會給你安排靠河岸位置。

住宿情報

威尼斯旅館以昂貴出名，事實上在整個歐洲，威尼斯可說是住宿最貴的城市。在旺季，一星級旅館的一個雙人房，要價至少都要€150以上。不幸的是，威尼斯的觀光「旺季」又比其他城市長很多。根據官方規定，旺季是從3/15～11/15，以及聖誕節前後的12/21～1/6。倒是有些旅館會故意在8月旺季作特惠降價，因為它知道這通常是旅遊媒體做市場查訪的季節。

如果打算在旺季或是嘉年華前往威尼斯，最好至少在3個月前預定旅館。假如想訂的旅館顯示已客滿，可以多找幾家訂房網站，因為有時候這些網站會先預留房間，還有促銷價格。

如果沒有預定旅館就直接到威尼斯，當地機場、火車站、公車總站的遊客資訊中心也都會提供一些旅館資料。但是在這些官方據點只能訂到比較大的旅館，不能找到便宜的民宿或B&B。

聖馬可區

Hotel Ai Do Mori

★

- Calle Larga San Marco 658-30124 Venezia
- (041)520-4817
- 搭1、2號汽船在San Marco Vallaresso或San Zaccaria站下
- €50～150
- www.hotelaidomori.com
- P.205

距離聖馬可廣場非常近的一星級旅館，大約只有10公尺，是想要省錢又希望交通方便的一個好選擇。

旅館的氣氛比較接近輕鬆的家庭式民宿，有些房間附衛浴，有些採共用浴室。11個客房都有衛星電視、保險箱。

旅館共有3層樓，房間最大的優點是採光佳，多數房間都看得到聖馬可教堂塔頂，特別是頂樓房間的景觀絕妙。這間旅館並沒有提供早餐，但只要走幾步路就有一個咖啡館，可以吃到道地的早餐。

圖片提供／Hotel Ai Do Mori

圖片提供／Hotel Ai Do Mori

Casa Petrarca

★

San Marco 4394, 30100 Venezia
(041)520-0430
搭汽船1、52、82號在Rialto站下，或搭1、2號汽船在San Marco Vallaresso或San Zaccaria站下
€80～125
www.casapetrarca.com　P.205

靠近聖馬可廣場附近的一星旅館，步行到聖馬可廣場只要1分鐘，到雷雅多橋只要3分鐘，穩定低廉的房價可說是附近地段最優惠的旅館之一。所有房間都是有浴室的套房，但因爲只有7間房間，最好事前預定。

老闆可以說英文、法文、德文。旅館氣氛是家庭溫馨式的，房間小、布置簡單，但採光明亮，提供咖啡、果汁、烤麵包、果醬、奶油等簡單早餐。

Hotel Serenissima

★★

Calle Carlo Goldoni, 4486, 30124 Venezia
(041)520-0011
搭1、2號汽船在Rialto或San Marco Vallaresso站下
€70～180
www.hotelserenissima.it　P.205

這是一家距離雷雅多橋不遠的兩星級旅館，旅館名稱有標榜鬧中取靜之意。旅館的裝潢是威尼斯古典風格，房間不大，不過以兩星級旅館來說，算是客房設施十分齊全，每個房間都可以付費使用無線網路，有衛星電視、電話、冷氣，浴室有浴缸或淋浴間，也有吹風機。

旅館旺季與淡季價差頗大，官方網站不定期會推出特惠促銷，例如提供給每月前五名預訂者折扣價。

Hotel Anastasia

★★★

San Marco 2141, 30124 Venezia
(041)277-0776
搭1、2號汽船在San Marco Vallaresso站下，步行3分鐘
雙人房約€80～150(視淡旺季)
www.hotelanastasia.com　P.205

這家旅館地理位置非常方便，位於聖馬可廣場後方，靠近聖摩賽教堂。旅館前面是威尼斯典型的迷你廣場，旅館樓下沒有商家酒吧，因此相當安靜。

旅館服務人員態度親切，暑期經常雇用英文流利的大學生，有些甚至在威尼斯大學學習中文，樂於跟東方旅客交談。房間用19世紀的古典風格老家具裝潢，不過客房也備有付費無線上網、吹風機、空調等現代設施。

Hotel Becher

★★★

San Marco 1857 - 30124 Venice
(041)522-1253
搭1、2號汽船在San Marco Vallaresso站下
€120～200
www.hotelbecher.com　MAP P.205

具有歷史感的三星級旅館，旅館門口有可以上下貢多拉的私人碼頭。地理位置很方便，距離聖馬可廣場、雷雅多橋步行約10分鐘，距離菲尼切歌劇院更近，因為觀賞歌劇後時間通常較晚，能迅速步行回到旅館是其便利性。

旅館內部裝潢是18世紀的威尼斯優雅古典風格，不過配有多項實用的現代設施，特別是大廳有免費上網服務，也提供國際報紙。

Cavalletto Doge Orseolo

★★★★

San Marco, 1107 - 30124 VENEZIA
(041)522-2490
搭1、2號汽船在San Marco Vallaresso站下，步行2分鐘
€120～250
cavalletto.hotelinvenice.com　MAP P.205

這家酒店的最大賣點是「威尼斯歷史最悠久的旅館之一」，從1308年創立，已超過7世紀。曾有很多名人在此下榻，包括奧斯塔的公爵(Duke of Aosta)、前英國首相溫斯頓邱吉爾、理查史特勞斯。

酒店距離聖馬可廣場很近，地理特色是前方面對壯麗的奧塞羅灣(Bacino Orseolo)。酒店內有一家美式酒吧、兩家餐廳，及菸草雜貨店，旅館提供臨時保母服務、會議設施等。櫃檯也會幫忙旅客預定導遊、租車。

Westin Europa & Regina

★★★★★

San Marco, 2159 - 30124 Venezia
(041)240-0001
搭1、2號汽船在San Marco Vallaresso站下
€200～500
www.starwoodhotels.com/westin　MAP P.205

威尼斯許多老旅館是家族經營，如果擔心這類民宿沒有經過嚴格旅館評選，品質不一，可以考慮連鎖旅館。其中威斯汀集團在威尼斯的五星級連鎖飯店非常受到歡迎。

這家旅館在2008年獲得《Condé Nast Traveler》金牌大賞。旅館的地理位置絕佳，面對大運河，對面是巴洛克式建築的安康聖母大教堂。旅館外觀老舊，因為5棟建築都是17～19世紀的老房子，但內部有一流現代設施，包括河畔景觀餐廳、健身房、瑜珈室、32吋電視。另一特色是，旅館一律使用價格昂貴的「天使之床」，適合想來威尼斯度蜜月的遊客。

Hotel Rialto

★★★★

Riva del Ferro/Ponte di Rialto, San Marco 5149, 30124

(041)520-916

搭1、2號汽船在Rialto站下　€120～200

www.rialtohotel.com　MAP P.205

這家四星級旅館最值得驕傲之處，就是它正位在雷雅多橋旁邊，面對著大運河，因而得名。旅館步行到聖馬可廣場也只要5分鐘。

旅館附近十分熱鬧，有各種姆拉諾玻璃或布拉諾蕾絲商店，也有Gucci、Prada等國際精品商店。穿過雷雅多橋的運河對岸，則是魚市場、水果市場所在，用餐購物非常方便。

旅館共有70多個房間，其中約有三分之一面對大運河。官方網站可選擇中文介面。

Bauer Hotel

★★★★★

San Marco 1459, 30124 Venice

(041)520-7022

搭1、2號汽船在San Marco Vallaresso站下

€200～500

www.bauervenezia.com　MAP P.205

自稱是「海灣碼頭」傳奇的包爾酒店，以面對大運河的絕佳地理位置、飯店的悠久歷史自豪。

目前酒店建築外觀是在1940年代翻修的，樸實的建築外觀與附近繁複的巴洛克建築聖摩賽教堂風格不同。不過一進入酒店，內部裝潢就會讓人忍不住張口驚嘆，酒店有挑高大廳，精細的牆壁雕刻，跟華麗的姆拉諾玻璃吊燈，並收藏許多國際現代藝術品。

酒店在聖馬可廣場後方，有河景房間，附設的餐廳De Pisis提供道地地中海式美食，餐廳也有面對運河景觀。酒店規模很大，有91間客房跟18間高級套房。

Hotel Monaco Grand Canal

★★★★★

San Marco 1332, 30124 Venezia

(041)520-0211

搭1、2號汽船在San Marco Vallaresso站下

雙人房價格€200～500

www.hotelmonaco.it　MAP P.205

威尼斯最頂級的旅館大多集中在聖馬可廣場附近的大運河沿岸第一排。這家酒店有著顯眼的白色建築，可以遠眺安康聖母大教堂，享有絕佳景色跟地點。

酒店源於1638年，原屬於Dandolo家族，當時拿來當公共會廳，讓來自各地的貴族、旅行者在其中休息、交誼。內部在近年大幅整修後裝潢華麗，進入後有挑高氣派門廳，並有多達100間客房。

這家酒店是少數除能招攬觀光客，也有能力舉辦大型國際會議的地點。它的會議廳可以容納250人，另有8個小廳，可預定作爲婚禮、私人派對場地，不過價格當然也相當昂貴。

Hotel Villa Igea

★★★

Campo San Zaccaria 4684 30122, Venezia
(041)2410-956
搭1、2號汽船在St Zaccharia站下船
€100~200
www.hotelvillaigea.it
MAP P.213

位在聖薩迦利亞教堂旁的三星級小旅館，建造於1875年。旅館規模不大，只有17間房間，裝潢都是古典威尼斯風格，多數客房都面對聖薩迦利亞小廣場，以威尼斯旅館的標準來說，客房空間算是不小，採光良好、地點方便。

Hotel Lux

★★★

Calle de le Rasse, 4541, 30122 Venezia
(041)740-918
搭1、2號汽船在St Zaccharia站下船
€90~200
www.hotellux.it
MAP P.213

位在聖薩迦利亞教堂後方的三星旅館。同樣距離聖馬可廣場非常近，但是城堡區的房價就比聖馬可區便宜，因此是相當實惠選擇。

這家小旅館也是典型威尼斯風格，有超級古樸的櫃檯，上面還擺著用來招呼服務人員的老式按鈴。用餐處也很古典，用皮沙發區隔成一個個小空間。房間不大，但每間裝潢色系都不同，有沈穩的墨綠、活潑的黃條紋、浪漫的粉紅，浴室則是淋浴跟泡澡兩用的便利設計。

Hotel Commercio & Pellegrino

★★★

Calle delle Rasse, Castello 4551/A, 30122 Venezia
(041)520-7922
搭1、2號汽船在St Zaccharia站下船
€110~200
www.commercioepellegrino.com/it
MAP P.213

距離聖馬可廣場不遠的三星旅館，位於總督宮後方。旅館所在道路Calle delle Rasse說出了旅館自古就位處貿易重要隘口，rasse指的是過去從斯拉夫地區進口的羊毛織品，到19世紀仍是貢多拉船艙的重要材料。

旅館最近剛重新裝潢過，房間乾淨、服務親切。供應自助早餐，特色是在冬天下午還提供小點心下午茶，且旅館旁的路通往公園，適合慢跑。

Hotel Paganelli

★★★

Castello 4687 San Zaccaria Riva degli Schiavoni-Venezia

(041)522-4324

搭1、2號汽船在St Zaccharia站下船，步行1分鐘

€80～200

www.hotelpaganelli.com　MAP P.213

距離聖馬可廣場只要步行2分鐘的三星級旅館，是個擁有悠久歷史的家族旅館，由Paganelli經營了數代。這家旅館跟許多威尼斯小旅館一樣，有個特別的構造，就是有一棟主建築，還有附屬的房屋，主建築客房價格較高、景觀較好，可以遠眺聖馬可廣場，附屬房屋客房則是面對街道。

Hotel Savoia e Jolanda

★★★★

Castello 4187 - 30122 Venice

(041)522-4130

搭1、2號汽船在St Zaccharia站下船

€150～300

hotelsavoiaejolanda.hotelinvenice.com

MAP P.213

距離聖馬可只有3分鐘路程，面海的四星級旅館。內部有精緻的姆拉諾島玻璃裝飾，讓入住的顧客感覺像古代威尼斯貴族般的豪華氣派。面海房間可遠眺聖喬治教堂，早晨望著海景醒來是最大賣點。

圖片提供／Hotel Savoia e Jolanda

圖片提供／Grand Hotel Danieli

Grand Hotel Danieli

★★★★★

Riva degli Shiavoni 4196

搭1、2號汽船在St Zaccharia站下船，步行1分鐘

€350～500

danieli.hotelinvenice.com　MAP P.213

這裡是威尼斯最有名的酒店之一，古老的14世紀建築，過去曾是丹多羅宮，經過不斷轉手，19世紀改建爲知名飯店，吸引許多王公貴族、作家，及藝術家入住。曾經下榻這個飯店的名人包括作家狄更斯、音樂家華格納、作家巴爾札克、普魯斯特、音樂家德布希、喬治桑、莫塞等。

圖片提供／Grand Hotel Danieli

卡納雷究區

Archie's house

無，背包客旅館

S.Leonardo 1814/B 30121 Venezia

(041)720-884

S. Lucia火車站出來後向左轉步行5分鐘，跨過橋後步行約3分鐘

每人€15～28 MAP P.219

在寸土寸金的威尼斯，這家台灣人開的平價青年旅館有著令人驚艷的價格。旅館提供單人房、雙人房、三人房、多人宿舍，距離火車站只要步行5分鐘。

不過因爲住宿價格在威尼斯算是非常經濟，如需要各種額外服務就必須自費，例如熱水澡每8分鐘€1，租用床單€1，寄放一件行李€2。可使用中文、義大利文、英文、德文。

Hotel Abbazia

★★★

Calle Priuli dei Cavaletti-Cannaregio 68, 30121

(041)717-333

S. Lucia火車站出來後向左轉步行2分鐘

€95～270

www.abbaziahotel.com MAP P.219

距離火車站很近的三星級旅館，這間旅館最大特色是本身就是威尼斯宗教歷史聖地的一部分。該建築原本是古老的天主教托缽修會之修道院，因此環境十分安靜，投宿其中可感受「赤腳修士」寧靜詩意的氣氛。

旅館把當初的修士餐廳改建成華麗大廳，不過保留了9世紀的大理石地板，因是修院改建，旅館內也有難得一見的漂亮花園。有中文官方網站可參考。

Hotel Bernardi Semenzato

★★

Calle de l'Oca, 30121 Venezia

(041)522-7257

搭1號汽船在Ca'd'Oro站下之後步行

€55～150

www.hotelbernardi.com MAP P.219

這是一個家族經營的二星級小旅館，旅館本身是由16世紀貴族別墅改建，從1980年起，就由俊男美女夫妻檔Leonardo與Maria Teresa一起經營。這家旅館由於地理位置方便、服務親切、價格合理，曾多次被義大利的旅遊網站推薦。

相較其他威尼斯旅館，其特色是擁有相對寬敞的客房，以二星旅館來說，房間設施也很齊全，房間配置的是18世紀手工家具，浴室有吹風機，甚至部分客房提供按摩式淋浴。

Hotel Vecellio

★★★

Sestiere Cannaregio, 5039, 30121 Venezia
(041)523-8743
搭42、52號汽船在Fondamenta Nuove站下
€120～230
www.hotelvecellio.com
P.219

這是一家位在威尼斯北邊的三星級旅館，雖然距離主要景點步行較遠，走到聖馬可廣場大約要15分鐘，雷雅多橋約要10分鐘，但它就在通往麗都島、姆拉諾島等離島的重要汽船站Fondamenta Nuove旁邊，對於想多花時間去離島的遊客，反而更爲方便。且旅館房間多數有海景，視野遼闊。

Hotel Malibran

★★★

cannaregio, 5864, 30121 Venezia
(041)522-8028
搭1、2號汽船在Rialto站下
€80～250
www.hotelmalibran.com
P.219

位在瑪莉布蘭歌劇院前方的三星級旅館。這棟旅館本身就是一個重要的歷史建築，在1500年興建時，是絲綢交易所在。旅館就在馬可波羅故居旁邊，旅館附設餐廳入口處還特地設置了指標。

因位在歌劇院旁，旅館也常有前來表演的音樂家下榻，或慕名來的樂評家。藝術家們有時聚集在大廳、出入口閒聊，使旅館充滿著特別的藝文氣息。

Locanda del Ghetto

★★★

Cannaregio, 2892, 30121 Venezia
(041)275-0825
搭1號汽船在S. Marcuola站下車
€110～200
www.locandadelghetto.net
P.219

這棟位於猶太廣場的三星級旅館，本身是17世紀建造的老房子，但不同於多數威尼斯旅館標榜古老裝潢，旅館內部採較具現代感的極簡主義風格，對於擔心老家具有股陳年氣味的旅客，是個不錯選擇。不過旅館只有6間客房，最好提早預約。

Ca' Arco Antico

★

San Polo 1451, 30100 Venice

(041)2411-227

搭汽船1號在Rialto Mercato下，順著往聖保羅廣場的大路走3分鐘，抵達一條叫做Calle del Forno的小路，走到底即可抵達

€60～180

www.arcoanticovenice.com MAP P.224

這間小旅館的地理位置優良，距離著名觀光景點雷雅多橋步行只需要幾分鐘。旅館本身是改建一個威尼斯老房子，旅館名稱取自其建築特色，有一個古老的拱廊，進入後有小巧可愛的安靜院子。

圖片提供／Ca' Arco Antico

雖然規模很小，只有8間客房，但是旅館主人用心良苦地把每間房間都以威尼斯歷史名人命名，搭配命名裝潢各房間不同的風格，重現威尼斯古典風華。

Albergo Alex

★

30125 Venezia (VE) - 2606, S. POLO

(041)523-1341

搭1、2號汽船在S. Tomà站下

€60～170

www.hotelalexinvenice.com MAP P.224

這是一家家族經營的威尼斯一星級老飯店。經營者是馬利歐(Mario Fiorentini)和他的媽媽維莉雅(Velia Marazzi)。旅館開業於1959年。

旅館正前方是一條小街道，在威尼斯稱做Rio，指河流之意，街道雖窄小，但是附近店鋪很多。有賣三明治的小店，也有賣威尼斯面具、姆拉諾玻璃製品等紀念品。

旅館部分房間窗戶可以看見兩側的運河。地點方便，距離聖洛可大會堂步行只要5分鐘。

Ca' San Polo

★

Sest. S.Polo 2696-2697, Calle dei Saoneri/d'e Malvasia Venezia

(041)244-0331

搭1、2號汽船在S. Tomà站下

€80～200

www.casanpolo.it/en MAP P.224

位於聖洛可大會堂附近巷內，也是家族經營的老店。Mioni家族已經連續四代經營此一旅館，跟多數威尼斯中心的旅館一樣，建築有著老舊外觀，不過內部重新翻修過，古典裝潢讓人感覺別有洞天。

這家旅館的特色是有屋頂露台，早餐的用餐地點是在頂樓，因此可以觀賞城市美景。距離聖方濟教會、哥朵尼之家、聖保羅廣場都不遠。

瀉湖群島區

Hotel Helvetia

★★★

Gran Viale Santa Maria Elisabetta 4-6-30126 Venice Lido

(041)526-8403

搭1、8、11、17、18、20、51、52、61、62、LN汽船抵達麗都島後，沿著主要大道Gran Viale S. Maria Elisabetta走約3分鐘

€100～200

www.hotelhelvetia.com

MAP P.235

位在麗都島主要大道上的三星旅館，距離汽船站只要5分鐘。這家旅館有多達57間客房，因此在影展、嘉年華一位難求時，可以在這家旅館碰碰運氣。多數客房空間不大，不過在高樓層也有「蜜月套房」，浴缸足夠兩人泡澡。旅館另一特色是有中庭花園的bar，還有躺椅讓房客在中庭曬太陽、看書。

Hotel Grande Albergo Ausonia & Hungaria

★★★★

Gran Viale S. Maria Elisabetta, 28, 30126 Venezia Lido

(041)242-0060

搭1、8、11、17、18、20、51、52、61、62、LN汽船抵達麗都島後，沿著主要大道Gran Viale S. Maria Elisabetta走約7分鐘

€100～200

www.hotelhungaria.com

MAP P.235

這是一家麗都島主要大道上的四星級旅館，相對其他四星旅館，它的價格幾乎是最優惠的，也經常有促銷。旅館建造在1905年，距離汽船站只要5分鐘。外牆的新文藝復興風格是在1914年所建，整棟建築內外觀都反應新藝術(Art Nouveau)風格，包括旅館內使用的米蘭家具品牌。

Hotel Des Bains

★★★★

Lungomare Marconi 17-30100 Venice Lido

(041)526-5921

搭1、8、11、17、18、20、51、52、61、62、LN汽船抵達麗都島後，搭環島公車前往海邊的大路Lungomare Marconi

€300～450

www.hotelinvenice.com

MAP P.235

這是因為電影、小說《威尼斯之死》而聲名大噪的四星級旅館。有飯店專屬海灘，是一個度假頂級旅館。雖然並非五星級，旺季價格簡直是「六星級」，不過每年仍有世界各地眾多旅客慕名而來，對很多遊客來說，投宿其中代表了一種文學品味與難忘經驗。

米蘭 分區導覽

Milano

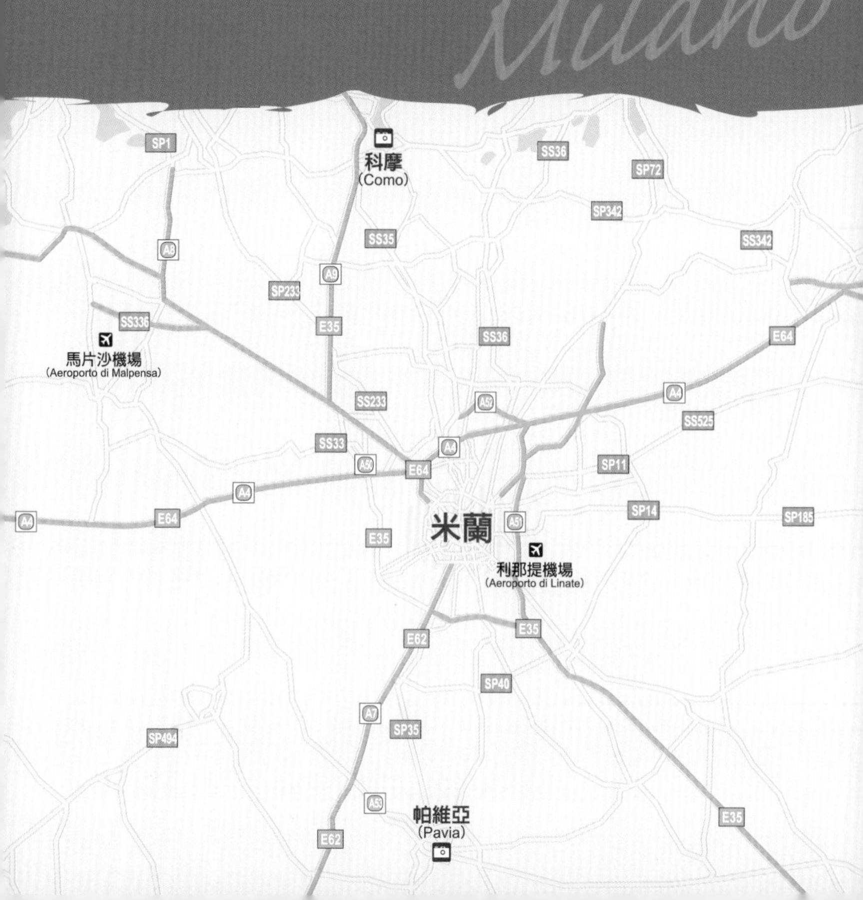

米蘭
義大利的經濟首都

向來走在時尚潮流尖端的米蘭，雖然在傳承文化藝術上或許沒有羅馬或佛羅倫斯來得輝煌，但是只要你深入親臨這個現代大都會後不難發現，在時髦的外衣下，其實米蘭的骨子裡仍蘊含著文藝復興時期的古典浪漫，只是目前被高度商業發展的光芒掩蓋罷了！

歷史沿革

位於阿爾卑斯山下的波河平原(Fiumo Po)，向來是米蘭地理優勢的根據地，也因此經常受到周遭民族的覬覦。從西元前400年的高盧人開始，中間經歷西元5世紀西羅馬帝國垮台後的哥德人等外族入侵，雖然後來經過500多年的力圖振作，卻又於15世紀起，分別遭受法國、西班牙和奧地利的統治，直到1859年才重回義大利的懷抱，現為倫巴底區(Lombardia)首府。

揉合古典與現代的品味

在政治的歷史長河裡，米蘭可說是飽經滄桑。所幸，這群在波河平原

擁有135座尖塔的米蘭主教座堂是全國最大的哥德式教堂。

孕育下的硬頸米蘭人，似乎有一股毅力過人的天生秉賦，在經過短暫的療傷止痛後，很快就迎頭趕上，重新展現她在經濟命脈的活力。

我們今日所見的米蘭，不但工商業蓬勃發展，即使是在建築、歌劇、藝術等文化層面，米蘭也都能端出亮眼的成績單。如市中心的主教座堂(即米蘭大教堂)是全國最雄偉的哥德式教堂，而全歐洲最大舞台的史卡拉歌劇院，更是享有世界級的美譽；若再加上藝術大師達文西膾炙人口的鉅作《最後的晚餐》(Cenacolo)，坦白說，米蘭對遊客展現出的吸引力，應不止是日新月異的流行精品而已！

米蘭時尚之都是血拚族的購物天堂。

旅行小抄

米蘭博物館的聯票

米蘭有一些博物館是以聯票方式的優惠套票，若有興趣參觀是蠻划算的：

館名	Data	優惠方式
Musei del Cestello Sforzesco (個別票價€5)	✉ Piazza Castello, 3 ☎ (02)8846-3700 http www.milanocastello.it	這是米蘭市立博物館的聯票，在任何市立博物館買3天效期、€12的Tourist Musenm Card聯票，可以參觀隸屬市政府的8座博物館，這裡列出較重要的4座。可以參考相關網站，裡面詳列開放時間和前往方式 http www.turismo.milano.it 搜尋I Musei Civici del Comune di Milano 訂票partnershop.ticketone.it/spl-civicimilano/ 備註：目前米蘭市立博物館規定 1.未滿18歲免費 2.每天閉館前1個小時、週二14:00以後、以及每個月的第一個週日免費
Museo Archeologico (個別票價€5)	✉ Corso Magenta,15 ☎ (02)8844-5208 http www.museoarcheologicomilano.it	
Museo del Risorgimemto (個別票價€5)	✉ Via Borgonuovo, 23 ☎ (02)8846-4177 http www.museodelrisorgimento.mi.it	
Museo di Storia Naturale (個別票價€5)	✉ Corso Venezia, 55 ☎ (02)8846-3337 http www.comune.milano.it	

館名	Data	優惠方式
Musei Bagatti Valsecchi (個別票價€9) 休 週一	✉ Via Gesù, 5 ☎ (02)7600-6132 http www.museobagattivalsecchi.org	這是米蘭貴族聯合推動的私人豪宅博物館，一張€20聯票在6個月之內可以自由進入這4座博物館各一次。有興趣可以參考聯合網站，裡面詳列開放時間和前往方式： ☎ (02)4547-3813 http www.casemuseomilano.it
Casa Museo Boschi di Stefano (免費) 休 週一	✉ Via G. Jan 15 ☎ (02)8846-3736 http www.fondazioneboschidistefano.it	
Fai-Villa Necchi Campiglio (個別票價€10) 休 週一	✉ Via Mozart 14 ☎ (02)7630-0121 http www.visitfai.it/villanecchi	
Museo Poldi Pezzoli (個別票價€10) 休 週二	✉ Via Manzoni 12 ☎ (02)794-889 http www.museopoldipezzoli.it	

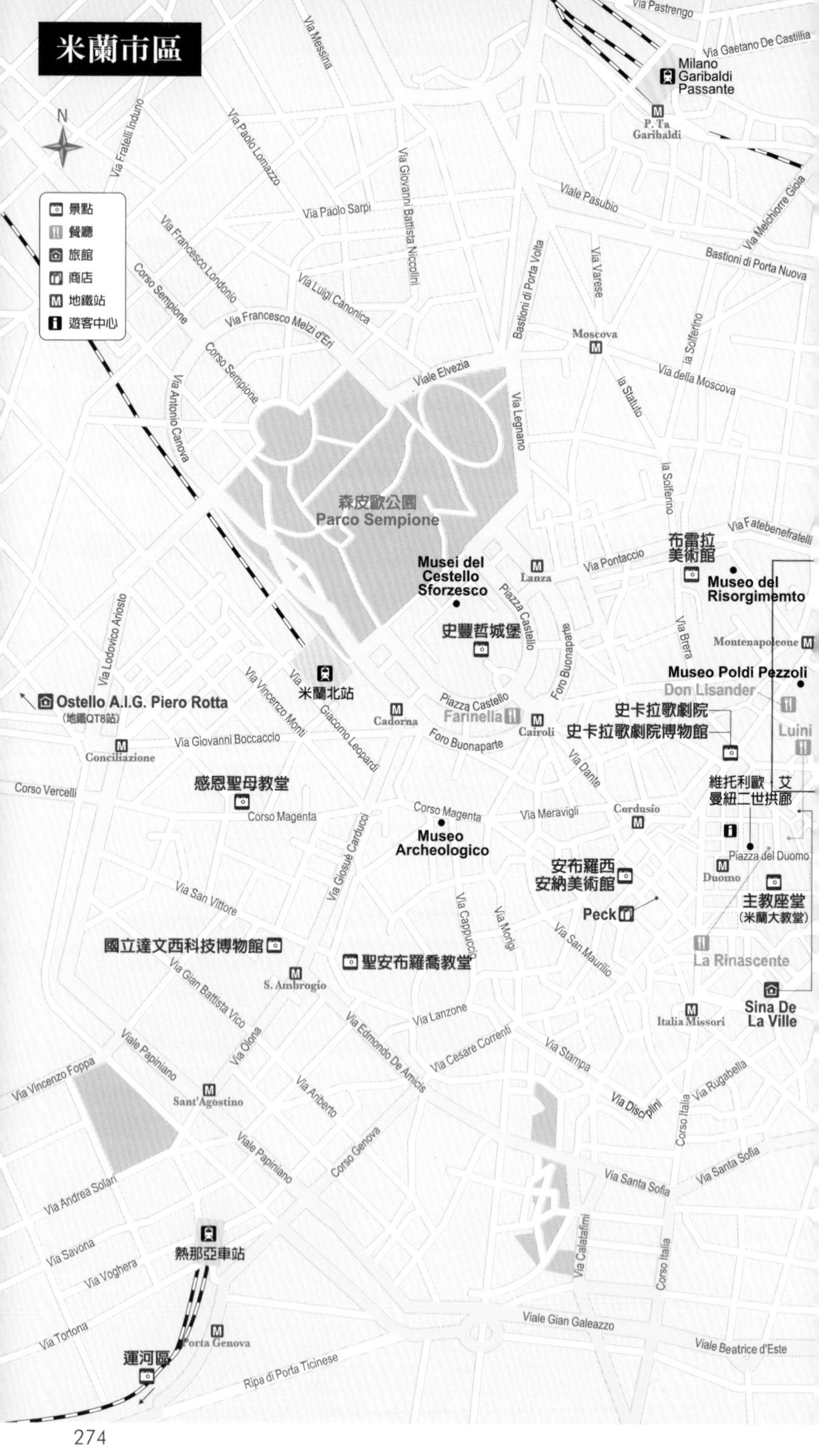
米蘭市區
N
景點
餐廳
旅館
商店
地鐵站
遊客中心
Via Pastrengo
Via Gaetano De Castillia
Milano
Garibaldi
Passante
P. Ta
Garibaldi
Via Messina
Via Fratelli Induno
Via Paolo Lomazzo
Via Giovanni Battista Niccolini
Via Paolo Sarpi
Viale Pasubio
Via Melchiorre Gioia
Bastioni di Porta Nuova
Via Francesco Londonio
Corso Sempione
Via Luigi Canonica
Via Francesco Melzi d'Eri
Bastioni di Porta Volta
Via Varese
Moscova
ia Solferino
Via della Moscova
Corso Sempione
Viale Elvezia
Via Antonio Canova
Via Legnano
ia Statuto
ia Solferino
森皮歐公園
Parco Sempione
Via Fatebenefratelli
布雷拉
美術館
Musei del
Cestello
Sforzesco
Lanza
Via Pontaccio
Museo del
Risorgimemto
Piazza Castello
Foro Buonaparte
Via Brera
史豐哲城堡
Montenapoleone
Via Lodovico Ariosto
Museo Poldi Pezzoli
Don Lisander
Via Vincenzo Monti
米蘭北站
Ostello A.I.G. Piero Rotta
(地鐵QT8站)
Via Giacomo Leopardi
Piazza Castello
Farinella
Cadorna
Cairoli
史卡拉歌劇院
史卡拉歌劇院博物館
Luini
Via Giovanni Boccaccio
Conciliazione
Foro Buonaparte
Via Dante
感恩聖母教堂
Corso Vercelli
維托利歐·艾
曼紐二世拱廊
Corso Magenta
Corso Magenta
Via Meravigli
Cordusio
Museo
Archeologico
Via Giosuè Carducci
Piazza del Duomo
Duomo
安布羅西
安納美術館
主教座堂
(米蘭大教堂)
Via San Vittore
Via Cappuccio
Via Morigi
Peck
Via San Maurilio
國立達文西科技博物館
聖安布羅喬教堂
La Rinascente
Via Gian Battista Vico
S. Ambrogio
Sina De
La Ville
Via Lanzone
Italia Missori
Via Edmondo De Amicis
Via Olona
Via Cesare Correnti
Via Stampa
Viale Papiniano
Via Vincenzo Foppa
Sant'Agostino
Via Ariberto
Via Disciplini
Corso Italia
Via Rugabella
Viale Papiniano
Corso Genova
Via Santa Sofia
Via Santa Sofia
Via Andrea Solari
熱那亞車站
Via Savona
Via Voghera
Via Calatafimi
Corso Italia
Via Tortona
Viale Gian Galeazzo
Porta Genova
Viale Beatrice d'Este
運河區
Ripa di Porta Ticinese

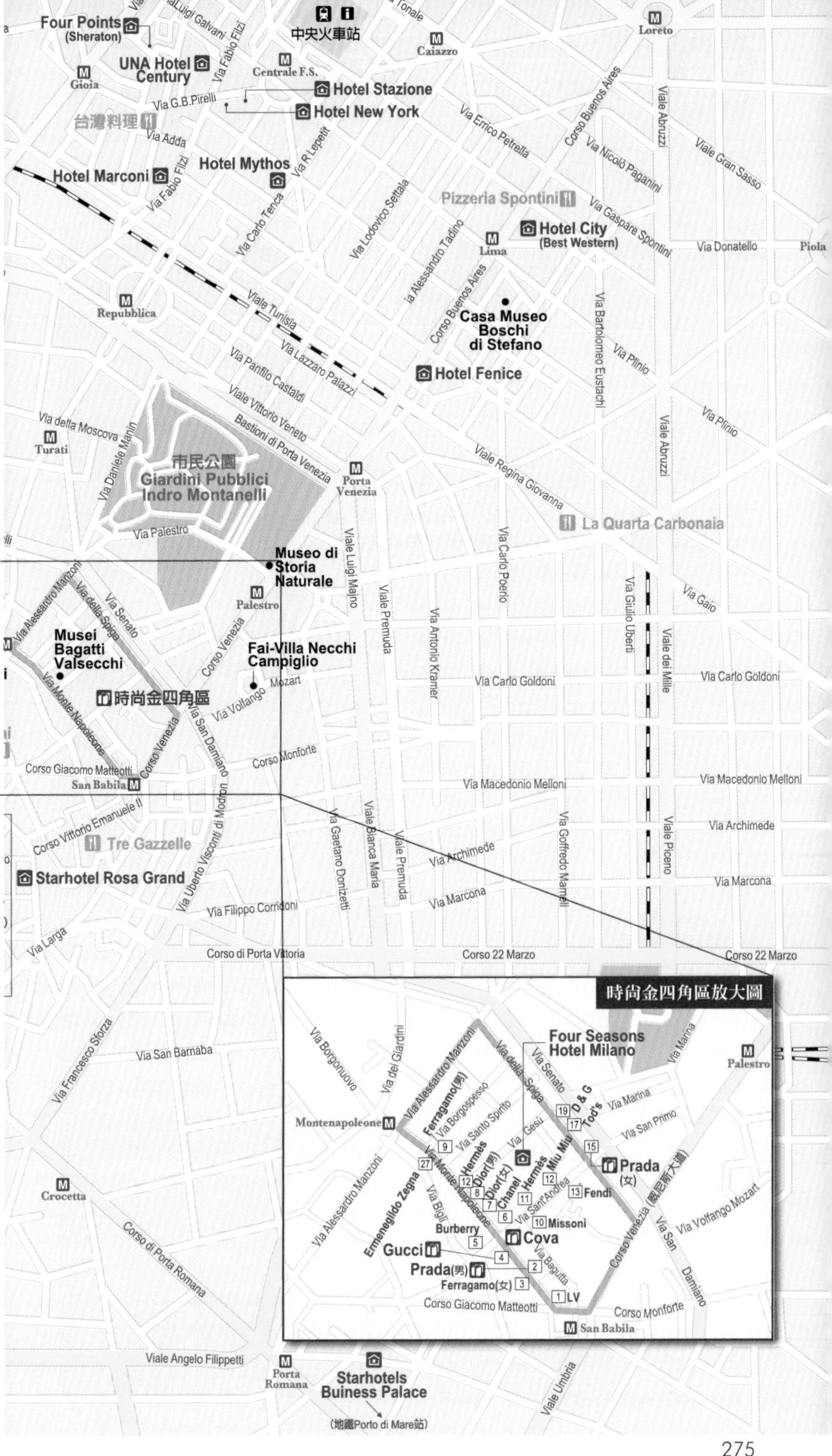

Four Points (Sheraton)
UNA Hotel Century
中央火車站
Hotel Stazione
Hotel New York
台灣料理
Hotel Marconi
Hotel Mythos
Pizzeria Spontini
Hotel City (Best Western)
Casa Museo Boschi di Stefano
Hotel Fenice
市民公園
Giardini Pubblici Indro Montanelli
La Quarta Carbonaia
Museo di Storia Naturale
Musei Bagatti Valsecchi
Fai-Villa Necchi Campiglio
時尚金四角區
Tre Gazzelle
Starhotel Rosa Grand
時尚金四角區放大圖
Four Seasons Hotel Milano
Prada(女)
Fendi
Missoni
Cova
Gucci
Prada(男)
Ferragamo(女)
LV
Burberry
Ermenegildo Zegna
Ferragamo(男)
Hermès
Dior(男)
Dior(女)
Chanel
Miu Miu
D & G
Tod's
Starhotels Buiness Palace
(地鐵Porto di Mare站)

熱門景點

主教座堂(米蘭大教堂)

Duomo di Milano

Piazza del Duomo 14　(02)7202-2656

搭地鐵M1(紅)或M3(黃)線到Duomo站　MAP P.274

08:00～19:00(最後入場18:10)／屋頂觀景(Terrazze)09:00～19:00(售票至18:00)，冬夏開放時間略有更動

休 12/25，週日彌撒時只能在教堂入口附近參觀

$ 教堂免費／屋頂觀景搭電梯€13、6～12歲或團體優待票€7，走樓梯€9、6～12歲或團體優待票€4.5／博物館(Museo)+S. Gottardo in Corte€3、6～12歲或團體優待票€2／考古區(Area Archeologica)€7、未滿26歲或團體優待票€3
另有效期72小時的屋頂觀景+博物館+洗禮堂(Battistero di San Giovanni)+考古區聯票：Duomo Pass A(屋頂觀景搭電梯)€16、優待票€8／Duomo Pass B(屋頂觀景走樓梯)€12、優待票€6。以上各項，6歲以下皆免費

http www.duomomilano.it、www.ticketone.it(訂票)

除了禁止穿著無袖和短褲外，教堂入口請打開背包接受檢查

教堂內的光源是從色彩炫麗的彩繪玻璃透入。

世界第二大哥德式教堂

從西元1386年在位統治的威斯康提(G. G. Visconti)開始動工，歷經近6個世紀才大抵完成的主教座堂，整個工程匯集義、法、德等多國藝術和工程專家的心血，是米蘭的主要城市象徵。

正門的5座銅門浮雕，分別敘述米蘭在宗教上的歷史、聖經故事和神話傳說，裡面也包含君士坦丁大帝於西元313年所頒布《米蘭詔書》(Editto di Milano)的歷史情節。教堂內部呈拉丁十字型(長大於寬)，長158公尺、最寬達93公尺，這偌大的空間主要由52根圓柱支撐。教堂後殿幾扇15世紀的巨型彩繪玻璃，藉由透光表現出來的鮮麗色彩，生動描繪新、舊約聖經上的故事，光彩奪目。

在教堂左殿有許多遊客插滿許願的蠟燭，只要在捐獻箱(Offerte)投入捐獻，即可向前拿蠟燭點燃許願，據說十分靈驗。教堂四周的雕像中，右殿出口處有一尊被處以剝皮殉教的聖人巴多羅梅歐(San Bartolomeo)，雕像裡他披著被剝下來的人皮，還依稀看得到皮下的肌肉紋裡，令人看了不禁觸目心驚。而主祭壇下方的寶庫(Tesoro)，展示中世紀的金、銀工藝品和一座4世紀的洗禮堂(Battistero di San Giovanni)，以及收藏 14～20世紀裝飾教堂受保存或等待修復雕像和雕刻的博物館，有興趣可以買票參觀。

聖母像是最高的尖塔雕像。

氣勢萬千的屋脊奇觀

教堂屋頂(Terrazze)是很值得看的地方，你可以選擇走樓梯或搭乘電梯抵達，兩者略有價差，除非要考驗自己的腳力，否則建議以搭電梯爲宜。屋頂縱橫交錯的山形牆，其間矗立19世紀才新增的135座尖塔，每座尖塔上都豎立一尊精雕細琢的聖人，其中高達4.2公尺的最高一尊是裹著金身的聖母像。

面對形形色色的花飾窗格、尖檽、雕像和怪獸滴水嘴，雖然讓你看得眼花撩亂，卻也像穿梭在參差高聳的尖塔迷陣裡，感覺相當特別。

旅行小抄

入教堂該遵守的規定

要進主教座堂和教堂屋頂，除了前面提到禁止穿無袖和短褲，以及教堂入口排隊接受檢查背包外，也禁止飲食、抽煙、使用自拍器、三腳架、拿行李箱和講手機等。

在教堂入口需接受背包檢查。

教堂門口立著禁止事項告示牌。

↑教堂屋頂奇觀。 →教堂正面的美麗石雕。
↓正門的5座銅門上和宗教有關的浮雕。

米蘭大廳——在最美麗的購物中心悠閒欣賞曼哥尼的設計

從教堂出來朝右側走，這裡有一座19世紀的維托利歐．艾曼紐二世拱廊(La Galleria Vittorio Emanuele II)。這座富麗堂皇的拱廊呈拉丁十字型，全長達196公尺，拱頂以鑄鐵和玻璃覆蓋，高達47公尺，兼具採光和美觀的優點。中央圓頂被4幅描繪世界四大洲的鑲嵌畫環繞，顯得氣派豪華，也因此贏得「米蘭大廳」(Il Salotto di Milano)的美譽。

米蘭的艾曼紐二世拱廊應是全義大利最美麗的購物中心。

今天我們能在這麼瑰麗的「大廳」悠閒購物和休憩，都得感謝原設計師曼哥尼(G. Mengoni)從1865~1867年全心投入，不過根據記載，他本人卻在落成的前幾天從屋頂意外摔死，實在令人扼腕。

4幅描繪世界四大洲的其中2幅，環繞著圓頂。

這座由許多商店和咖啡館組成的拱廊，其中還包括已營業100多年的著名餐廳沙維妮(Savini)。走在中央圓頂下，有些遊客似乎特別注意腳底下4座重要城市之代表徽章的大理石鑲嵌地板，其中羅馬是「母狼」、佛羅倫斯是「百合」、米蘭是「白底紅十字」和杜林(Torino)的「公牛」。最特別的是，前3座的地板平坦光滑，只有公牛鑲嵌地板竟是凹陷的，這讓我感到十分好奇；一問旁邊店裡的當地人才恍然大悟，原來用腳跟在公牛的生殖器上轉圈圈，據說會帶來好運！哇，想想我這隻「金牛」，豈能放過帶來好運的機會，趕緊上前認真的轉了幾圈。

↑已成拱廊購物中心的代表餐廳Savini。
→遊客爭相在公牛生殖器上轉圈圈求好運。

歌劇院前的廣場立著達文西和他4位得意門生。

史卡拉歌劇院

Teatro alla Scala

- Via Filodrammatici 2　FAX (02)861-768
- (02)88-791，訂位專線：(02)7200-3744
- 搭地鐵M1(紅)、M3(黃)線到Duomo站再走約4分鐘，或搭電車1、2號到Teatro alla Scala站
- 12:00～18:00　休 8月
- 依座位分票價等級，從€10～€250
- http teatroallascala.ticketone.it(訂票)
- 1.可上官網訂票，或是Duomo地鐵站內(售票時間週一～五12:00～18:00)，劇院售票口只售當天票。2.著名的劇碼、音樂家或舞蹈表演需提前1～2個月前預訂比較保險
- MAP P.274

穿過艾曼紐二世拱廊再往前走幾步的史卡拉廣場，廣場上佇立著藝術兼科學家達文西的雕像，下方周圍四座雕像則是達文西的得意門生。廣場左側是享譽全世界的史卡拉歌劇院，也是全球聲樂、指揮和劇作家夢寐以求的登台地點，通常著名的戲碼，在演出之前門票幾乎就已售罄。

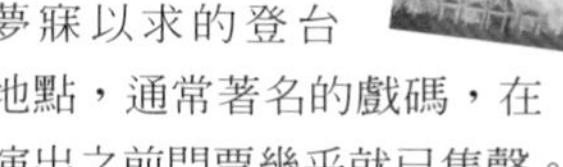
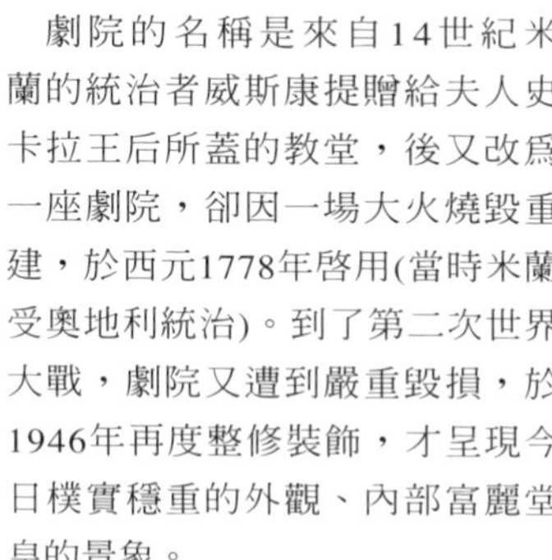

↘非歌劇期間所舉辦音樂會的海報。

劇院的名稱是來自14世紀米蘭的統治者威斯康提贈給夫人史卡拉王后所蓋的教堂，後又改爲一座劇院，卻因一場大火燒毀重建，於西元1778年啓用(當時米蘭受奧地利統治)。到了第二次世界大戰，劇院又遭到嚴重毀損，於1946年再度整修裝飾，才呈現今日樸實穩重的外觀、內部富麗堂皇的景象。

此地號稱擁有全歐的最大舞台，可以容納千名演員，內藏14個轉動小舞台，可依劇情需要調整角度。舞台上方的巨形水晶吊燈由365盞燈泡組成，豪華氣派。除了底層的觀眾席，上面還有6層樓座，一共可容納2,800名的觀眾，其出色的音響效果堪稱全球第一。

史卡拉歌劇院外觀樸實。

旅行小抄

義大利三大歌劇院

米蘭史卡拉歌劇院

自西元1778年啓用至今，是義大利18～19世紀建築歌劇院的樣本。每年的歌劇季是從米蘭守護神聖安布羅喬(Sant'Ambrogio)生日12月7日開始～隔年5月間；若非歌劇期間，則表演芭蕾或音樂會。

羅馬歌劇院

羅馬歌劇院於西元1880年落成，是義大利中部首屈一指的歌劇院。歌劇和芭蕾舞劇是9～6月；7～8月期間的露天歌劇移往卡拉卡拉浴場。

拿波里聖卡羅歌劇院(Teatro di San Carlo)

比起米蘭的史卡拉歌劇院絲毫不遜色的拿波里聖卡羅歌劇院，1737年啓用，設備豪華氣派，擁有3,000個座位，是歐洲現存仍在使用中最古老的歌劇院，已被聯合國列為世界文化遺產。每年歌劇季從1～5月。

羅馬歌劇院。
（圖片提供／Corrado Maria Falsini）

知識充電站

義大利歌劇的魅力

「歌劇」是一種結合音樂和戲劇的綜合性藝術，尤其是著名劇碼，除聲樂家動人渾厚的歌聲、交響樂團的搭配演奏外，對舞台布景的變化、演員服裝的考究等，都搭配得天衣無縫，無非是要呈現給觀眾在視覺與聽覺上的高度享受。

歌劇的起源

義大利的歌劇源於16世紀末佛羅倫斯的一群音樂家、詩人和藝術贊助者，他們為了提升當時音樂在戲劇中只是陪襯的角色，於是想出將原先單純的背景音樂搭配台詞，轉成有旋律的朗誦調，這應該是義大利歌劇發展的濫觴。

加強戲劇效果的發展期

到了17～18世紀間，歌劇逐漸由佛羅倫斯傳到威尼斯和拿波里，也由原先的朗誦調加強一些戲劇效果。到了18～19世紀，拿波里發展出輕鬆的「喜歌劇」，其中以羅西尼(G. Rossini)的《塞維亞的理髮師》(Il Barbiere di Siviglia)活潑生動的樂曲和緊湊的劇情，在當時歌劇界大放異彩。

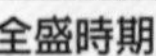

全盛時期

往後，歌劇逐漸在歐洲受到重視，各國的作曲家也競相發展具有各民族特色的歌劇作品。19世紀中葉，義大利出現了一位至今在歌劇界仍擁有不朽地位的威爾第(Giuseppe Verdi)，他的悲劇經典創作《弄臣》(Rigoletto)、《茶花女》(La Traviata)和《阿依達》(Aida)，都是歷久不衰的經典名劇。

到了20世紀，傳承威爾第寫實風格的普契尼(Giacomo Puccini)也譜出一齣齣名劇曲，《托斯卡》(Tosca)、《蝴蝶夫人》(Madama Butterfly)與《杜蘭多公主》(Turandot)都是大家至今耳熟能詳的戲碼，也因而奠定義大利歌劇在世界上的地位。

史卡拉歌劇院博物館緊鄰歌劇院旁。

博物館入口。

史卡拉歌劇院博物館

Museo Teatrale alla Scala

- Largo Ghiringhelli 1/Piazza Scala
- (02)8879-7473　與歌劇院相同
- 09:00～17:30(最後入館～17:00)；書店10:30～19:30
- 休 1/1、復活節、5/1、8/15、12/7、12/24下午、12/25、12/26、12/31下午
- $ €9，學生、65歲以上優待票€6，未滿12歲免費
- http www.teatroallascala.org/en/museum/museum.html　MAP P.274

博物館門票上印著19世紀史卡拉歌劇院前熱鬧街景的油畫。

對樂迷來說，歌劇院裡的陳設、劇中服飾、道具和各齣歌劇所留下的紀念品是十分珍貴有趣的。一進入史卡拉歌劇院旁附設的博物館，階梯兩旁掛滿歷年在此歌劇院表演的著名歌劇海報，如威爾第(G. Verdi)在1925年的《阿依達》、普契尼(G. Puccini)在1904年的《蝴蝶夫人》和1926年的《杜蘭多公主》首演，以及1928年的《托斯卡》等，當時的最貴座位票價是500里拉。

博物館大廳展示著名劇照和名作曲家普契尼、指揮大師托斯卡尼尼(Toscanini)等半身銅像，館裡還有莫札特的手稿、各類樂器、歷年來名歌劇服裝和道具等。

當然，也開放歌劇院內豪華的舞台、燈飾、紅絲絨座椅，很值得參觀。另外，在博物館旁也有附設書店，專售音樂相關的書籍等。

←博物館大廳展示著名劇照和名家雕像。

布雷拉美術館
Pinacoteca di Brera

- ✉ Via Brera 28 ☎ (02)722-631
- FAX (02)7200-1140
- ➡ 從史卡拉歌劇院往北的via Verdi接Via Brera，或地鐵M2(綠)線到Lanza站，也可搭M3(黃)線到Montenapoleone站，這3種方式各需走約5～7分鐘
- 🕒 週二～日08:30～19:15(售票至18:40)
- 休 週一、1/1、5/1、12/25
- $ €10、18～25歲歐盟公民€7，未滿18歲免費，語音導覽€5
- http pinacotecabrera.org
- !? 每個月的第一個週日免費，拍照禁閃光和自拍器，也禁止錄影
- MAP P.274

兩層雙柱支撐拱廊的中庭。

在布雷拉美術館附近，是米蘭繪畫藝術充滿活力的據點。這座原爲17世紀的布雷拉宮，現在已成爲國家藝術學院和美術館；美術館內的藏量之豐與重要性，足以和佛羅倫斯的烏菲茲美術館相互媲美。

美術館典藏15～19世紀的許多大師繪畫，這主要來自19世紀拿破崙從義大利各地蒐集來的藝術品，所以在大門進來的中庭，中央樹立一座18世紀名雕刻家卡諾瓦(Canova)將拿破崙雕塑成手握勝利象徵的青銅神像，以表彰他在這座美術館的貢獻。

《聖母的婚禮》是拉斐爾年輕時的代表作。

穿過中庭，地面1樓是美術學院和附設咖啡館，參觀美術館要上2樓。館內共分38個展覽室，超過500件的作品，其中以開啓威尼斯畫派的貝里尼(G.Bellini)《聖殤》(Pietà)、曼帖那(A. Mantegna)運用光影和透視手法表現的《哀悼基督之死》(Cristo Morto)、拉斐爾在21歲的代表作《聖母的婚禮》(Sposalizio della Vergine)，以及卡拉瓦喬在1606年的《以馬忤斯的晚餐》(Cena in Emmaus)最爲著名，是義大利北部與威尼斯學院美術館(見P.231)齊名的繪畫收藏館。

曼帖那以透視手法表現的《哀悼基督之死》。

史豐哲城堡

Castello Sforzesco

- Piazza Castello, 3
- 資訊(02)8846-3700、票務(02)8846-3703
- 搭地鐵M1(紅)線到Cairoli站或M2(綠)線到Lanza站，再步行約3分鐘
- 城堡07:00～19:30，博物館週二～日09:00～～19:30 (最後入場19:00)
- 休 博物館週一、1/1、12/25
- 城堡免費，博物館€5(有展覽會加價)，未滿18歲免費，也有3日聯票€12(見P.273)
- http www.milanocastello.it www.ticketone.it(訂票)
- 目前博物館週二14:00、週三～日16:30以後進入和每月的第1個週日免費，但是時有更動，行前請上網確認
- MAP P.274

這座米蘭占地最廣的建築，最早始於14世紀的威斯康提(Visconti)家族興建，直到15世紀中因統治結束而被拆毀。到了15世紀末葉，由新的統治王朝史豐哲(F. Sforzesco)家族改建成文藝復興樣式的赭色磚城堡。

城堡的外貌防禦森嚴，不但加高城牆，而且磚牆上密密麻麻的槍眼、四周護城河環繞和高聳的瞭望塔，可見當年史豐哲家族的權勢之大。相較於城堡陽剛的要塞外觀，由拉斐爾老師布拉曼帖(D. Bramante)和來自佛羅倫斯的菲拉雷帖(Filarete)設計的堡壘中庭就顯得柔和許多，再加上達文西親自在天花板彩繪18棵樹枝纏繞交錯、花鳥點綴其間的「阿熙大廳」(Sala delle Assi，又稱木板廳)，此座城堡可說是結集各名家心血結晶的壯麗建築。

城堡的外貌防禦森嚴。

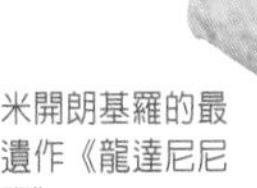

↗米開朗基羅的最後遺作《龍達尼尼聖殤》。

城堡中庭占地遼闊。

美術館中貝里尼的《聖母子》。

城堡後面是一大片綠地，當地民眾喜歡悠閒地坐在草地上。

目前城堡內被規畫成幾座博物館，米開朗基羅生前尚未完成的《龍達尼尼聖殤》(Pietà Rondanini)雕像，被放置新獨立出來的「龍達尼尼聖殤博物館」(Museo della Pietà Rondanini)，「古代美術館」則展示了貝里尼(G. Bellini Brera)的《聖母子》(Madonna col Bambino)、利比(F. Lippi)修士的《聖母子、聖人和天使》(Madonna col Bambino Santi e Angeli)等文藝復興巨匠精采的宗教畫作。

城堡後面是米蘭市區占地極廣的森皮歐公園(Parco Sempione)，市政府經常在此舉辦露天音樂和博覽會，也是市民假日休閒的好去處。

趣味大發現

城堡巡邏騎警

在義大利偶而會發現騎警巡邏的英姿，不過多以男警察為主，而米蘭的史豐哲城堡卻以一男一女的騎警搭配巡邏。由於平日在城堡周圍經常聚集很多黑人賣仿冒包，他們為了躲警察，經常和這些騎警玩「躲貓貓」。

這一天不知是什麼原因，這群賣仿冒品的黑人竟然警覺心不夠，巡邏騎警已經到面前才發現，急忙中為了收拾地上的貨品，差點被馬踢到，真是好險！

一對男女騎警在城堡巡邏。

感恩聖母教堂

Basilica di Santa Maria delle Grazie

Piazza Santa Maria delle Grazie 2

(02)8942-1146(教堂服務電話)，(02) 9280-0360、免費800-900-084(預約電話，採預約報名，預約時間週一～六08:00～18:30)

搭18號電車到Corso Magenta-Santa Maria delle Grazie站，也可搭地鐵M1(紅)到Conciliazione站或M2(綠)線到Cadorna站，再步行8～10分鐘

教堂07:15～12:15，15:30～19:00；參觀《最後的晚餐》週二～日08:15～19:00，請提前20分鐘櫃臺繳費，報上預約單和證件

文藝復興時期興建的感恩聖母教堂。圖中箭頭所指正是參觀達文西的曠世鉅作《最後的晚餐》壁畫的修道院入口。

休 週一、1/1、5/1、12/25

http 訂票www.vivaticket.it/?op=cenacoloVinciano

$ 教堂免費，參觀《最後的晚餐》€12(含預約費€2)、18～25歐盟公民€7，未滿18歲免費，但仍須付預約費，一人最多可以預訂5張票。每個月的第1個週日免費，但仍須打電話預約

!? 不能拍照；週六和週日報名經常額滿，最好及早預約訂票

MAP P.274

15世紀的感恩聖母教堂是米蘭文藝復興時期的代表作，教堂內有史豐哲家族委託布拉曼帖設計教堂後部的講道臺和迴廊。緊鄰教堂左

聽得見聲音的畫

玩家交流

聖經《新約全書》裡的馬太福音中敘述猶大出賣耶穌故事的情節，一直是藝術家偏愛的題材；但是為什麼獨獨達文西這幅《最後的晚餐》壁畫能擄獲人心，成為家喻戶曉的代表作？

親眼看過這幅壁畫後，我心中的疑問總算有了答案。

據說，當年達文西受命作畫時，曾經為了模擬畫中10多人的面容而在米蘭街頭遊蕩穿梭。透過大師敏銳的觀察和繪畫技巧，把耶穌被釘在十字架前的最後一頓晚餐描繪得淋漓盡致，讓我們在欣賞這幅畫的同時，不僅看到畫中耶穌大無畏的神態、門徒栩栩如生的各種表情，似乎還能聽到他們正七嘴八舌的議論紛紛……

另外我也注意到，達文西為了表達對猶大貪財悖義的指責，單獨將他的臉特別以陰影處理，身體也因驚恐而稍向後傾。達文西除了人物刻畫入微，連窗口外耶路撒冷的黃昏景色也不掉以輕心，彷彿要讓參觀壁畫的人有如身歷其境的錯覺，我想，這正是大師比別人技高一籌的地方吧！

達文西佇立在米蘭街頭的雕像，似乎還在低頭尋找入畫的臉。

側是道明會(Domenican)所屬的修道院，在院內的食堂牆上，正是達文西在1495～1498年的嘔心瀝血之作《最後的晚餐》(L'Utima Cena，亦被寫成Il Cenacolo)。

這幅壁畫是達文西以透視法構圖，呈現整幅畫的立體空間感，取自聖經上耶穌被門徒猶大(Giuda)出賣的故事，而達文西就抓緊故事最高潮的場景，表現出當耶穌向門徒宣布：「……你們之中有一人要出賣我了！」的一剎那震撼，門徒在驚訝之餘交頭接耳，有人困惑遲疑，也有人因心虛惶恐而打翻餐具。

感恩聖母教堂兩旁的迴廊非常優美。

由於達文西一改傳統溼壁畫的畫法，以蛋彩顏料作畫，以致經過500多年的受潮侵蝕和戰亂而嚴重剝落。如今複雜的修復工作暫告一段落，恢復昔日瑰麗的色彩風貌，不過也因而嚴格控制每次參觀的人數加以保護。1980年被列入世界文化遺產。

國立達文西科技博物館

Museo Nazionale della Scienza e della Tecnologia Leonardo da Vinci

Via San Vittore 21　(02)485-551　FAX (02)4801-0016

搭50、58號公車在Museo Nazionale della Scienza e della Tecnologia站，也可搭地鐵M2(綠)線到S. Ambrogio站再步行3分鐘

休 節日除外的週一、1/1、12/24、12/25

週二～五9:30～17:00，週六、日、節日9:30～18:30(閉館前30分鐘最後售票)

€10，優待票€7.5(3～26歲或65歲以上，必須出示證件)，未滿3歲免費

http www.museoscienza.org　MAP P.274

是否發現，達文西在米蘭的身影幾乎無處不在，不管是史卡拉歌劇院前廣場的雕像，或是史豐哲城堡內的工程設計和頂篷畫，甚至在修道院食堂裡舉世聞名的壁畫等等，他的多才多藝至今仍少有人能出其右。

爲了紀念這位來自佛羅倫斯的曠世奇才，在他誕生500週年成立的科技博物館裡，展現他並不亞於藝術成就的科學成果。由16世紀修道院改建的博物館，分爲3大展出部分，包括達文西設計各建築與水利、鐵路交通運輸、航空等手稿和模型，還有義大利其他著名的科學家伽利略、哥白尼等人的重大發明文獻，內容包羅萬象，光是逛完展覽就長達6公里，是了解人類古今科學發展的絕佳地點。

聖安布羅喬教堂

Basilica di Sant'Ambrogio

Piazza Sant'Ambrogio 15

(02)8645-0895

搭地鐵M2(綠)線到S. Ambrogio站再步行3分鐘

週一～六10:00～12:00，14: 30～18:00；週日15:00～17:00，彌撒時關閉

http www.basilicasantambrogio.it

MAP P.274

安布羅喬是4世紀米蘭的主教，是他說服君士坦丁大帝皈依基督，之後才有皇帝在西元313年發布《米蘭詔書》，使基督信仰合法化，所以聖安布羅喬在米蘭人心目中占有一份特殊的感情，更是整座城市的守護神。

這座羅馬式的長方形教堂在米蘭有非常重要的地位。教堂入口前

的簡樸中庭，兩旁拱廊上有兩座高低不一的鐘樓，右邊建於9世紀，左邊飾以白色細條柱到樓頂則是12世紀的建築，整體感覺非常雅緻。

教堂內部十字交叉的拱廊、11世紀的講道壇，以及用金、銀、寶石裝飾的9世紀祭壇和由4根暗紅色支柱支撐的華蓋頂篷，顯現出莊重的羅馬式建築風格。週日教堂有時也會舉辦音樂演奏會，在寧靜的氣氛中聆賞，感覺非常美妙。

安布羅西安納美術館
Pinacoteca Ambrosiana

- Piazza Pio XI 2　(02)806-921
- 搭地鐵M1(紅)線到Cordusio站或M3(黃)線到Duomo站再步行5分鐘
- 10:00～18:00(最晚入館到17:30)
- 休 週一、1/1、復活節、5/1、12/25
- €15，優待票€10(大學生或18歲以下、65歲以上)，有成人陪伴的14歲以下者免費(最多帶5位)
- www.ambrosiana.eu
- info@ambrosiana.it　MAP P.274

安布羅西安納美術館位於17世紀米蘭的波洛梅歐樞機主教(F. Borromeo)所興建的宮殿兼圖書館內。館內典藏非常豐富，展覽分置在樓上1、2樓，包括達文西的《音樂家的畫像》(Ritratto di Musico)、拉斐爾現藏於梵蒂岡博物館的《雅典學府》草圖(Cartone della Scuola di Atene)、義大利首批靜物畫之一的卡拉瓦喬《水果籃》(Canestra di Frutta)，以及大量的藏書和手抄本。

在這些龐大的藏書和手稿中，還看得到5世紀《伊里亞得》(Iliad)手繪本和14世紀義大利詩人但丁(Dante Alighieri)的史詩《神曲》(Divina Commedia)，非常珍貴。

運河區
Alzaia Naviglio Grande

- Alzaia Naviglio Grande
- 搭地鐵M2(綠)線或電車2到Porta Genova站再步行3分鐘，也可搭電車9號到Porta Ticinese站
- 每個月最後週日跳蚤市場09:00～17:00
- MAP P.274

每個月最後週日的跳蚤市場吸引很多人尋寶。

米蘭市區南邊的那威柳(Naviglio)運河區在過去相當重要，當年興建主教座堂的大理石即經由此水道運來的，所以這條運河在19世紀初期以前，可說是米蘭的主要運輸命脈。

隨著米蘭商業的高度發展和交通的進步，運河區便隨著時間的推移而逐漸沒落；然而卻因此保有傳統的生活色彩，漸漸吸引許多藝術工作者進駐此區，形成在小巷弄古老建築經營藝術品的特色。到了晚上，當地米蘭人喜歡到運河沿岸的餐館和Pub消磨時間，就像英國倫敦的「蘇活」(Soho)區一樣，特別受年輕人的喜愛。

藝術家藏身在小巷弄經營藝術品。

若你碰巧在每個月的最後週日到米蘭，不妨抽空到運河兩側販賣各式古董攤位的跳蚤市場尋寶，有瓷器、金飾、二手衣物、古家具，相當熱鬧又有趣。

逛街購物

米蘭可以稱得上是主導義大利流行的時尚之都，更是來自世界各地遊客的購物天堂，沒錯，充滿國際流行設計品味的「米蘭」，確實有這份能耐令人為之神往。

米蘭是主導義大利流行的龍頭。

基本上，到米蘭想買義大利經典品牌，只要順著主教座堂(Duomo)的地標繞一圈，一些響叮噹的名品專賣店都在這裡，其中以時尚金四角區塊(Ouadrilatero della Moda)最齊全，而大教堂旁的維托利歐·艾曼紐二世大道和拱廊也不遑多讓，讓你沿路嗅到名牌的魅力。

假如不想讓荷包失血太多，可以考慮到平價商圈的布宜諾斯艾利斯大道(Corso Buenos Aires)，這是當地居民逛街購物最常去的地方。

名流品牌精品店匯聚一堂

Ouadrilatero della Moda時尚金四角區

✉ Via Monte Napoleone、Via Alessardro Manzoni、Via della Spiga、Corso Venezia 4條街圍繞的四邊商圈

➡ 搭地鐵M1(紅)線到S. Babila站，朝Via Monte Napoleone走約2分鐘；也可搭地鐵M3(黃)線到Montenapoleone站

MAP P.275

由Via Monte Napoleone、Via Alessardro Manzoni、Via della Spiga、Corso Venezia等4條街圍繞成的四邊商圈區，加上中間Via S. Andrea、Via Pietro Verri……幾條街串連，形成米蘭精品的集散地，盡是目前世界炙手可熱的品牌，在這裡買加上退稅，比國內便宜約3～4成左右，自然吸引遊客在此盡情享受血拚樂趣。

這裡的名牌店包括Etro、Dolce & Gabbana、Fendi、Gucci、Giorgio Armani、Tod's、Prada、Miu Miu、Salvatone Ferragamo、Gianni Versace等知名義大利品牌。

換季大折扣季

玩家交流

米蘭向來是血拼族購物的大本營，對許多人有著「致命的吸引力」。基本上，折扣的幅度是循序漸進的，一開始折扣多從7折起(也就是Sconti del 30%，名牌店幾乎在打折的第一週就已售罄折扣品)，中期會出現5折(即半價Metà Prezzo)。到了折扣尾端還會出現2～3折的超低特惠價，不過款式和尺寸的選擇性相對就少了。若再加上在一家店裡購買滿€155以上所辦的退稅(約購買金額的12%左右)，那價錢又更誘人了。

↑名牌店冬夏換季折扣大排長龍。
←櫥窗上貼上大大的「Saldi」就是換季大減價。

時尚流行包款的朝聖地

Gucci

Via Monte Napoleone5, 20121 Milano
(02)771-271
搭地鐵M1(紅)線到S. Babila站，朝Via Monte Napoleone走約3分鐘
週一～六10:00～19:30、週日10:00～19:00
休 節日
http www.gucci.com
MAP P.275

一進店裡，當季的各款Gucci經典包包擺滿整牆，流行感十足。2樓還有各式新款鞋子和服飾，也是喜愛血拼的敗家男女最難克制的地方。

以米蘭為大本營的時尚名店

Prada

Via Monte Napoleone 6～8, 20121 Milano
(02)7602-0273
搭地鐵M1(紅)線到S. Babila站，朝Via Monte Napoleone走約2分鐘
週一～六10:00～19:30、週日10:00～19:00
休 節日
http www.prada.com
MAP P.275

崇尚極簡風格的Prada，近年來很受歡迎。

米蘭是Prada的大本營，所以在品牌標誌下都註明創自1913年的米蘭。早期以旅行用的手工皮件開始，直到1978年才開發以尼龍布料剪裁出簡約大方的男女用包包，沒想到大受歡迎，自此Prada邁向全新里程碑。在米蘭時尚金四角區開有多家分店，以及越來越紅的副牌Miu Miu專門店。

◤精美甜點伴手禮品店

Cova

口感鬆軟的糖漬栗子。

✉ Via Monte Napoleone 8, 20121 Milano

☎ (02)7600-5599，(02)7600-0578

➡ 搭地鐵M1(紅)線到S. Babila站，朝Via Monte Napoleone走約3分鐘

🕘 週一～六07:45～20:30、週日10:00～19:00

休 8月中旬休息一週、8月週日

http www.covamilano.com　　MAP P.275

自1817創店的百年老店Cova，位於名店購物商圈內，占地很廣，整排的櫥窗擺滿包裝漂亮的巧克力、糖果、餅乾和糕餅禮盒，若是剛好秋天來，店裡會有綿密鬆軟的糖漬栗子(Marron Glace)，是很特別又體面的伴手禮。這裡的咖啡選用來自中南美咖啡豆，經過嚴格控制濕度的手工烘焙，很值得品嘗。

百年老店Cova製作的糕點多樣又好吃。

目前Cova已經隸屬LVMH集團，也擴展到國外版圖，如美國、香港、日本、新加坡均設有分店，在台北微風信義也有設專櫃。

◤專賣巧克力和巧克力文創品

Perugina Chocostore

✉ Via Foro Bonaparte 76, 20121 Milano

☎ (02)7200-763

➡ 地鐵M1(紅)線到Cairoli站，沿著Foro Buonaparte大道步行約3分鐘

🕘 09:30～19:00

http www.chocostore.it/negozi/milano-perugina

這家位在史豐哲城堡(見P.283)附近的巧克力店，裡面除了有各種口味和形狀的巧克力外，還有很多造型跟巧克力有關的廚房用品和烘焙器具，非常討喜，是喜歡巧克力的朋友在參觀城堡後，可以順道逛逛的一家店。

◤買貨兼喝下午茶的食品店

Peck

✉ Via Spadari 9, 20123 Milano

☎ (02)8023-161　　FAX (02)860-408

➡ 搭地鐵M1(紅)或M3(黃)線到Duomo站，朝大教堂廣場的左前方走約5分鐘

🕘 週一15:00～20:00、週二～六09:00～20:00、週日10:00～17:00

休 週一上午　　http www.peck.it　　MAP P.274

自1883年創店至今，Peck食品店在米蘭享有盛名。店裡除1樓賣義大利特產，如橄欖油、紅酒醋、醃製食品和香料及牛肝菌蘑菇等乾貨外，地下樓特別以控溫來保存來自世界各地香醇的美酒，種類非常多。

建議你到樓上附設的Bar，點一份咖啡或茶，再搭配令人垂涎欲滴的精緻糕點，再往上一樓也有包裝精美的巧克力、咖啡豆、花茶和餅乾禮盒，是值得一逛的禮品兼喝下午茶的店。

◤米蘭郊區的過季商品暢貨中心

Fox Town Factory Stores

✉ Via Angelo Maspoli 18 CH-6850 Mendrisio-Switerland ☎ (41)848-828-888

➡ 從米蘭中央火車站Milan Centrale搭火車到Chiasso，再坐當地的1號公車前往Mendrisio，之後步行10分鐘到Fox Town

🕘 週一～日11:00～19:00

休 1/1、復活節、8/1(瑞士國慶日)、12/25、12/26

http www.foxtown.com @ info@foxtown.ch

位在瑞士邊境的Fox Town Factory Stores有160家名店進駐，舉凡Armani、Bally、Burberry、Dior、D&G、Salvatore Ferragamo、Gucci、Tod's……在這裡都找得到，由米蘭北部的科摩湖進入非常近，是米蘭周邊Outlet暢貨中心中規模最大的一家。

去之前最好瀏覽Factory Stores Fox Town網站的相關介紹。

◤米蘭郊區的Outlet商品購物中心

Serravalle Designer Outlet

✉ Via della Moda 1, 15069 Serravalle Scrivia

☎ (0143)609-000

➡ 1.從米蘭搭往Genova的火車到Arquata Scrivia站下車，再搭計程車約15分鐘路程

2.參加米蘭當地的Zani Viaggi購物遊覽巴士前往，有中央火車站和史豐哲城堡(見P.283)附近的兩個上車點

前往搭車點	中央火車站附近廣場 Piazza Duca d'Aosta	史豐哲城堡附近 Foro Bonaparte-Via Cusani 18
前往時刻	09:00、09:30、10:30、13:00	09:30、10:00、11:00、13:30
返回市區	16:15、17:00、19:30、20:15	

*來回車費13歲以上€20，4～12歲€10，3歲以下免費

*車班時刻與上車地點時有更動，行前請上網確認

🕘 週一～日10:00～21:00(冬季到20:00)

休 1/1、復活節、12/25、12/26

http www.mcarthurglen.com/it/serravalle-designer-outlet/it(可切換中文)

@ infomazioni@mcarthurglen.com

Designer Outlet過季折扣商品購物中心，在全義大利開設多家據點，Serravalle Designer Outlet位在米蘭往南邊熱那亞(Genova)的方向，距離米蘭車程約90分鐘，購物環境舒適，裡面約有180家店以上，從Prada、Gucci、Burberry、Dolce & Gabbana、Salvatone Ferragamo等高價位品牌到Furla、Diesel、Energie、Bialetti咖啡壺等平價商品，一應俱全，平時售價約訂價的7折，若是折扣季則下探到半價以下，若再加上單家購買€155所辦的退稅金額，是滿值得有心血拼的遊客前往。

Designer Outlet過季折扣商品網站，標示全義大利開設的多家據點。

特色餐飲

位在阿爾卑斯山下波河平原的米蘭，將蓬勃發展的農、畜牧業廣泛運用在生活飲食上，尤其在米食和肉類的烹調上，創造不少新口味。米蘭市區和南邊的運河區雖有多家不錯的餐廳，但是當地人在天氣晴朗的週末，則更喜歡到郊區嘗一些野味或道地家庭式的義大利菜，這對一般遊客來說是比較不方便。

當然，在米蘭市區也能找到價格合理又具特色的餐廳，特別請米蘭的饕客朋友們，為我們推薦幾家「在地人」的最愛，讓你不但玩得盡興，也吃得開心。

米蘭雖是內陸城市，卻有義大利最大的魚市，匯集全義大利的海鮮。

中央火車站周邊

實在喜氣的家鄉口味

台灣料理

Via Adda 10, 20124 Milano

(02)6702-488

由中央火車站出來，朝右側的Via F. Filzi走約6分鐘，或搭地鐵M2(綠)線到Gioia站再走5分鐘

12:00～15:00，19:00～24:00

休 1/1、8/15、12/24、12/25

$ €20～30

MAP P.275

在國外也能嘗到好吃的台灣小吃。

來自台灣的老闆娘，在米蘭經營餐廳已經快30年的經驗，將店裡呈現整體高雅的「台灣紅」喜氣。無論是炒米粉、蘿蔔糕、清燙薑絲小捲，都是道地的台灣家鄉口味，尤其附上半顆滷蛋的滷肉飯更是有名的招牌菜。

滷肉飯是招牌菜

MILANO

◤當地人誇讚最好吃的披薩店

Pizzeria Spontini

✉ Via Gaspare Spontini 4, 20129 Milano(創始店)

☎ (02)2047-444

➡ 地鐵M1(紅)線到Lima站，沿著Corso Buenos Aires大道往北步行約5分鐘到 Via G. Spontini右轉

🕒 週一～五11:45～14:30，18:00～23:30；週六11:45～15:00，18:00～24:00；週日11:45～14:30，18:00～23:00

$ €10以下　http www.pizzeriaspontini.it

MAP P.275

從1953年創店至今，是當地人認爲最好吃的披薩店，在米蘭已有多家連鎖店，位在米蘭大教堂附近的店(地址：Via Santa Radegonda 11)甚至營業到凌晨1點。店裡的披薩一律是用木炭烤的厚麵皮披薩，口味也只有一種番茄醬加厚厚一層起司的瑪格麗特披薩(Pizza Margherita)，微酸的番茄配上香濃乳酪，非常好吃。

入店要先抽號碼牌，待牆上燈顯示自己的號碼，櫃臺服務員會問你要正常(Trancio Normale)或加大(Trancio Abbondante)，以及外帶或店內食用(須加桌布費約€2)，付完帳再領披薩。

可上網看哪一家分店離你比較近，就近前往。

主教座堂周邊

◤大排長龍的炸乳酪麵包店

Luini

✉ Via Santa Radegonda 16, 20121 Milano

☎ (02)8646-1917

➡ 搭地鐵M1(紅)或M3(黃)線到Duomo站，再步行約2分鐘

🕒 週一10:00～15:00週二～六10:00～20:00

休 週日(聖誕期間的週日例外)、8月

$ €10以下～20

http www.luini.it　MAP P.274

這是米蘭最著名的Panzerotti炸麵包外賣店，有多種口味，其中最熱賣的是內裹Mozzarella乳酪和番茄的經典口味，即使藏身在大教堂和史卡拉歌劇院間的小巷內，外觀並不怎麼起眼，卻經常大排長龍(避開用餐時間人會比較少)；有些客人甚至不顧形象，買了就坐在店前巷邊的地上大啖美食。

原是義大利東南方Puglia傳統食物的Panzerotti，創始人Giuseppina Luini從1888年在家鄉創業，1949年搬到米蘭，營業至今，該店堅持每天用最新鮮的食材，也常被外國報章雜誌所推薦。

天天不打烊的文藝復興百貨公司頂樓美食區

La Rinascente

Via Santa Radegonda 3/Piazza Duomo, 20121 Milano (百貨公司側門電梯可以直達7樓)

(02)885-21

搭地鐵M1(紅)或M3(黃)線到Duomo站，再步行約1分鐘

週一～六08:30～00:00，週日10:00～00:00

€20～40

www.rinascente.it/rinascente/zh/restaurants(中文)

www.rinascente.it/rinascente/zh/getyourcard (國際遊客卡免費申辦網站，適用全義大利的La Rinascente百貨公司，除了特價商品外，可享有9折優待，結帳時必須出示護照)

MAP P.274

位在米蘭地標主教座堂旁的文藝復興百貨公司(La Rinascente)，除了可以輕鬆購物外，7樓的頂樓還開了幾家天天都營業的餐廳和超市，尤其視野非常棒的Maio Restaurante和Il Bar等餐廳，坐在這裡享受美食似乎不是那麼重要，反倒是可以放鬆心情，以近距離看到大教堂高聳壯觀的尖塔屋脊，一切都值得了。

除了觀景外，頂樓還設有多家餐飲店和食品超市，有點像台北的小型地下街，除了可以買到最近很夯的Amedei巧克力，還有各種漂亮造型的巧克力，很值得巧克力迷來逛逛。找個時間到百貨公司頂樓，一邊享用美食，一邊欣賞米蘭最具代表性的地標，絕對讓你大呼過癮！

綿密滑順口感的冰淇淋

Tre Gazzelle

Corso Vittorio Emanuele II 22,20122 Milano

(02)7602-3826

搭地鐵M1(紅)或M3(黃)線到Duomo站，朝面對米蘭大教堂左側的Corso Vittorio Emanuele II步行約2分鐘

07:00～20:00　休 週日、8月、1/1和聖誕節

紙杯和餅乾筒都是2球€3、3球€3.5、4球€5(價錢不含座位費)

www.letregazzelle.it/ MAP P.275

自1962年創店至今的Tre Gazzelle(「3隻鹿」之意)其實是一家多角經營的Bar，除了受歡迎的冰淇淋外，還兼賣簡餐、各式麵包甜點和飲料，由於位在大教堂後方購物大道，客人不少。

先到櫃臺點完結帳，再拿單據到冰櫃前跟服務員選口味。鮮甜果肉冰淇淋的口味有30多種，每種口味放上該水果原樣的清楚標示，分置在兩個冷凍玻璃櫃。個人滿推薦有堅果香氣的開心果口味，口感微甜不膩，風味絕佳。

每種口味放上該水果原樣的標示，淺顯易懂。

▶高檔精緻米蘭風味餐

Don Lisander

Via A. Manzoni 12/A 20121 Milano

(02)7602-0130，(02)780-305 (需預約)

搭地鐵M1(紅)或M3(黃)線到Duomo站，朝史卡拉歌劇院方向走約5分鐘；或搭1、2電車到via Manzoni或 Montenapoleone站

週一～日12:30～23:30 €100以上

www.ristorantedonlisander.it MAP P.274

自1947年營業至今的Don Lisander，是一家當地的高級餐廳，所有食材都經過嚴格挑選，所做出來的精緻米蘭風味菜口碑很好，一人若從前菜、第一道、第二道和甜點吃全套，平均要€100左右，若單點，一道菜約€20～30，是屬於高檔的味蕾享受。

市區東邊

▶米蘭高人氣的牛排餐廳

La Quarta Carbonaia

Viale Regina Giovanna 22, 20129 Milano

(02)2952-5531

地鐵M1(紅)線到Porta Venezia站，朝Piazza S. Francesca Romana廣場方向接Viale Regina Giovanna步行約3分鐘

週二～五、週日12:30～14:30，19:30～23:30，週一、六只有晚餐19:30～23:30

€60～80 www.quartacarbonaia.it

MAP P.275

這是已經營業20多年的米蘭高級牛排餐廳，以上等的菲力牛排和嚴選出來的食材烹調，肉質鮮嫩多汁，搭配紅酒的口味實在太棒了，是喜歡燒烤牛排的饕客大快朵頤的上選餐廳。

不只主菜的肉類，從前菜到點心都有令人驚喜的美味，再加上令人愉悅的服務氣氛，物超所值，幾乎天天客滿，要及早預約。

市區西北邊

▶簡單快餐上菜迅速

Farinella

Foro Buonaparte 71, 20121 Milano

(02)8909-5084

搭地鐵M1(紅)線到Cairoli站，沿著Foro Buonaparte大道步行約3分鐘

www.farinellarestaurant.it

週一～五12:00～16:00、19:00～23:00，週六、日12:00～23:00

€10～20 MAP P.274

位於熱門景點史豐哲城堡前的這家快餐店，不但上菜快，所做出來的義式料理也還不錯，是到史豐哲城堡參觀的緊湊行程中，可以稍事休息用餐的地方。餐廳開放式的廚房，還可以看到現做披薩的過程喔！

住宿情報

米蘭是個高度商業發展的大都會，一年當中，除了8月暑假和聖誕假期少有展覽外，幾乎全年舉辦各項特展，例如家具展、服裝展、眼鏡展……不一而足，所以有關住宿情形和以發展觀光為主力的城市顯然不同。

在米蘭市區的旅館多以「是否為展覽期」來分淡旺季，若在展覽期間的旺季，住宿的價格可能是非展期的3倍以上，有時甚至還一房難求，必須訂到郊區才有房間；反之，在無展覽期價格就便宜很多，有些規模較小的旅館在8月乾脆也關門休息，這是到米蘭觀光旅遊在住宿方面必須事先考量的。

中央火車站周邊

Hotel Stazione

★★

Via G.B.Pirelli 5, 20124 Milano
(02)6698-0302　FAX (02)6671-3863
從中央火車站出來朝前偏右方直走，接Via G.B.Pirelli路走約3分鐘
http www.hotelstazione.com
@ info@hotelstazione.com　MAP P.275

位於右邊介紹Hotel New York的隔壁，是一家能滿足客人需求的2星旅館。房間以暗紅色系布置，呈現溫暖和熱情的氣氛，提供免費Wi-Fi、液晶電視、有浴缸的浴室，住房費含自助早餐(也有在房間用餐的服務)，並樂意協助預訂展覽或博物館門票和租車。

Hotel New York

★★★

Via G.B.Pirelli 5, 20124 Milano
(02)6698-5551　FAX (02)6697-267
從中央火車站出來朝前偏右方直走，接Via G.B.Pirelli路走約3分鐘
http www.hotelnewyorkspa.com
@ infomilano@hcthotels.com　MAP P.275

大門不顯眼的Hotel New York，必須爬一小段階梯到2樓才看得到櫃臺。房間布置簡單舒適，有電視和冰箱，很受美國旅行團的歡迎。單人房€60～142，雙人€90～240，包含自助早餐。

Hotel Mythos

★★★

Via Carlo Tenca 21, 20124 Milano

(02)6749-0047 FAX (06)4549-4561

從中央火車站出來，朝左前方的Via Napo Torriani到Piazza San Camillo de Lellis小廣場再向右轉走約2分鐘

www.hotelmythosmilano.com

info@hotelmythosmilano.com

MAP P.275

離米蘭中央火車站約5分鐘的步程，附近有很多公車、電車和地鐵可以搭乘到市中心，旁邊也有超市，生活機能很方便。

旅館雖不新但乾淨，有些房間還帶有陽台，可以俯視整個街道，也供應水壺和咖啡、茶包，以及免費Wi-FI。費用不含自助早餐，若在此用餐，每人費用€8。

Hotel Marconi

★★★★

Via Fabio Filzi 3, 20124 Milano

(02)6698-5561

FAX (02)6690-738

由中央火車站出來，朝右側的Via F. Filzi走約6分鐘

www.marconihotel.it

booking@marconihotel.it, info@marconihotel.it

MAP P.275

Hotel Marconi旅館除了提供寬敞的大廳和可以在美麗的露天中庭用餐外，重新裝潢的房間更顯得典雅舒適，共有85間客房，也提供免費Wi-Fi。旅館親切的服務、貼心的設備尤受好評。

UNA Hotel Century

★★★★

Via Fabio Filzi 25/B, 20124 Milano

(02)675-041 FAX (02)6698-0602

由中央火車站出來，朝右側的Via F. Filzi走約4分鐘

www.unahotels.it/it/una_hotel_century/business_hotel_milano.htm

una.century@unahotels.it MAP P.275

靠近中央火車站的4星級旅館，因位在大馬路的內側，兼具鬧中取靜和便利性。隸屬UNA旅館集團，旅館服務人員親切專業，房間的布置也十分典雅，很得商務人的喜愛。

Four Points (Sheraton)

★★★★★

Via G. Cardano 1, 20124 Milano

(02)667-461　FAX (02)6703-024

從中央火車站出來朝右前方的Via Galvani走一小段，接Via G. Fara步行約2分鐘即可到Via Cardano

http www.fourpointsmilano.it

MAP P.275

雖然米蘭的交通運輸網非常周全，除了四通八達的地鐵、公車、電車和中央火車站，在市區的周圍還分布不少小火車站連結。但是，若以遊客的便利性來說，住在靠近中央火車站是最方便了。

這家靠近米蘭中心火車站的Four Points(福朋)，是喜來登集團的旗下品牌，以簡約時尚風格來吸引年輕和商旅客群。若有同行的12歲以下兒童可免費共住，13歲以上須付加床費。

市區西邊

Ostello A.I.G. Piero Rotta

青年旅館

Viale Angelo Salmoiraghi 1, 20148 Milano

(02)4538-8150

搭地鐵M1(紅)線到QT8站，往Via A. Salmoiraghi走約5分鐘。或搭公車90、91在Piazza Stuparich站下車，再走3分鐘

http www.hihostels.com/it/hostels/milano-milan-piero-rotta

@ milano@aighostels.it　MAP P.274

AIG (Associazione Italiana Alberghi per la Gioventu`，義大利青年旅館)屬於國際青年旅舍聯盟(Hostelling International，簡稱HI)之一。米蘭這家Piero Rotta靠近米蘭市立游泳池、賽馬場和聖西羅(San Siro)足球場的青年旅館，共有3層樓，大廳有電視、房間有暖氣，也提供行李寄放、Wi-Fi、洗衣服務等，設備齊全。

依淡旺季和房間型態(如衛浴共用或獨立)，1人費用約€20～45(含簡單早餐)。米蘭交通運輸相當方便，背包客若要節省住宿經費，住這裡相當划算。

市區東邊

Hotel Fenice

★★★

Corso Buenos Aires 2, 20124 Milano

(02)2952-5541 FAX (02)2952-3942

搭地鐵M1(紅)線到Porta Venezia站，順著Corso Buenos Aires大道走就可看到

www.hotelfenice.it

info@hotelfenice.it

MAP P.275

這家頗受好評的Hotel Fenice，除了地點便利，旅館的服務也親切周到，所附設的Bar還爲客人營業到半夜。單人房€70～160，雙人房€80～215，房間呈現橘色的暖色基調，設備佳，含自助早餐。

Hotel City (Best Western)

★★★

Corso Buenos Aires 42～5, 20124 Milano

(02)2952-3382～3 FAX (02)2046-957

搭地鐵M1(紅)線到Lima站，沿著Corso Buenos Aires大道走約1分鐘

www.hotelcitymilano.it

info@hotelcitymilano.it MAP P.275

Best Western這家商務連鎖旅館，在大城市通常經營分屬不同等級的多家旅館。這家座落於中央火車站和米蘭大教堂之間的布宜諾斯艾利斯大道(Corso Buenos Aires米蘭的平價購物商圈)的Hotel City，地點非常適中。

最近翻新房間隔音和現代化的設備，讓旅客住起來更舒適。依淡旺季差別，單人房約€75～150，雙人房約€100～230，含早餐和Wi-Fi。

市區東南邊

Starhotels Buiness Palace

★★★★

Via Gaggia 3, 20139 Milano

(02)535-451

FAX (02)5730-7550

搭地鐵M3(黃)線到Porto di Mare站，朝Via Gaggia街走約3分鐘

www.starhotels.com/en/our-hotels/business-palace-milan

business.mi@starhotels.it MAP P.275

這家分布全義大利的商務連鎖飯店，光是在米蘭就有6家。從中央車站到這家Starhotels Buiness Palace有M3(黃)線地鐵抵達，交通還算方便。

飯店共有247間房，現代化設計的房間很舒適，飯店也開放中庭花園休憩，可以免費停車並享豐盛的自助早餐。暑假淡季時價格非常低廉，尤其適合推薦給開車的朋友。

Starhotel Rosa Grand

★★★★

Piazza Fontana 3, 20122 Milano

(02)88311 FAX (02)8057-964

搭地鐵M1(紅)或M3(黃)線到Duomo站，飯店在大教堂的正後方

www.starhotels.com/hotel/rosa_milano

rosa.mi@starhotels.it MAP P.275

剛重新裝潢好的Starhotel Rosa Grand顯得非常氣派華麗，屬於Starhotel集團中較高級的飯店。飯店有327房，主要以玫瑰紅的柔色調布置，高雅寬敞，單人約€160、雙人約€180起跳，包含豐盛的自助早餐。

Sina De La Ville

★★★★

Via Ulrico Hoepli 6, 20121 Milano

(02)8791-311 FAX (02)866-609

搭地鐵M1(紅)或M3(黃)線到Duomo站，飯店在大教堂的右側

www.sinahotels.com/it/h/sina-de-la-ville-milano

sinadelaville@sinahotels.com MAP P.274

這家有格調又適意的飯店，位於大教堂右側往史卡拉歌劇院中間，鬧中取靜、地點適中。內部陳設典雅大方，櫃臺服務人員也熱心親切。單人和雙人房的價差不大，在線上訂房時，若要享有免費取消預訂，必須加收約€20。

Four Seasons Hotel Milano

★★★★★

Via Gesù 6～8, 20121 Milano

(02)77088 FAX (02)7708-5000

搭地鐵M3(黃)線到Montenapoleone站，沿著Via Montenapoleone街走到Via Gesù左轉直走約2分鐘

www.fourseasons.com/milan

MAP P.275

這家四季飯店雖位在米蘭時尚金四角購物商圈的精華地段，環境卻相當幽靜。

旅館由15世紀的修道院融合現代元素整建而成，一進入大廳，洋溢義式風情的花園中庭迎面而來。房間布置溫馨高雅，約有百來間別具風格的套房，還有健身房、Spa等現代化設備。

郊區小旅行

米蘭所屬的倫巴底(Lombardia)，源自6世紀北歐的倫巴底人入侵而得名，可見自古這片波河灌溉的廣大肥沃平原即是兵家必爭之地。

整個倫巴底的景色從北邊瑞士邊境的阿爾卑斯山，緩緩向南邊趨於平坦。北麓丘陵高地因幾世紀冰河沖刷而形成美麗的湖光山色，其中科摩湖(Lago di Como)向來是王公貴族興建別墅的度假勝地，優美的景致和浪漫氣息，很適合在緊湊的旅程中，擠出一天來這裡大口大口呼吸新鮮的空氣。

至於米蘭南邊曾經是倫巴底首府的帕維亞(Pavia)，不但擁有倫巴底文藝復興建築最傑出的雀爾都沙(Certosa)修道院，而且有一座少見的加蓋橋，橋上還設立祝聖小教堂，非常特別。

翠綠蓊鬱的湖濱綠地。

帕維亞的雀爾都沙修道院是倫巴底文藝復興建築代表。

風光明媚的米蘭北邊湖泊區。

科摩
Como

科摩市旅遊中心

- Piazza Cavour 17, 22100 Como
- (031)269-712，(包括Como湖的其他城市)
- FAX (031)240-111
- 先搭地鐵M1(紅)線或M2(綠)線到Cadorna站，再走到米蘭北站(Milano Nord Cadorna)搭私鐵火車往Como Nord Lago(科摩北湖站)，車程1個多小時，每半小時有一班。或由米蘭中央車站搭國鐵(車班較少)直達到Como San Giovanni車站，車程約30分鐘，再步行約10分鐘到市區
- 週一～五09:00～13:00，14:00～17:00
- 休 經常更動，請上網確認
- http www.lakecomo.it
- @ lakecomo@tin.it

主教座堂(Basilica Cattedrale di Como)

- Via Maestri Comacini 6, 22100 Como
- (031)3312-275
- 平日07:30～19:30，週日、假日07:30～20:00
- http www.cattedraledicomo.it

纜車(La Funicolare)

- Piazza Alcide de Gasperi 4, 22100 Como
- (031)303-608
- 冬季06:00～22:30，週六06:00～24:00；夏季06:00～24:00；每隔15分鐘一班
- $ 單趟€3，來回€5.5；12歲以下優待票單趟€2，來回€3.2，110公分以下免費
- http www.funicolarecomo.it
- MAP P.302

主教座堂正面雕刻非常精美。

旅行小抄

搭船遊湖

到科摩湖若沒搭船遊湖，就好像吃了盛餐卻沒甜點一樣，有點遺憾。環湖約有40個城鎮，比較著名的有雷科(Lecco)、貝拉焦(Bellagio)、梅納焦(Menaggio)、特雷梅佐(Tremezzo)和瓦蕾納(Varenna)等，你可以事前上網查，或當天在碼頭看班次，再依據自己的時間、喜好和預算來決定最合適的行程。

下面是主要城鎮的旅遊資訊：

LECCO旅遊中心

- Piazza XX Settembre 23
- (0341)295-720
- http www.provincia.lecco.it/turismo

BELLAGIO旅遊中心

- P.zza Mazzini (碼頭) (031) 950-204
- http www.bellagiolakecomo.com

MENAGGIO旅遊中心

- P.zza Garibaldi, 8 (0344)329-24
- http www.menaggio.com

沿湖各小鎮介紹www.lakecomopages.com/lake-como-area/towns-and-villages

船班資訊www.navigazionelaghi.it/eng/c_orari.asp

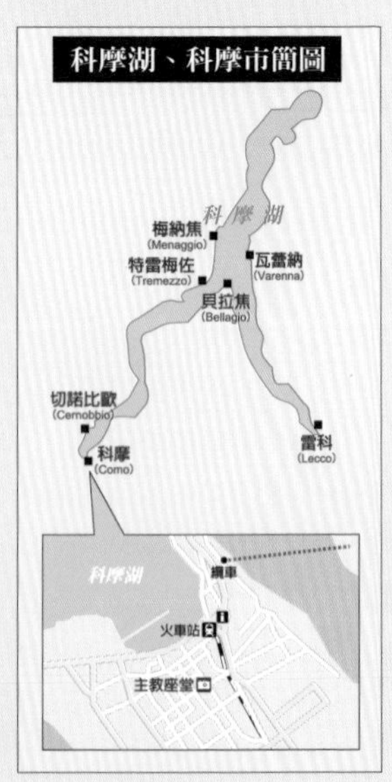

玩家交流

休息，是為了走更遠的路

來到氣候宜人的科摩湖區，一眼望去盡是青山綠水，景色美極了！這不禁讓我聯想到清朝劉鶚在《老殘遊記》中寫的「四面荷花三面柳，一城山色半城湖」的意境。無論是搭沿湖公路巴士看美麗的景致，順道參觀湖邊幾個市鎮的夢幻別墅，或是搭觀光遊艇置身在波光粼粼的湖心，兩者的感受都很有意思；建議你在賞景的同時也能暫時拋開擾人的瑣事，讓自己徹徹底底的休息。

我們常說：「休息，是為了走更遠的路！」可是平時要達到「休息」談何容易，家庭主婦忙孩子、忙家務，上班族被公事纏身，每天像陀螺一樣轉啊轉。若你有機會到米蘭旅遊，一定要保留至少一天到科摩湖散心，讓有「全義大利最美麗湖泊」之稱的科摩湖洗滌心靈後再出發。

被山環繞的科摩湖景色非常優美。

像「人」字的科摩湖座落在翠綠的山色中，因氣候溫和，自古即吸引名人雅士紛紛進駐，所以一片山巒疊翠隱約夾雜著一幢幢庭園別墅，將科摩湖點綴得頗富詩意。

科摩市不大，位於市中心不遠的主教座堂廣場旁，有一座始建於1396年的主教座堂(Duomo di Como)，教堂正面和教堂內祭壇的精美雕刻，採文藝復興和哥德式混合風格，令人印象深刻。沿著湖濱步道往右邊走不遠的羅馬廣場，也是觀光遊艇的停靠站，可以在此搭船前往其他環湖小鎮，沈浸在被湖光山色環繞的仙境裡。

從羅馬廣場沿著湖畔繼續往右走，這裡還設置了觀景纜車(Funicolare)可以登高攬勝，山上有個Brunate的小山城，遠眺整個碧藍的湖水，好好享受這令人驚豔的自然美景吧！

湖濱步道也有賣畫攤位。

在車站後面是科摩市的旅遊資訊中心。

帕維亞
Pavia

帕維亞旅遊中心I.A.T. (Informazione ed Accoglienza Turistica)

Palazzo del Broletto - Via del Comune 18, 27100 Pavia PV　(0382)079-943

週一～四09:00～13:00、14:00～17:00，週五09:00～13:00、15:00～17:00；週六日、假日10:00～13:00，15:00～18:00(3～10月)，10:00～13:00(9～2月)

帕維亞火車站前廣場的旅遊服務點

Piazzale della Stazione, 27100 Pavia PV　(0382)538-769

週一～六09:30～13:00，14:00～18:30，週日08:00～20:00

參考市政府旅遊網站www.comune.pv.it/site/home/canali-tematici/turismo.html

帕維亞的雀爾都沙修道院(Certosa di Pavia)

Viale del Monumento 4, 27012 PV(位在帕維亞市北邊9公里)　(0382)925-613

由米蘭中央車站搭火車到帕維亞市火車站，出火車站左轉直走約5分鐘到巴士總站(STAV)，再搭巴士到Certosa站，車程約10分鐘。下車後須再步行1公里。也可從米蘭搭綠線地鐵到Famagosta站，再轉搭175號巴士抵達修道院外巴士站，下車後也須再步行1公里，巴士時刻表www.pmtsrl.it/pdf/t175_610.pdf

10～3月週二～六09:00～11:30、14:30～16:30，週日、假日09:00～11:30、14:30～17:00；4月09:00～11:30、14:30～17:30；5～9月09:00～11:30、14:30～18:00

休 週一　自由捐獻　www.certosadipavia.com

威斯康提城堡(Castello Visconteo)

Viale XI Febbraio 35, 27100 Pavia　(0382)399-770

前往方式：搭公車1、6、7號到Castello站，或從火車站前往，步程約25分鐘

週二～日10:00～17:50，1、7、8、12月09:00～13:30(閉館前45分鐘最後入場)

博物館(Musei Civici di Pavia Castello Visconteo)€8　www.museicivici.pavia.it

主教座堂(Duomo)

Piazza del Duomo, 27100 Pavia　(0382)386-511

由威斯康提城堡沿著新街大道(Corso Strada Nuova)直走約8分鐘，或由帕維亞市火車站走到Piazza Minerva再沿著Corso Cavour直走約10分鐘

09:00～12:30、15:00～19:00　www.duomodipavia.it　MAP P.305

位於米蘭南邊30公里的帕維亞擁有輝煌的過去，如今市街仍保留許多羅馬至文藝復興的建築，尤其以經過200多年興建與裝飾的雀爾都沙修道院，裡面由上百扇拱門組成的迴廊、精美的祭壇和逼真的溼壁畫，稱得上是歐洲裝飾最華麗的修道院。

磚牆上密布槍眼的威斯康提城堡可以和米蘭的史豐哲城堡相媲美。

此座修道院於1396年動工，原作爲米蘭統治王朝威斯康提家族的陵墓，在公爵的大力推動下，主要由15世紀的工程師阿瑪迪歐(A. Amadeo)負責設計，前後經歷幾位藝術、雕刻家的心血才完成這座經典建築。

回到帕維亞市區北邊，14世紀磚紅圍牆的威斯康提城堡(Castello Visconteo)，現在是展示中世紀雕刻的小型市立博物館

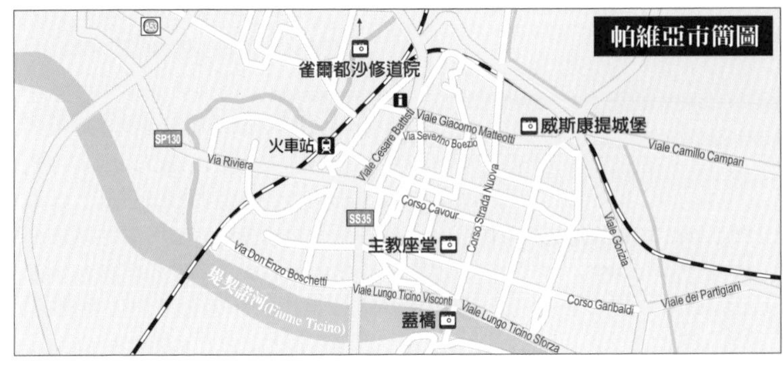

(Museo Civico)和主要蒐集布雷夏(Brescia)畫派的馬拉斯皮納美術館(Pinacoteca Malaspina)。城堡四周寬闊的綠地，提供了當地居民休憩散步的絕佳地點。

從城堡沿著新街大道(Corso Strada Nuova)直走約8分鐘，即可到達市中心的主教座堂(Duomo)。這座15世紀的大教堂由大師達文西和布拉曼帖參與設計興建，屬於長寬都是48公尺等長的希臘十字型，以擁有全義大利第四大教堂的八角圓頂聞名，僅次於梵蒂岡的聖彼得大教堂、羅馬萬神殿和佛羅倫斯的聖母百花大教堂。參觀完大教堂別忘了再沿著新街大道往南走不到5分鐘的河堤邊，這是橫跨帕維亞的堤契諾河(Fiume Ticino)幾座橋中最美的文藝復興式有蓋橋(Ponte Coperto)，橋面很寬，在橋的中央還有一座祝聖小堂，小堂上的鐘樓還會準確鳴鐘報時，非常特別；橋梁在第二次大戰曾毀損，於1951年重建完成。

帕維亞的主教座堂有達文西和布拉曼帖兩位大師參與設計。

加蓋的文藝復興式橋梁非常少見。

TRAVEL INFORMATION
實用資訊

遊客在行程上所需要的所有資訊盡皆囊括其中，讓您的行程規劃得更為完整，確保旅遊的平安與舒適。

Travel in Italy

義大利旅遊黃頁簿

前往與抵達 DEPARTURE & ARRIVAL

簽證

從2011年1月11日起，只要持內載有國民身分證字號3個月以上效期的中華民國護照，即可前往歐洲免申根簽證的36個國家及地區短期停留。以進入申根區首站(包含轉機)的當地時間算起，在6個月內，可以多次出入，但停留累計不得超過90天。

建議參閱外交部領事事務局全球資訊網站www.boca.gov.tw，以掌握最新訊息。

入境準備文件

雖然可以免簽證進入，隨身最好備有相關證明文件，以供海關官員查驗。

觀光旅遊

1. 住宿證明：旅館訂房記錄與付款證明，或借住親友的邀請函。
2. 旅遊行程表：簡單列出旅程計畫表，如時間、停留城市等資料。
3. 回程機票。
4. 足夠維持旅歐期間生活費的英文財力證明(銀行開立的存款證明)。

商務或參展

除了上述文件及證明外，還須備有當地公司或商展主辦單位核發的邀請函、參展註冊證明等文件。

短期進修及訓練

除了上述文件及證明外，還須備有入學(進修)許可證明、學生證或相關證件。

參加科學、文化、體育等競賽或出席會議等交流活動

除了上述文件外，須備邀請函、報名確認證明等文件。

未滿14歲的兒童

依據歐盟規定，民眾若有未滿14

歲的兒童同行，須提供能證明彼此關係的文件或父母(監護人)的同意書，且所有相關文件均應譯成英文或前往國之官方語言。相關細節請向擬前往國家的駐台機構詢問。

簽證辦理地點

義大利在台經濟貿易文化推廣辦事處

台北市基隆路一段333號18樓1808室 國貿大樓
(02)2345-0320
FAX (02)2757-6260
簽證組：週一、五09:50～12:50
領事組：週二～四09:50～12:50
http www.italy.org.tw
務必事先來電預約送件時間，欲詢問簽證、領事事務，請於週一～五14:00～16:30撥打辦事處電話，分機111或112

航空公司

目前從台北飛往羅馬只有華航和義大利航空聯營直飛，其他如國泰、新航、泰航、馬航和有些歐洲航空公司，則須轉機。

海關

基本上，若持有貴重物品進入，最好向海關申報以免被扣稅。海關官員很少檢查行李，通常比較會抽檢用紙箱裝的行李。

入境免申報額度

- 現金：歐盟自2007年6月15日起規定，遊客進出歐盟國家，身上攜帶€10,329或等值貨幣以下免申報
- 攝影器材：相機2台
- 菸酒：可攜200支香菸或100支捲煙或50支雪茄或250公克菸草；可攜葡萄酒2公升或22度以上的烈酒1公升
- 香水：50cc、古龍水250 cc

個人行李除了上述物品外，若隨身攜帶具貿易進口性質的全新物品，總價值未超過€175，於機場入境歐盟無須申報，可走「綠色通道」通關；假如超出則要走「紅色通道」向海關申報，超出免稅額部分應當繳納關稅

政府單位

義大利代表處 Taipei Representative Office in Italy

Viale Liegi 17, 00198 Roma
(06)9826-2800，假日緊急行動電話：366 806 6434、340 386 8580
3、19號電車或53公車到Viale Liegi站下車

中華民國駐教廷大使館 Embassy of the Republic of China (Taiwan) to the Holy See

Via della Conciliazione 4d, 00193 Roma
(06)6813-6206，假日緊急行動電話：347 174 8814
地鐵A線Ottaviano-San Pietro下車後約走10分鐘。亦可從中央火車站前的五百人廣場(Piazza dei Cinquecento)巴士總站搭40號公車到Piazza Pia站或搭62公車到Traspontina站

外交部海外急難救助全球免付費電話

00 800 0885 0885(你幫幫我，你幫幫我)

航空交通 TRANSPORTATION

羅馬

機場

羅馬的菲米其諾機場(Aeroporto di Roma-Fiumicino)，也稱爲李奧納多．達文西國際機場(Aeroporto Internazionale Leonardo da Vinici)，分T1、T2、T3、T5航廈，其中T1、T2航廈是歐洲線，T3、T5航廈是國際線；另外還有錢皮諾機場(Aeroporto di Roma-Ciampino)，供往返歐洲線的廉價航空起降。來自台灣的班機，通常在菲米其諾機場的T5航廈抵達，再搭接駁車到T3航廈出關。抵達T3航廈依Uscita指標走便抵達出境櫃臺，非歐盟國家公民請排在「No EU Nationals」窗口。證照查驗完，依提領行李(Ritiro bagagli)指標到行李區提領。通過海關，若無物品申報，走綠色通道；

若要申報，則走紅色通道。

http www.adr.it

火車

依指標出關後，從菲米其諾機場到市區，以搭「Leonardo Express直達火車」最快。循著Treni(Trains)所指的方向，經過電扶梯通道即可到達搭Leonardo Express火車前往羅馬的特米尼(Termini)中央火車站，進入月台前別忘了在打票機打票。

- 車程：約31分鐘
- 票價：單程€14，12歲以下隨行1人免費(網路訂購www.trenitalia.com)，限當天使用

巴士

若不趕時間，搭巴士是最經濟的交通工具。從T3出境，出關後右轉，依著巴士指標約走3分鐘到巴士站(Bus Station)。這裡有ATRAL、Terravision、T.A.M.等3家巴士公司。

- 車程：到達中央火車站約需50分鐘～1小時
- 票價：Fiumicino機場到市區中央車站單程€5～6，來回€8～11。因3家業者競爭激烈，時有特惠價，可事先參考各家網站比較

http ATRAL：www.atral-lazio.com
Terravision：www.terravision.eu
T.A.M.：www.tambus.it

計程車

羅馬市政府規定從菲米其諾機場到市中心固定車資€48，若從Ciampino機場(主要是飛往歐洲的廉價航空公司航班起降地點)到市中心，則固定收費€30(返程亦同)；夜間行車和行李必須加價。

在機場排班的計程車。

羅馬登記有案的計程車行號，車身是白色，會印上羅馬市徽和車行電話號碼，較有規模的車行號碼有：(06)6645、(06)4994等。

租車(Autonoleggi)

義大利多為手排車，若只會開自排車，最好出發前在台灣先上網預約，且最好能保全險。羅馬菲米其諾機場的租車公司櫃臺，是在靠近Leonardo Express直達火車的地方。

租車的油費由租車者負擔，還車需要加滿油，否則要付加成的油費。義大利的加油站通常分自助式和有人服務，費用有一點差別。

義大利人開車不太遵守交通規則，越往南部情況越嚴重。和台灣一樣，義大利也是左邊駕駛、靠右邊行駛。市區限速50km、高速公路(Autostrada綠色路標)限速130km，且依照當地規定，行車時白天也要開燈。

往市中心的符號是白底上畫圈圈。

義大利單行道多，開車要注意這個標誌。

羅馬觀光巴士(都可在車上買票)

名稱	行經地點	語音耳機	票價	電話／網站
Roma Cristiana	在中央車站和聖彼得廣場附近發車，行經11個點，每10～15分鐘一班	中、英、義、法、日、德、西等語	單趟€12、1天€20、24小時€25、48小時€28、72小時€32，0～9歲、身障者免費。另有結合羅馬公共交通卡24小時€27、72小時€39	(06)698-961 www.operaromanapellegrinaggi.org/it/roma-cristiana/open-bus
City Sightseeing Roma	分A、B、C三線，行經8個點，約30分鐘一班	中、英、法日、西、德等語	24小時€28、48小時€31、72小時€35，4歲以下免費，5～15歲5折。另有結合羅馬公共交通卡24小時€30、48小時€40(10歲以下免費)	(06)6979-7554 www.roma.city-sightseeing.it
GLT(Green Line Tours)	從特米尼火車站前出發，行經8個點，每隔30分一班	英、日、義、法、德、西等語	1天€21、24小時€25、48小時€33、72小時€40，5歲以下免費，6-12歲6折	(06)4827-480 www.greenline-tours.com
Rome Open Tour	從Termini火車站前廣場發車，行經9個觀光點	中、義、英、法、西、德、日等語	24小時€22、48小時€29、72小時€36，5歲以下免費，6～12歲6折。另推早鳥、線上預訂、團體、週一優待票	(06)8756-0542 www.romeopen-tour.it
City Roma	從靠近巴貝里尼廣場附近的Via Ludovisi發車，約30分鐘一班，經過羅馬10個景點	中、英、義、日、德、法、西、俄等語	24小時€22、48小時€29、72小時€36，5歲以下免費，6～12歲近6折兒童票。另推圓形競技場入門票、梵蒂岡博物館入門票、星光夜遊等組合票價	(06)8987-1420 www.cityroma.it
I love Roma	08:30～18:40從Termini火車站附近發車，每隔10～15分鐘一班，經過羅馬主要9個景點	中、英、義、日、德、法、西、俄等語	單趟€14、一天€19、24小時€22、48小時€29，以及下午優惠價，5歲以下免費，6～12歲6折 另推圓形競技場入門票、梵蒂岡博物館入門票等組合票價	(06)4742-501 graylinerome.com
Big Bus Rome	08:52～19:00從Termini火車站附近發車，每隔15分鐘一班，分週間(紅線)和週末、假日(藍線)，行經羅馬主要8個景點	中、英、義、日、德、法、西、俄等語	一天€30、5～15歲€20，兩天€35、5～15歲€23，上網預訂有優惠價，也提供4種免費英語導覽行程	(06)4882-625 www.bigbus-tours.com/en/rome/rome-bus-tours

註：1.搭觀光巴士有其優缺點，雖然可享受敞篷雙層巴士以飽覽城市風光、靈活上下車到觀光景點、免費Wi-Fi等優點；但也可能有車班延遲、空調欠佳等問題，請斟酌狀況做決定
2.以上資料時有更動，請依最新公布為準

旅行小抄

羅馬通行卡(Roma Pass)

義大利主要觀光城市都會推出旅遊通行卡，如Roma Pass、Firenze Pass、Venezia Pass和Milano Pass，以節省遊客在景點和交通的購票時間。例如最普遍的Roma Pass，此卡以有效期分為48小時卡和72小時：

48小時卡

- 每張€28
- 可以任選1座國立博物館免費進入(有特別通道驗票)，建議選入場票價高，如圓形競技場(包括古羅馬廣場和巴拉丁諾山丘)、卡比托博物館或聖天使堡博物館等；其餘的國立博物館可以以優待票價進入
- 免費48小時搭乘公共交通運輸，如公車、地鐵和電車

72小時卡

- 每張€38.5
- 可以任選2座國立博物館免費進入，其餘規定和48小時卡一樣
- 免費72小時搭乘公共交通運輸，如公車、地鐵和電車

Data

相關訊息(06)0608
www.romapass.it info@romapass.it
1.兩種卡只能在羅馬使用，梵蒂岡並不適用；皆附羅馬觀光地圖、導覽及羅馬最新訊息
2.購買地點：國立博物館、市府設立的旅遊服務站和遊客中心(見P.314)和Tabacchi香菸店

佛羅倫斯

一般到佛羅倫斯旅遊以搭火車最便捷，當然租車或搭國內線飛機也可以。

火車

可搭乘義大利國鐵「歐洲之星」(Eurostar)的高速鐵路到佛羅倫斯的S.M.N.(Santa Maria Novella)中央火站下車。從羅馬約需1小時30分鐘；從米蘭則約需約1小時45分鐘。

http www.ferroviedellostato.it(可切換英文版)

租車

自羅馬自行開車前往，由Firenze Sud(南)入口，約需3小時，進入市區約20分鐘；從米蘭前往佛羅倫斯，由Firenze Nord(北)入口，約需3.5小時，進入市區約20分鐘。中央火車站地下室有停車場，非常方便。

公車與計程車

佛羅倫斯Amerigo Vespucci機場有Vola in bus接駁公車前往市中心，每半個小時一班，車程20～30分鐘，單程€6、來回€10(單程票可在車上購買，來回票須在販售ATAF車票的書報攤或Tabacchi購買)。若搭計程車約15～20分鐘可抵達市區，收費€22，較有規模的車行號碼有(055)4242和(055)4390。

http www.aeroporto.firenze.it

威尼斯

機場與巴士

威尼斯本島附近有兩座機場。

1.**馬可波羅機場**(Marco Polo Airport)：從機場前往威尼斯市中心，可搭5號機場巴士(Line 5-AeroBus)：站牌在B出口外面，約20分鐘可抵達威尼斯火車站前的羅馬廣場。若要前往Mestre，可搭ACTV巴士，路線15、45，站牌在機場巴士旁邊。

也可事先上網購票(www.veneziaunica.it)，抵達機場後到自動售票機(Biglietteria Automatica)提領。ACTV巴士價格單程€8，來回€15，機場巴士價格€14，但包含90分鐘的水上巴士票。

從機場另可搭乘橘線船(Alilaguna)到威尼斯本島，票價€15。

機場售票機、巴士站示意圖
(圖片來源：威尼斯旅遊官網)

2.**特雷維索機場**(Treviso Airport Canova)：可搭ATVO快線巴士到威尼斯的羅馬廣場，車程約60分鐘，價格單程€15.7，來回€29.2。

火車

如果在義大利境內旅行，搭乘火車是不錯的選擇，火車直達威尼斯本島的聖塔露琪亞(Santa Lucia)車站，出站就可以轉搭水運前往各景點。在威尼斯，公共汽船是主要交通工具，有20幾條路線。觀光客最主要搭乘的路線包括：

1號船：沿著大運河逐站停，通往聖馬可廣場等主要景點和麗都島。也有觀光客把它當遊河船，如果卡到一個面河的好座位，就可慢慢沿途欣賞風景。

2號快線船：通往雷雅多橋和聖馬可廣場。想要直達旅館或是主要景點，不想浪費太多時間，該線是最便捷的選擇。

離島船隻：4.1號船通往Murano、12號船通往Burano。

網路購票：義大利國鐵網址(www.trenitalia.com)可切換英文版，有早鳥優待，也經常有各種特惠票，如週六買一送一，可多比較。

※威尼斯汽船，單一路線的順向和逆向，會分成兩個碼頭，因此等船時務必看清楚船行方向，或可以直接詢問工作人員，該船是否會抵達想去的地點。範例如下圖，火車站外碼頭有A、B、C、D、E 5個，分別是不同路線和方向。

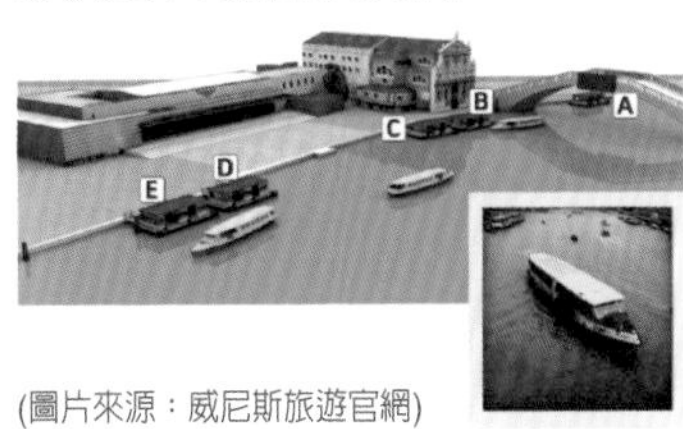

(圖片來源：威尼斯旅遊官網)

汽車

汽車在威尼斯本島無用武之地，只能停放在火車站附近的羅馬廣場(Piazzale Roma)，或是特隆蓋多停車塔(Tronchetto Parking Terminal)且一天停車費要€26，因此在義大利城市間租車旅行的話，建議最好到威尼斯前先把車還掉，下一個行程再重新租車。

特隆蓋多停車場。

米蘭

機場

米蘭目前擁有Malpensa、Linate、Orio al Serio等3座國際機場。國際線航空大多在米蘭西北郊區的馬片沙機場(Aeroporto di Malpensa)起降；而位於市區東邊，離市區較近的利那提機場(Aeroporto di Linati)則負責國內和歐洲航線；至於位在Bergamo附近的Orio al Serio國際機場，專責貨物運輸與廉航。

http www.milanomalpensa-airport.com/it

火車

由馬片沙機場內第一或第二航廈(T1、T2)有特快火車(Malpensa Express)到米蘭市區停靠兩個火車地鐵站，一是米蘭北站卡多納(Milano Nord Cadorna，也是地鐵紅、綠線交會站Cadorna)，以及中央火車站(Milano Centrale，也是地鐵黃、綠線交會站)第3號月台；到Cadorna約40分鐘、到Centrale約50分鐘，約30分鐘一班，目前單程€13。

http www.malpensaexpress.it，可下載手機App(ios、Android)

巴士

從馬片沙機場往返米蘭市區，以搭巴士Shuttle最經濟。巴士每20分鐘一班，車程約需1小時，票價單程約€10 (多家業者經營會有促銷價)。利那提機場到米蘭中央車站，巴士約30分鐘一班，車程約25分鐘，單程€5，車上提供免費Wi-Fi。

米蘭中央車站兩側的巴士排班。

計程車

計程車招呼站就位在火車站旁，從馬片沙機場到市區約40～50分鐘，固定車資€90；從利那提機場到市區，固定車資€40。

公車

從利那提機場也可搭73號公車到San Babila銜接M1(紅)線地鐵，公車票€1.5。

貨幣

義大利使用歐元(以€表示)。歐元面額分爲500、200、100、50、20、10、5等紙鈔，而硬幣則有2歐元、1歐元、50分(Cent)、20分、10分、5分、2分和1分。大體上來說，紙鈔以50、20、10、5歐元最便利使用，面額太大有時候使用起來不是很方便；而硬幣中的1分和2分，有些店家已經都不太想找零了。目前1歐元≒36台幣。

http 匯率查詢www.taiwanrate.org

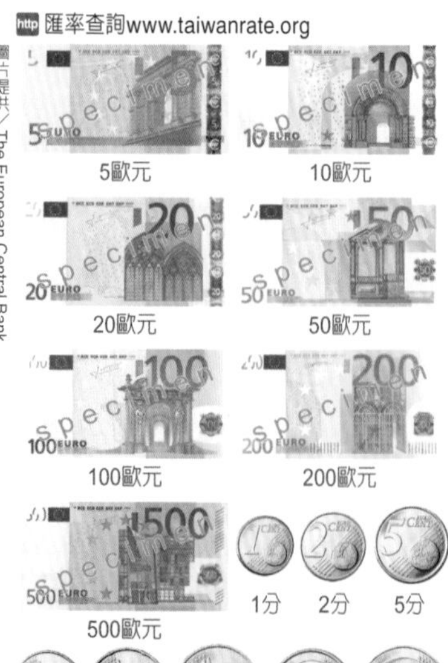

圖片提供／The European Central Bank

小費

一般義大利餐廳的帳單多已收每人的桌布費(Coperto)，但未加服務費(有些高級和觀光區餐廳除外)。通常當地人在餐廳用餐後會給服務生小費，你可以依該餐廳的服務品質來決定小費多寡(若覺得服務不佳，也可以不給。)約以用餐一人€1～2的範圍來付即可；當然，這個標準並非一成不變，愈是高級餐廳，小費的數額就會多一些。

退稅規定

居住在歐盟的居民必須依不同商品支付10%～22%的稅(IVA)，而居住在歐盟以外的觀光客，只要在貼有「Tax Free」標示的同一家商店購買€154.94以上，且將這些物品攜帶離開歐盟，就可以申請退稅，一般實際退稅的金額約12%，分市區退稅和機場退稅2種辦理方式。

市區退稅是先到市區的退稅服務站領取退稅金，但須留下信用卡號，待出境時將退稅單交由海關蓋章後寄回，若退稅單位未收到退稅單，會再從信用卡扣款，所以一般旅客多用機場退稅。

機場現金退稅步驟

1. 只要在貼有Tax Free店同時購買€154.94以上，就可要求該店家開立退稅單(Tax refund)。店員會先幫你填寫購買貨品，然後由你填上英文姓名、護照號碼、地址及簽名，最後店員需蓋上店章或簽名，再連同收據放入信封交給你。

這是義大利兩家主要的退稅公司logo。

2.假如事先在線上Check in，有電子機票(或登機證)和護照、退稅單、退稅商品直接到退稅公司或海關辦退稅；否則先到機場航空公司櫃臺Check in，要辦退稅的物品是隨行李託運的話，需跟櫃臺人員說這件行李要辦「Tax refund」，待櫃臺人員掛完行李條後會退還。之後你需備妥登機證、護照、退稅單和要辦退稅的行李，到退稅公司或海關辦理退稅單蓋章。退稅單蓋完章後，將已掛有行李條的行李放到旁邊的行李輸送帶，按下按鈕，行李會自動託運。

3.假如退稅物品是隨身行李，則可向航空公司櫃臺辦完登機手續並入關後，直接拿到裡面的出境海關簽章。

4.拿到蓋過章的退稅單之後，就可以於登機前在該退稅公司櫃臺辦理現金退稅，你可以選擇退美金、歐元或日圓等貨幣。

機場信用卡退稅

若時間不夠或想直接把錢退到信用卡，可將海關蓋過章的退稅單填入信用卡資料，連同購物收據放入店家之前給你的信封封好，投入海關旁邊所設的歐盟信箱，約1～2個月後入帳。

折扣季

在義大利各地，一年有2次換季大折扣，折扣日期依每個地方政府在2週前公布為主，所以全國並沒有統一的日期。近來因受到全球經濟不景氣的影響，在每年7月和1月的第一個週六就開打，有的店家甚至在前一個月底就私底下「偷跑」，逛店時不妨問問店員，有時會有意想不到的收穫。

義大利一年有2次換季大折扣。

好用對照表格

基本消費	歐元	台幣
罐裝飲料	0.8 (超市)/2(Bar)	約29/72
礦泉水(500CC)	0.6 (超市)/1(Bar)	約22/36
麵包	1	約36
速食店套餐	8	約288
一般套餐	12	約432
明信片	0.85	約30
小費	1～2	約36～72
市區計程車跳表價	(上車基本費) 3.5	約126
市區公車票	1.5	約54
地鐵票價	1.5	約54
中等商務飯店雙人房	約100～200	約3600～7200

- 羅馬一張公車票可搭100分鐘的公車、電車和地鐵(米蘭是90分鐘，在票效時間內只要不出票口，都可多次轉乘各地鐵)，若買日票則不限次數。車票可在地鐵站櫃臺、T字的煙草店(Tabacchi)購買。(參www.atac.roma.it)
- 米蘭目前地鐵有紅(M1)、綠(M2)、黃(M3)、紫(M5)共4線，車票分城內和城外；城內以一日有效票€4.5最划算，往城外RHO展覽場，單次105分鐘內€2.5、日票€8。(參www.atm-mi.it)
- 佛羅倫斯電動公車的票值分90分鐘€1.2、24小時€5、3日票€12。(參www.ataf.net)
- 威尼斯的公共汽船，單程60分鐘€7較不划算，建議買12小時€18，24小時€20，36小時€25，48小時€30，72小時€35，7天€50。(參www.actv.it)
- 計程車有專門招呼站，若叫車，司機出發時就開始計費，所以盡可能不要在上下班時間叫車。

日常生活資訊 TRAVEL INFORMATION

遊客服務站

羅馬

1.特米尼中央火車站(Stazione Termini)靠近24月台(binario)
每日08:00～18:45

2.菲米其諾機場(Aeroporto di Roma-Fiumicino)T3航廈
每日09:00～17:45

3.錢皮諾機場(Aeroporto di Roma-Ciampino)出關區
每日08:30～13:00，16:15～20:45

4.帝國廣場(Fori Imperiali)
Via dei Fori Imperiali 每日09:30～19:00

5.許願池附近(Minghetti)
Via Marco Minghetti和Via del Corso交叉口
每日09:30～19:00

6.國家大道的展覽大廈(Palazzo delle Esposizioni)
Via Nazionale 194 每日09:30～19:00

7.拿佛那廣場(Piazza Navona)
Piazza delle Cinque Lune
每日09:30～19:00

8.巴貝里尼廣場附近(Piazza Barberini)
Via di San Basilio,51
週一～四 08:00～18:00，週五08:00～17:00

9.聖天使古堡(Castel Sant'Angelo)
Piazza Pia 每日09:30～19:00

10.跨台伯河區的Sonnino廣場
Piazza Sidney Sonnino -Trastevere
每日10:30～20:00

11.聖彼得廣場 (Piazza San Pietro)
Largo del Colonnato,1 每日09:00～18:00

12.猶太區(Piazza Campitelli)
Piazza Campitelli, 7
週一～五08:00～18:45

佛羅倫斯

週一～六09:00～19:00，週日、假日09:00～14:00，總服務中心電話：(055)000

1.火車站對面
Piazza Stazione 4 (055)212-245

2.靠近Duomo主教座堂
Via Cavour 1 (055)290-832
週一～五09:00～13:00 休 週六～日、假日

3.洗禮堂南門對面
Piazza S. Giovanni 1 (055)288-496

威尼斯

1.主要辦公室
Giardini ex Reali, San Marco
(041)29-8711 http Turismovenezia.it

2.聖馬可廣場第二辦公室
San Marco 71/f 每日09:00～15:30

3.聖塔露琪亞火車站Stazione Ferroviaria Santa Lucia
每日08:00～18:30

4.馬可波羅機場IAT－Aeroporto Marco Polo
每日09:00～20:00

5.停車場－羅馬廣場Piazzale Roma
Piazzale Roma Garage ASM(Azienda Servizi Mobilità), Santa Croce 496
每日09:30～15:30

6.停車場－特隆蓋多Tronchetto
Isola del Tronchetto 夏天開放

7.麗都島辦公室Lido office
Gran Viale, 6/a, Lido di Venezia
6～9月每日09:00～12:00，15:00～18:00

米蘭

1.中央火車站
週一～六09:00～17:00，週日、假日09:00～12:30
http www.milanocentrale.it

2.維多利亞·艾曼紐二世拱廊(Galleria Vittorio Emanuele II)靠近史卡拉廣場(Piazza Scala)
週一～五09:00～19:00、週六09:00～18:00、週日與假日10:00～18:00
休 1/1、5/1、12/25

緊急電話

報警 112，113　消防 115
汽車故障 116　救護車 118

駐教廷大使館電話：

(06)6813-6206(即使在市內，區域號碼也要撥)

緊急行動電話：347 174 8814

駐義大利代表處電話：

(06)9826-2800(即使在市內，區域號碼也要撥)

緊急行動電話：366 806 6434

電話使用

從台灣打電話到義大利

國際冠碼＋義大利國碼＋區域碼＋電話號碼

撥打方式	國際冠碼	國碼	區域碼	電話號碼
打到一般電話	002	39	06(羅馬、梵蒂岡) 055(佛羅倫斯) 041(威尼斯) 02(米蘭)	××××～××××××××× (羅馬地區電話號碼由4～8碼不等)
打到手機	002	39	無	3××××××××× (多為10碼且沒有0開頭)

從義大利打電話回台灣

國際冠碼＋台灣國碼＋區域碼＋電話號碼

撥打方式	國際冠碼	國碼	區域碼	電話號碼
打到一般電話	00	886	2(台北) 4(台中) 依此類推	×××××××× (台灣電話號碼由6～8碼不等)
打到手機	00	886	無	××××××××× (9碼，要去掉0)

※小叮嚀：由於義大利和台灣的手機都是使用GSM900/1800系統，所以台灣手機和電話號碼也可以在義大利使用

國定假日

日期	節慶名稱	簡介
1月1日	新年	大城市放煙火慶祝
1月6日	主顯節(Epifania)	也是義大利的兒童節，吃木炭糖(Carbone)過節
3～4月	復活節和節後的週一(Pasquetta)	吃復活蛋和Colombo蛋糕
4月21日	羅馬建城紀念日(Natale di Roma)	羅馬節日
4月25日	解放日(Festa della Liberazione)	1945年驅逐希特勒德軍，解放了米蘭、熱那亞等大城市的獨立紀念日
5月1日	勞動節	國際假日
6月2日	國慶日(Festa della Repubblica)	慶祝1946年成立義大利共和國
8月15日	聖母升天節(Ferragosto)	各地教堂會舉辦彌撒活動
11月1日	諸聖節(Tutti i santi)	諸聖指所有忠誠的聖者和殉道者
12月8日	聖母無染原罪節(Immacolata Concezione)	梵蒂岡和各教堂舉辦彌撒慶典
12月25日	聖誕節(Natale)	梵蒂岡在前一天舉辦盛大的子夜彌撒。一般人吃Pandoro或Panettone蛋糕和到廣場看馬槽模型
12月26日	聖斯德望日(Giorno di Santo Stefano)	紀念基督教會首位殉道的聖斯德望

※另外，每座城市都有主保聖人當該城市的守護神，為了紀念守護神，該城放假一天，如羅馬6月29日「聖彼得和保羅主保節」、佛羅倫斯6月24日的「聖約翰節」、威尼斯4月25日「聖馬可節」，以及米蘭12月7日的「聖安布羅喬節」

時差

每年3月和10月的最後一個週日調撥時間快、慢各一個小時，所以夏、秋兩季比台灣晚6個小時，冬、春兩季則爲7個小時。例如在夏、秋天(4月～10月的最後一個週日)，台灣下午3點，義大利則是早上9點；冬、春天(11月～3月的最後一個週日)台灣下午3點，義大利則爲早上8點。

四季衣著

義大利南北氣候差異大。一般來說，夏季乾燥炎熱，7、8月均溫約攝氏30～35度左右，不過有時北非的熱浪來襲，中南部氣溫也會飆到攝氏40度以上，要準備墨鏡、遮陽帽與防曬品。在羅馬城內最好不要撐「陽傘」，走在路上會顯得比較突兀，一看就知道是觀光客，容易成爲被扒、被騙的目標。

冬季普遍滿冷的，12、1月也有0度以下的機會，但平地下雪機率較

少。羅馬雨季多在春秋之際，尤其春天下冰雹的情況不少；米蘭冬天多陰溼濃霧，須備禦寒厚外套。

治安狀況

義大利除了熱門景點的觀光區扒手較多外，一般來說治安算不錯。外出最好把證件留在旅館，隨身只帶影本。在羅馬，以前往梵蒂岡的64號公車和西班牙廣場、圓形競技場等地鐵站最多扒手出入，要特別小心。

千萬記住，在車站或人多的景點，最好不要接受主動上前幫忙的人，例如幫你提行李、幫你買車票、幫你看火票在哪個車廂和座位，這些大多事後要你付錢，或是設計你被扒的橋段，別理會，同時看緊自己的隨身的財物。

此外，在觀光景點要提防東南歐和吉普賽等外來移民，現在年輕一代的打扮已經跟遊客一樣穿著牛仔褲、戴墨鏡，如此一來令人更難提防了！

(圖片提供/導遊Primavera You)

電器使用

義大利和歐洲其他國家一樣是220伏特，插頭也多爲2或3個圓形插頭(即使插座是3個圓孔，2個圓形插頭也通用)。最好出發前備妥轉接插頭，否則在義大利不容易買，必須到大一點的電器行或五金店才有。使用前要看清電器標示，否則電器很容易壞掉。

另外，義大利多數三星級以上的旅館都有吹風機和電鬍刀的插座(有些設備較新的旅館甚至備有110-220V的通用插座)；使用前最好確認電壓。

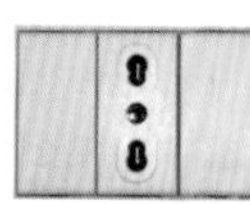
3圓孔的插座。

2或3圓孔的插頭。

郵政

義大利的郵政(Poste Italiane)效率最受一般人詬病，服務時間也不長，通常週一～五08:30～12:30、14:30～17:30，週六08:30～中午，有些大城市會延長營業時間到19:30。紅色郵筒有左右兩邊入口，左邊Per La Città是寄市內郵件，右邊Per Tutte Le Altre Destinazioni爲其他所有郵件(包括國外)；一般的郵票(Francobolli)也可以在T字招牌的煙草店(Tabacchi)買，目前寄到亞洲爲每張€2左右。

另外還有friendpost和GPS(Globe Postal Service)2種郵寄系統，買這種郵票只能投該公司專屬郵筒，不能投郵局紅色郵筒，否則無法寄達。

http www.poste.it

義大利郵政標誌。

義大利郵局的郵筒是紅色。

網路

義大利的火車站、大景點附近和三星以上的旅館，多有免費Wi-Fi，不過品質有時不好，可以帶護照到電信公司(常見有TIM、WIND、Vodafone)辦行動上網比較方便，或事先下載免費離線APP(見P.317)。

常用會話

相關交通標示

arrivi	入境/抵達
partenze	出境
uscita	出口
entrata/ingresso	入口
informazione	旅遊服務中心詢問處
aeroporto	機場
stazione	火車站
autobus	公車(巴士)
fermata	公車站
taxi	計程車
autonoleggio	租車
binario	月台
biglietteria	購票處

基本會話

Si/No	是/不是
Ciao	嗨/你好/再見
Buon giorno	早安(下午4點前)/你好
Buona sera	晚安
Buona notte	晚安(睡覺前)
Arrivederci/Ciao	再見
Si, prego/ per favore	是，麻煩你，不客氣/請
Grazie	謝謝
Mi scusi	對不起/請再說一遍
Senta	提醒對方聽你說
Parla inglese?	你會說英語嗎？

用餐、消費用語

Quanto costa?	多少錢？
Basta cosi, grazie.	這樣就夠了，謝謝！
Puoi scaldarlo?	能幫我加熱嗎？
Vorrei portare via.	我要外帶。
Possiamo ordinare?	我們可以點菜嗎？
Può portare ancora un piatto/coltello/forchetta/cucchiaio?	可以再給我一個盤子/刀子/叉子/湯匙嗎？
Mi porta il conto, per favore.	請幫我結帳。
Molto buono, grazie.	非常好吃，謝謝。
Posso toccare?	可以拿起來看嗎？
Posso provare?	我可以試穿嗎？
C'è lo sconto?	有折扣嗎？
Ci sono altri colori?	還有別的顏色嗎？
Me lo incarta come un regalo.	請幫我包裝。
Accettate la carta di credito?	你們接受信用卡嗎？
Si può fare il tax free?	可以退稅嗎？

緊急用語

Aiuto!	救命!
Al ladro！	抓小偷！
Chiamate la polizia.	幫我叫警察。
Dov'è la stazione di Polizia più vicina?	最近的警察局在哪裡？
Vorrei fare una denuncia.	請給我一份失竊證明。
Sto male.	我身體不舒服
Mi può aiutare?	你能幫我嗎？
Chiamate un medico/la polizia/un' ambulanza.	請幫我叫醫生/警察/救護車。
Dov'è la farmacia?	哪裡有藥局？
Posso usare la toilette?	我可以使用廁所嗎？

住宿用語

un albergo	旅館
una camera singola	單人房
una camera doppia	雙人房
Avete camere libere?	有空房間嗎？
Quanto costa una notte?	一晚要多少錢？
Possiamo aggiungere un letto?	可以加一張床嗎？
Posso vederla prima?	我能先看房間嗎？
La colazione è inclusa?	包含早餐嗎？

實用網站

旅遊官方網站

- 義大利旅遊官方 www.enit.it
- 梵蒂岡官方 www.vatican.va

訂房網站

- 全球青年旅館 www.hihostels.com
- 全球訂房中心(有中文) www.hotels.com
- 義大利青年旅館 www.ostellionline.net
- Airbnb：www.airbnb.com
- Booking：www.booking.com

交通網站

- 全球便宜機票聯合搜尋網站 www.whichbudget.com、www.skyscanner.com.tw
- 義大利國鐵 www.trenitalia.com

生活網站

- 義大利電子地圖 www.tuttocitta.it
- 義大利La Rinascente百貨公司國際遊客優惠卡www.rinascente.it/rinascente/zh/getyourcard/

實用APP

- Google Maps：方便查詢路線及交通方式
- City Maps 2Go：提供全世界主要城市離線模式的地圖
- XONE：免費打當地市話和手機，方便餐廳訂位和聯繫當地博物館
- WiFi Finder：可以找出附近免費無線網路的地方，並告訴你如何前往
- XE Currency：非常容易操作的匯率APP
- tripadvisor：全球最大旅遊社群平台
- Google Translate離線翻譯APP：快速翻譯90種語言，還能語音翻譯，甚至拍照直接翻譯

個人旅行 95

羅馬·佛羅倫斯·威尼斯·米蘭(第四版)

作　　者　潘錫鳳・陳喬文・黃雅詩

總 編 輯　張芳玲
發想企劃　taiya旅遊研究室
企劃編輯　張焙宜
主責編輯　邱律婷
特約編輯　洪育奇
修訂編輯　賴怡伶
封面設計　許志忠
美術設計　林惠群
地圖繪製　林惠群・蔣文欣
修訂美編　林婕瀅

太雅出版社
TEL：(02)2882-0755　FAX：(02)2882-1500
E-mail：taiya@morningstar.com.tw
郵政信箱：台北市郵政53-1291號信箱
太雅網址：http://taiya.morningstar.com.tw
購書網址：http://www.morningstar.com.tw
讀者專線：(04)2359-5819 **分機230**

出 版 者　太雅出版有限公司
台北市11167劍潭路13號2樓
行政院新聞局局版台業字第五〇〇四號

總 經 銷　知己圖書股份有限公司
台北：台北市106辛亥路一段30號9樓
TEL：(02)2367-2044／2367-2047　FAX：(02)2363-5741
台中：台中市407工業30路1號
TEL：(04)2359-5819 FAX：(04)2359-5493
E-mail：service@morningstar.com.tw
網路書店：http://www.morningstar.com.tw
郵政劃撥：15060393
戶　　名　知己圖書股份有限公司

法律顧問　陳思成律師

印　　刷　上好印刷股份有限公司　TEL：(04)2315-0280
裝　　訂　大和精緻製訂股份有限公司 TEL：(04)2311-0221

四　　版　西元2018年03月01日
定　　價　480元
（本書如有破損或缺頁，退換書請寄至：台中市工業30路1號 太雅出版倉儲部收）

ISBN 978-986-336-219-7
Published by TAIYA Publishing Co.,Ltd.
Printed in Taiwan

國家圖書館出版品預行編目資料

羅馬・佛羅倫斯・威尼斯・米蘭 /
潘錫鳳, 陳喬文, 黃雅詩作. --四版
-- 臺北市：太雅， 2018.03
面；　公分. --（個人旅行：95）
ISBN 978-986-336-219-7（平裝）
1.旅遊　2.義大利
745.09　　106020405

編輯室：本書內容為作者實地採訪的資料，書本發行後，開放時間、服務內容、票價費用、商店餐廳營業狀況等，均有變動的可能，特別是近年義大利物價波動幅度大，展覽票價等變動速度快，建議讀者多利用書中的網址查詢最新的資訊，也歡迎實地旅行或是居住的讀者，不吝提供最新資訊，以幫助我們下一次的增修。
聯絡信箱：taiya@morningstar.com.tw